所罗门·阿希

（1907—1996）

阿希与妻子弗洛伦斯·米勒·阿希合影

所罗门·阿希研究中心

阿希的代表性研究成果

心理学大师人际关系思想经典研究书系

俞国良 主编

◎ 费斯廷格人际关系思想解析
钟毅平 / 著

◎ 勒温人际关系思想解析
郭本禹 / 著

◎ 阿希人际关系思想解析
张丽锦 / 著

◎ 米尔格拉姆人际关系思想解析
汪新建 / 著

◎ 纽科姆人际关系思想解析
辛志勇 / 著

◎ 伯科威茨人际关系思想解析
谷传华 / 著

◎ 阿伦森人际关系思想解析
佐斌 / 著

◎ 罗森塔尔人际关系思想解析
边玉芳　周丹 / 著

阿希人际关系思想解析

AXI RENJI GUANXI SIXIANG JIEXI

张丽锦◎著

人民教育出版社
PEOPLE'S EDUCATION PRESS
·北京·

图书在版编目（CIP）数据

阿希人际关系思想解析 / 张丽锦著 . —北京：人民教育出版社，2020.2
（心理学大师人际关系思想经典研究书系）
ISBN 978-7-107-34351-3

Ⅰ . ①阿… Ⅱ . ①张… Ⅲ . ①阿希—人际关系学—思想评论 Ⅳ . ① C912.11

中国版本图书馆 CIP 数据核字（2020）第 028079 号

心理学大师人际关系思想经典研究书系
阿希人际关系思想解析
作　　者 / 张丽锦
责任编辑 / 杨　燕　杨　帅
装帧设计 / 李宏庆

出版发行 人民教育出版社
（北京市海淀区中关村南大街 17 号院 1 号楼　邮编：100081）
网　　址 http://www.pep.com.cn
经　　销 全国新华书店
印　　刷 北京盛通印刷股份有限公司
版　　次 2020年2月第1版
印　　次 2020年4月第1次印刷
开　　本 890 毫米 ×1 240 毫米　1/32
印　　张 11.125
字　　数 220 千字
印　　数 0 001~1 500 册
定　　价 37.00 元

“心理学大师人际关系思想经典研究书系”总序

大师和经典是一对孪生兄妹。大师必有经典，经典往往出自大师。转型期社会中的人难免有点儿浮躁，更需要读点儿经典加以充实。

大师，《辞海》的解释是“指有巨大成就而为人所宗仰的学者或艺术家”；经典，泛指典范性、权威性的作品或著作，既具有开放性、超越性和多元性的特征，也是原创性文本和独特性阐释的有机结合。本书系就是对心理学大师及其人际关系经典理论、著作或实验的解读与评析。

众所周知，人际关系是社会心理学的核心，有的心理学家甚至把社会心理学当作一门研究人际关系的学问。人际关系在社会生活的各个领域、各个方面有着广泛的应用，发挥着极其重要的作用。日益发达的互联网通信技术和现代化交通工具使地球变得越来越小，计算机技术使远隔千山万水、未曾谋面的陌生人之间的对话成为可能，人际关系已成为决定人们能在多大程度上增加知识和技能、对社会做出成就和贡献，以及满足自己的物质和精神生活需要的条件。人们已经普遍意识到，对人际关系进行深入、细致的研究是社会发展和现实生活向心理学工作者提出的新挑战，也是人类自我实现和完善的迫切需要。诚如休斯敦（B. K. Houston）所言，研究人际关系的兴趣日益高涨的原因在于，良好的人际关系有利于生活幸福、心理健康和身体健康。正所谓“人生的美好是人情的美好，人生的丰富是人际关系的丰富”。

艾宾浩斯（H. Ebbinghaus）曾说过，“心理学有一长期的过去，但仅有一短期的历史”，这个判断同样适用于社会心理学的人际关系研究。人际关系作为一种社会心理现象，有其悠久的历史，可以追溯到远古时代，但作为专用名词是在20世纪初由美国人事管理协会率先提出来的。对人际关系的实验研究始于20世纪20年代，主要是莱维特（H. Leavitt）等人对人际关系行为模式的研究、纽科姆（T. M. Newcomb）等人对人际关系结构的研究、梅奥（E. Mayo）等人对人的工作积极性的研究。在随后的几十年里，实验研究成为西方人际关系研究的主流，到目前在美国仍占有强大的优势。尽管从20世纪初到现在仅仅百余年，但人际关系研究的发展势头迅猛，出现了异乎寻常的繁荣景象，不仅理论学说迭出，名人名论皇皇，各类论文、研究报告如恒河沙数，而且出现了具有持久影响力的名篇鸿著。为了使人们对人际关系研究百余年的科学史、代表作有一个基本了解，对前辈大师关于人际关系的滔滔宏论和著述及其来龙去脉有进一步的认识，在人民教育出版社文化教育编辑室刘立德主任、曾红梅编审的热情鼓励和大力支持下，我们承担了历史赋予的责任。

有鉴于我国以往出版过的几本社会心理学名著选编，包括我主编的《社会心理学经典导读》，涉及人际关系篇幅小、范围窄，我们希望“心理学大师人际关系思想经典研究书系”从解析和评述相结合的视角，全面系统地解读心理学大师的人际关系著述和思想。然而，要从卷帙浩瀚的文献中撷取最能充分反映和代表人际关系领域的思想精粹，显然不是一件轻松的事。为此，我们几经酝酿，全面考虑并列出20世纪以来，亦即社会心理学作为一门独立学科以来，著名心理学家在人际关系领域的代表性、权威性论著，并以此为线索，来建构书系的框架体系。对每位入选的心理学大师，我们既考虑其在心理学史上的地位，也考虑其在人际关系研究领域的贡献。美国广受欢迎的心理学期刊《普通心理学评论》（*Review of General Psychology*）2002年第6卷第2期刊登了“20世纪一百位最著名的心理学家”评选结果（含四位诺贝尔奖获得者），研究者通过三个量化指标和三个质性指标，对20世纪最杰出的心理学家进行了排名，提供了九十九位心理学家的名单，留下一个空额给读者以想象的余地。我们选择了其中被定位为社会心理学家的八位大师，有人们熟悉的费斯廷格（L. Festinger，第五名）、勒温（K. Lewin，第十八名）、阿希（S. E. Asch，第四十一名）、米尔格拉姆（S. Milgram，第四十六名）、纽科姆（第五十七名）和罗森塔尔（R. Rosenthal，第八十四名），也有人们并不十分熟悉的伯科威茨（L. Berkowitz，第七十六名）和阿伦森（E. Aronson，第七十八名）。他们的论著、实验研究的影响力和权威性已有定论。

“心理学大师人际关系思想经典研究书系”选择以上八位在人际关系研究领域卓有建树的心理学大师，对他们的人际关系思想及其应用进行了详细解读。每册书针对一位心理学大师来组织内容：首先介绍成长经历和教育背景等生平事迹，选译人际关系研究的经典论文或重要著作的重要章节，对人际关系领域的经典名著进行解读；其次对人际关系思想或理论及其产生的社会文化背景进行论述，对人际关系思想或理论进行评价，阐述应用人际关系思想或理论于社会生活的中外相关经典案例，特别是在政治、经济、军事、法律、新闻、教育、文化、医疗和环境等领域的应用案例；最后从总体上论述心理学思想或理论在心理学流派形成和发展中的贡献。

选择上述八位大师及其著作作为我们解析的对象，主要是基于书系的全面性、经典性和权威性，以便人们能系统把握社会心理学问世百余年来各派名家在人际关系领域的经典实验和重要思想，也希望为社会心理学的人际关系研究百余年历史留下一个“足迹”和“画外音”。

本书系可供全日制高等院校心理学专业和哲学、法学、社会学、教育学、经济管理、新闻传播、公共关系、社会工作等相关专业的高年级本科生和研究生使用，也可供从事人际关系研究的科研工作者学习、参考，还适合党政领导干部、企事业管理工作者和人力资源管理工作者阅读。

需要特别说明的是，作为一名教师，我始终有一个心愿：希望能把大师引介给学生，带着学生来到大师的经典面前，让他们能与大师进行跨时空的对话、交流，并设法站在“巨人”的肩膀上，看得更远，想得更深，做得更实。因此，这几年我陆续主编了《社会心理学经典导读》《心理健康经典导读》（上、下册）和“心理学大师心理健康经典论著通识丛书”（17册）。“心理学大师人际关系思想经典研究书系”就是这项工作的延续。作为书系主编，虽然我确定了书系的编写原则、结构、内容和体例，但各册书均是各位作者的劳动成果。作者分别来自北京师范大学、南开大学、中央财经大学、华中师范大学、陕西师范大学、南京师范大学和湖南师范大学等“985工程”或“211工程”高校，他们大都是具有教授职称并担任博士生导师的中青年心理学专业工作者。这些中国社会心理学界的翘楚都是我的良师益友。面对他们的欣然加盟和无私奉献，我至为感激，无以为报，只能真诚地道一声：谢谢！

忝为主编，我始终忐忑不安并被焦虑困扰，唯恐因我的过失和错误，影响了作者的声誉，耽误了出版社的计划。两年多来，全力以赴，断不敢玩忽职守，更不敢懈怠和偷工减料，希望能给社会、给读者贡献有价值的精神食粮。至于是否遂愿，只有留待时间去评判了。另外，书系中收录了少量翻译的文字，由于多种原因，我们未能及时与原著者取得联系，敬请见谅，并请原著者或有关人士在书系出版后与书系作者或出版社联系。书系中或有不足、纰漏，恳请专家学者和读者朋友批评斧正。

俞国良

2017年5月于北京西海探微斋

目录

第一章 引言

在美国心理学期刊《普通心理学评论》公布的"20世纪一百位最著名的心理学家"评选结果中，阿希（S.E. Asch）位列第41位。阿希早年的生活经历了波兰的社会动荡与变迁，移民至美国后又深受20世纪美国社会纷繁复杂、多元多样背景的影响。他极力推崇文化人类学和格式塔心理学理论。最终成就了从众人际关系思想的卓越贡献。

如果按影响力或者对改变世界心理学史的贡献排出前50名20世纪心理学的标志性人物，美国心理学家阿希毫无悬念会位列其中。在罗姆·哈瑞（Rom Harré）的《他们改变了心理学——50位杰出的心理学家》（*Key Thinkers in Psychology*），罗杰·哈克（Roger R. Hock）的《改变心理学的40项研究——探索心理学研究的历史》（*Forty Studies that Changed Psychology: Explorations into the History of Psychological Research*），以及诺埃尔·希伊（Noel Sheehy）的《50位最伟大的心理学思想家》（*Fifty Key Thinkers in Psychology*）等著作里，阿希都榜上有名。尽管阿希不像维果茨基、皮亚杰那样是心理学巨匠，也不像弗洛伊德、马斯洛那样是某种著名理论扛大纛者，但他绝对称得上是社会影响（social influence）研究领域的领军人物。在《普通心理学评论》（在美国广受欢迎的心理学期刊）评选出的“20世纪一百位最著名的心理学家”中，阿希排名第41位。尽管在目前我们所见的“社会心理学”经典教材中，提及阿希的篇幅都不太多，但凡是涉及“从众”（conformity）现象的阐述，都绕不开阿希的开创性实验及以他名字命名的“效应”——“阿希效应”（Asch effect）（也叫作社会从众效应）。凡是涉及印象形成（impression formation）的介绍，都引用了阿希于1946年对印象形成过程中“中心品质”的决定性作用研究的独特范式和特别发现。

阿希是现代社会心理学的重要奠基人之一。我们对“从众”概念和词汇的熟悉（日常生活中称之为“随大流”），应该归功于阿希的思想及其实验研究在国内《社会心理学》《普通心理学》教材中的反复出现，也缘于各门心理学课程在大学里的开设和讲授，更是由于阿希的研究（即群体压力下的个体行为）具有社会普遍性，以及他的实验设计精巧和实验结果令人感到惊奇。用当下时髦的话说，这些研究“接地气”“有内涵”。来自从众的压力存在于诸多社会情境和社会事件中，但这种普遍存在的社会现象直到20世纪50年代才引起社会心理学家的注意。阿希关于从众的研究对社会影响研究领域产生了重要影响，对社会常见现象——印象形成、从众——的研究开辟了新的研究视野，其实验设计的精巧和开拓性，在任何一部《社会心理学》著作或教材中都占有一席之地。尽管阿希对空间知觉、记忆与学习、认知与联想的研究不大为人所知，但在今天看来，他在这些领域的发现和主张不单是对行为主义的批评和挑战，更是对揭示人类心理本质规律的执着和贡献。任何一个学过社会心理学或对社会心理学感兴趣的人，不管是否记得阿希的名字，都会记得“线段判断实验”的情境和发现，记得那个在如此简单明确的任务情境下不得已放弃自己正确判断的男大学生被试及他那困惑惊讶的表情。

第一节　20世纪前半叶西方社会政治文化概况

阿希是波兰裔美国人，出生于犹太人家庭。19世纪八九十年代波兰工业发展迅速，但20世纪初工业发展速度逐渐放慢了。20世纪初的世界经济危机使波兰工业受到重创，紧接着1904年的日俄战争又使它失去了远东市场。接连不断的打击极大地恶化了波兰人民的生活。由于俄国工业的迅速发展，以及沙皇政府变本加厉地对其附属国波兰实行的歧视、压榨、掠夺性经济政策，波兰资产阶级对沙皇政府的政治态度由妥协转为反抗，与波兰工人、学生，以及后来加入进来的农民一道，掀起了推翻沙皇政府的斗争，这就是1905—1907年的波兰革命运动。但由于沙皇政府的血腥镇压，枪杀工人、禁止游行集会，波兰革命运动以失败告终。

阿希生于1907年，正值白色恐怖时期，波兰人民生活在水深火热之中。第一次世界大战期间，德国、奥匈帝国和俄国为了争夺利益互相厮杀，把波兰的土地变成了主战场。直到1917年俄国二月革命，德国和奥匈帝国两个压迫波兰的君主制度覆灭，波兰才迎来了国家重建的机会。1918年11月，波兰共和国建立，史称“波兰第二共和国”。1918年年底至次年年初，随着德奥军队的撤退，乌克兰民族主义者在乌克兰的利沃夫（Lviv）建立了西乌克兰人民共和国。波兰民众在“波兰军事组织”的领导下，同乌克兰民族主义者展开了争夺利沃夫的斗争。1919年12月，苏联军队照会波兰政府，建议通过和平谈判解决边境争端，但波兰政府拒不答复，并对波兰人民加以隐瞒。战争仍在继续，最后波兰军队溃退。1920年情况出现了转机，当年8月15日，苏联军队由于劳师远征，在决战中惨遭失败，被迫后撤，于是，8月17日波苏双方开始举行停战谈判，于10月12日签订了初步和平条约，后又于1921年3月签订了正式条约，即《里加和约》，也称《里加条约》。根据《里加和约》，西白俄罗斯和西乌克兰划归波兰，由《里加和约》所确定的波苏边界一直保持到1939年。阿希一家在《里加和约》签订的时候才移民美国，那年他13岁，所以阿希的童年经历了波兰的剧烈动荡。他曾说：“我成长于一个有着巨大焦虑、恐惧和危险的时代。”（Rock，1990，p. 3）阿希指的就是这段时期。

19世纪前半期占统治地位的浪漫主义思潮退出历史舞台后，新的资产阶级思潮——实证主义出现了。实证主义批评了浪漫主义的缥缈幻想和民族解放起义的不合时宜，提出了“理性”“科学”“社会机体和社会和谐”等口号。波兰实证主义的思潮中心在华沙，所以又被称为华沙实证主义，那时华沙实证主义者基本上控制了波兰的哲学和社会学学界（刘祖熙，2006，第312页）。

1920年，阿希一家来到美国，定居纽约。这一时期，美国社会的政治经济发展迅速，科学和技术的进步可以说是突飞猛进。由于生产大力发展，劳动力资源需求十分旺盛，美国政府在从西欧引进先进技术，广泛应用于工农业生产的同时，不断修改移民法以吸引外来移民。正是那些来自世界各地的追梦人在荒芜的北美大陆上塑造了美利坚合众国，创造了美利坚的民族文化，使美国从一个半农业半工业国家一跃成为一个工农业高度发达的资本主义国家（黄绍湘，1979，第275—278页）。20世纪20年代的美国，可以说是一个乐观主义盛行的时代，不但在政治、经济领域取得了令人瞩目的成就，在科技、文化和教育方面也展示出勃勃生机，成为一个举足轻重、影响世界的大国。

美国是一个移民国家。美国移民史学家、被誉为“20世纪美国最多产、最有影响的历史学家之一”的奥斯卡·汉德林(Oscar Handlin，1915—2011）在其颇有影响力的著作《拔根者》中写道：“当我想要撰写一部美国外来移民史时，我才发现外来移民史就是一部美国史。”的确，没有哪一个国家像美国那样接受了文化背景复杂、人数众多的外来移民。自19世纪80年代开始，来自东欧的犹太人开始大规模进入美国。从亚历山大二世遇刺身亡到第一次世界大战爆发，33年间有三分之一的东欧犹太人背井离乡，为的是寻找一块能够生活的新土地。东欧犹太人移民美国的运动中有三次高潮：第一次发生在19世纪80年代，主要是由于亚历山大二世遇刺身亡之后俄罗斯反犹浪潮的推动；第二次在19、20世纪之交，罗马尼亚当局颁布各种反犹法令，限制犹太人从事商业活动，不断迫害犹太人。这时犹太移民主要来自罗马尼亚；第三次在20世纪初，1905年俄国资产阶级革命失败后，担惊受怕的犹太人大批逃往美国。从东欧移民到美国的犹太人大多出于不得已，东欧恶劣的政治经济环境和持续不断的反犹浪潮迫使他们不得不离开故土，而美国在历经了南北战争和工业革命之后，一切都显得那么欣欣向荣。在当时的背景下，独特的民主政治制度、自由的宗教信仰环境、崇尚个人主义的社会风尚，无一不是吸引东欧犹太人移民美国的重要力量（刘军，2009，第46—50页）。阿希一家也是在这样的社会大背景下移居美国。不同民族背景移民的汇聚与融合不仅赋予了美国的民族、文化和经济结构的多样性特征，同时也为不同民族的文化和科技交流创造了良好环境，使美国的科学技术和生产力高速发展（梁茂信，1996）。

科学研究应社会需要而产生，应社会实践需求而发展。20世纪中叶美国社会心理学的发展，除了因其母体学科社会学、心理学的发展外，也因两次世界大战之后美国在政治经济发展中产生的一系列社会问题需要从人际社会影响方面寻求解释。第二次世界大战（以下简称“二战”）结束时，美国经济、科技、文化等各个方面都发展到了一个相当成熟的阶段。尤其是科学技术方面，纳粹在欧洲的种族主义政策和各种暴行使众多领域杰出的科学家移民美国。如果没有来自欧洲的移民科学家的参与，“曼哈顿计划”就不会成功，美国也不会在“二战”结束前制造出原子弹，迫使日本签下投降书。再看美国的心理学学界，由于纳粹的种族主义政策，很多犹太裔心理学家移民到了美国。在德国发源的格式塔心理学派就是随着该学派的三个创始人及其学生、同事纷纷移居美国而在美国发展壮大并对世界心理学产生深刻影响的。

19世纪思想的一个主题就是：世界是不断变化的。当哲学跨越19、20世纪之交时，变化的观念仍然是知识界里一个非常重要的部分。有两种哲学思潮特别关注变化：一个是实用主义，另一个是过程哲学。两种哲学思想都否认存在着固定不变的真理，认为人们应该根据变化的经验和形而上学的过程来理解事物。过程哲学对事物的本质提出了具体观点，许多学者，包括后来的一些实用主义者，都与过程哲学有一定的关系。

作为美国思想对哲学领域最具原创性贡献的实用主义出现在19世纪末，它的广泛传播和为人接受得益于威廉·詹姆斯（William James，1842—1910）出色而简明的阐述。后来，约翰·杜威（John Dewey，1859—1952）把实用主义方法运用到美国社会机构的日常事务中。实用主义哲学主张，哲学理论如果不能对日常生活产生某种程度的影响，那它就没有什么价值。实用主义作为一种哲学运动，其建立是为了沟通、连接19世纪思想中两个不同的思潮：一个是经验主义、功利主义和科学的影响，其思想要旨是人性和世界只是一个机械的、生物的过程的一部分；另一个是更具人本色彩的思想传统，它起源于笛卡儿（René Descartes，1596—1650）的理性哲学并贯穿在康德（Immanuel Kant，1724—1804）、黑格尔（George Wilhelm Friedrich Hegel，1770—1831）和德国唯心主义者的思想之中。在这两大思潮之间，有一道日渐扩大的鸿沟，经验主义者和科学家们因为理性主义和唯心主义哲学缺乏客观证据而对它大加排斥，而理性主义和唯心主义哲学则认为科学威胁了道德宗教信念和对人类目的的共同意识。实用主义就在这两大传统思想之间起着调和和中介作用，把两者中最重要的理念结合起来：与经验主义者一样，实用主义者认为人们不可能有关于实在之整体的概念，人们认识事物有很多角度，只能用多元的方法来求得知识；而实用主义、理性主义和唯心主义哲学共同的认识是，道德、宗教、人的目的构成了人们经验中重要的方面（斯通普夫，菲泽，2009，第360—361页）。实用主义哲学在心理学学界的代表人物是威廉·詹姆斯。詹姆斯的机能主义（functionalism）思想受实用主义影响，明显带有实用主义痕迹。机能主义学派的思想主张影响了美国心理学的发展方向，而詹姆斯强调对具体生活的关心，尤其是那些对人类现在和未来生活有影响的事实和行动更加关心，将心理学从元素论的框架中分离出来，确定了心理学的研究内容和存在价值。阿希对心理学的启蒙学习就是读詹姆斯的著作完成的，所以，心理学家克拉克·麦考利（Clark McCauley）和保罗·罗赞（Paul Rozin）在《心理学先驱人物传》关于阿希的介绍（Solomon Asch: Scientist and Humanist）中开宗明义地说："当阿希步入心理学的大门时，詹姆斯的时代已经过去，詹姆斯学派对复杂人性的研究大部分已被遗忘……人文科学始终关注人类创造力及其成就所能企及的高峰，是詹姆斯将心理学引入这个领域……他开辟了一条带领心理学家走进探索未知领域的道路……当心理学从哲学中独立出来时，大多数心理学家便将影响经验主义范式（empiricist paradigms）的人本主义教育抛之脑后，是阿希将这种人本主义视角再次引入心理学。”（McCauley & Rozin，2003）

第二节　童年经历对阿希人际关系思想的影响

阿希的童年是在离波兰首都华沙不远的一个叫罗维克兹（Lowicz）的小镇度过的。这个小镇有着浓郁的宗教氛围，人与人的关系亲近又亲密，这样的生活环境强调在事物的发展过程中人的意义和重要性，强调人在环境中的自然发展、人与人相互之间的和谐关系对个人发展的非同一般的意义。这种价值观和生活信念滋养着小镇民众对人类自身本性的兴趣和尊重，也影响着阿希的信念和价值观的形成，使阿希终其一生对人和人的本性问题抱有浓厚的兴趣，对人性的理性特征有着不变的信念。对这些问题的探讨也成了他终其一生的研究方向和价值取向。探究阿希所有已发表的作品和未发表的手稿，其核心思想就是由这样一条主线所贯穿——始终不渝的、坚定的人文关怀（humanistic concerns）思想，他反复不断地突出和阐明这样一个主题和信念，即人类的行为终归是理性的（Rock，1990，p.xi）。

阿希的童年时期，欧洲被反犹太运动的阴霾所笼罩。第一次世界大战爆发时，阿希7岁，所以，从他记事起的童年时代差不多是在残酷的战争环境中度过的，那是一个有着“巨大焦虑、恐惧和危险的时代”（阿希语，见Rock，1990，p.3）。尽管如此，阿希成年后对童年的记忆却不是恐惧和灾难，而是温馨、愉快和神秘，甚至那些神奇、有趣的事件一直深深印刻在他的脑海里。从这些事件可以看到，宗教背景和生活经历对阿希后来的学术研究有深刻的影响。

阿希清楚地记得在他7岁过逾越节（Passover）时的一件事情。在传统的犹太教逾越节的晚宴上，按照仪式要求，每道程序都在有条不紊地准备着，阿希的祖母给每个家人包括孩子都斟满了酒后，又多倒了一杯，放在餐桌旁那张没人坐的空椅子前面。阿希很疑惑，就问坐在他旁边的叔叔。叔叔告诉他逾越节时先知以利亚（Elijah）会来到每个犹太人的家，椅子就是为他准备的。在仪式中的某个吉时，先知便会从一直为他敞开的大门进来，啜一口为他准备的酒。阿希为这个解释着迷和震惊，他将信将疑地问叔叔："他真的会来啜一口吗？"叔叔肯定地告诉他："当然，到时候你仔细看，看那个溢满的酒杯，酒会下去一些的。"然后，阿希就目不转睛地盯着那个杯子，看啊，看啊……发现酒真的下去了一些！先知好像真的喝了点儿。阿希认为这是他多年后做群体压力研究的启发性实验故事。尽管不能绝对地说他7岁的这次经历对他40年后的实验有重要启示，但是，每当他想起或谈起群体压力实验时，"先知小啜"的经历就会浮现出来，甚至有时他都想把它叫成"'先知'实验"（Passover experiment）。

第三节　文化人类学对阿希探索人类本性的影响

阿希在哥伦比亚大学攻读心理学硕士学位时，曾对人类学抱有浓厚的兴趣。这也许与阿希一直以来非常关心人的本性、人的发展问题有关；也许更与哥伦比亚大学有一批著名的人类学家有关，比如弗朗兹·博厄斯（Franz Boas）、露丝·本尼迪克特（Ruth Benedict）等。阿希后来还获得了一笔人类学研究基金，与妻子弗洛伦斯结婚后便去实地研究霍比族（Hopi）儿童及其文化。必须说明的是，当时本尼迪克特与M.米德一起，结合心理学的研究，形成"博厄斯学派"。这是由美国人类学家博厄斯所创立的西方人类学重要派别，又称历史学派、历史批评学派、文化史学派、批评学派、美国传播学派等。主要代表人物有阿尔佛雷德·路易斯·克罗伯（Alfred Louis Kroeber）、罗伯特·洛维（Robert H. Lowie）、拉夫·林顿（Ralph Linton）、本尼迪克特、M.米德等。该学派于1890—1930年盛行于美国，后分化、繁衍为许多新的流派，心理学派或民族心理学派（又称文化心理学派、种族心理学派）就是其中一脉。该学派认为，人类文化各有其不同的价值体系和特征，呈现出多样性。文化模式是文化中的支配力量，赋予人们的各种行为以意义，是将各种行为统合于文化整体之中的法则。不难发现，这个整合或整体的思想与影响阿希整体心理学思想的格式塔学派的整体观一脉相承。是阿希选择了格式塔的整体观，还是整体观选择了阿希，或者，是命运和各种机会让阿希遇到了整体论思想？或许都有。但这些并不重要，任何思想的产生都离不开思想家所处的时代，也离不开思想家的生活环境，包括一系列的机缘巧合。阿希遇到韦特海默（Max Wertheimer，1880—1943）是巧合，与沃尔夫冈·苛勒（Wolfgang Köhler，1887—1967）相识、共事乃至结为至交是机缘，但对格式塔学派思想的接触、贴近、认同、接纳，乃至信奉和推崇，与他先前所受的文化人类学的影响不无关系，更与他童年生活的小镇的宗教和谐氛围关系密切。

第四节　格式塔心理学对阿希人际关系思想的影响

阿希开始学习心理学时，心理学界是由高举反对铁钦纳的结构主义和精神分析过度推测（speculative excesses）大旗的行为主义学派占据主导地位的。不管行为主义如何标榜自己与弗洛伊德学说的不同，在阿希看来，他们在还原论（reductionism）（也译作简约论或分割论）方面如出一辙。还原论的哲学主张试图把高级运动形式还原为低级运动形式，认为现实生活中的每一种现象都可以看成是更低级、更基本的现象的集合体或组成物，因而便可以用低级运动形式的规律代替高级运动形式的规律。阿希认为无论是结构主义对元素的注重，还是精神分析对“力比多”的青睐，或是行为主义对“刺激—反应”联结的推崇，都没有跳出还原论一味地将复杂化为简单的窠臼，而他们对于复杂的、整体的社会现象、心理现象的解释尤其如此。阿希另辟蹊径，在强调背景与关系的格式塔心理学框架下开始对人类心理与行为及其背后的影响机制进行更深刻、更广泛的探究。

与其说阿希接触韦特海默、接近并接纳格式塔理论是不期而遇的巧合，不如说这是一种有意为之的必然。因为在与韦特海默和他的格式塔理论擦出火花之前，阿希已为此做了大量准备——

他对人类本性旺盛而持久的兴趣、他对记忆与学习问题强迫般的执着、他对人的意图及其实质的关注，所涉及的这些领域都可以融于格式塔理论的框架内，并使之变革与发展。阿希对心理学的贡献尤以他对格式塔心理学的丰富和发展而著称。可以说，阿希的心理学思想来源于格式塔心理学，同时又超越和拓展了格式塔心理学思想。这使他成为20世纪杰出的“通才”（generalist）心理学家之一（Rock, 1990, p.xi），这从他广泛的研究兴趣及成果中可看出。

现在看来，阿希接触和认同格式塔心理学无疑是他生活中最有意义的事情。在阿希还是心理学研究生时，当时哥伦比亚大学有一位崭露头角的青年才俊加德纳·墨菲（Gardner Murphy, 1895—1979），在他颇有影响力的以哲学和自然科学为背景来阐述近代心理学历史发展的《近代心理学历史导引》（1929）（*Historical Introduction to Modern Psychology*）著作中对格式塔心理学就做了详尽完整的介绍并给予了极高的赞誉——他在书中说：“到30年代中期，完形心理学已经发展成一个完善的体系，心理学的一切重要领域和问题都要根据完形论的概念重新下定义。……许多青年心理学研究者，已学会用完形概念进行思考，并能就这一研究方法的前景进行引人入胜的谈论……于是，完形心理学在美国心理学界进入一个英姿勃发的新阶段。”墨菲的这本心理学史著作后来几乎与埃德温·G.波林（Edwin Garrigues Boring, 1886—1968）的《实验心理学史》（*History of Experimental Psychology*）齐名。阿希正是从墨菲那里了解了一些格式塔学派的主张，但与格式塔心理学的正式结缘是在遇到韦特海默的时候。那是1933年，阿希博士毕业的第二年。一天，阿希在《纽约时代》(*The New York Times*）上看到了韦特海默要来纽约市立大学布鲁克林学院的新社会研究学院[1]（the New School for Social Research，简称新学院）的消息，便决定要拜见韦特海默，尽管那时他对韦特海默还了解不多。但这一次见面在阿希的学术生涯中有划时代的意义，他不但被格式塔心理学的理论和技术冲击，而且被韦特海默的人格素养和对心理学问题的深邃思考所折服。他认为韦特海默对心理学有着真正的审美视角，对那些好想法、好观点抱着审美的态势去欣赏；韦特海默甚至用“丑陋”（ugly）这个词来描述和评价那些他不认可的观点。从韦特海默身上，阿希看到了作为一名心理学家的典范是什么样的，他第一次遇到这样一位心理学家——他所关心和想要解决的问题正是心理学应该关注的问题。当然，这也是阿希一直以来关心和热衷的问题。阿希当即决定在未来的学术生涯中将沿着这个方向探索前行。

阿希在后来的学术研究生涯中，探讨的心理问题和现象也确实都是在格式塔理论框架下。他的早期关于场依赖和场独立的“棒框实验”（rod and frame experiment），关于整体意义在印象形成中的作用研究，关于权威及其特征对判断和模仿的影响研究等，还有后来使他名声大噪的群体压力下的从众行为研究，以及

[1] 新社会研究学院也被叫作“流放大学”（University in Exile），所以，后来人们看到“流放大学”，就知道那就是“新社会研究学院”（the New School）。

后期他对联想和隐喻的研究，无不显示了格式塔理论“整体对部分影响”的痕迹。

第二章　阿希生平介绍

本章主要介绍了阿希的童年生活、青少年时期的教育经历，以及工作经历和学术研究经历。从这些具体的学习生活经历、点滴的研究过程与花絮中，我们可以感悟到阿希作为社会心理学大师的学术品格和了解他的人本主义心理学思想形成和发展的脉络。

第一节　童年和青少年时期的成长经历

阿希的童年时期，欧洲笼罩在反犹太运动的阴霾里，长期充斥着对犹太人社会排外和职业排外的惯例，大多数行业都禁止犹太人涉入。1917年爆发的俄国革命将俄国置于第一次世界大战之外，为波兰的独立创造了条件，也使移民变得容易许多。阿希一家在第一次世界大战一结束时就离开了波兰，那是1920年，阿希13岁。那时的很多移民都在埃利斯岛[1]（Ellis Island，又译爱丽丝岛）经历了严酷的考验，阿希一家也不例外。最后终于到了纽约，在下东区（Lower East Side）落户安家，那里是犹太移民、意大利移民、爱尔兰移民的港湾，以犹太移民居多，位于纽约曼哈顿区沿东河南端一带。

[1] 埃利斯岛是位于纽约市曼哈顿炮台西南部的岛屿，距曼哈顿15千米。欧洲移民漂洋过海乘船来到美国，须先经这里才能到达美国本土。美国是由移民组成的国家，不同时期来自世界各地的人们怀揣“美国梦”源源不断地来到新大陆，联邦政府的移民政策也因此不断地改变。其中，1892年政府在埃利斯岛设立入境检查处是移民史上值得一书的重要事件。1892—1954年的62年里，经埃利斯岛进入美国的移民高达1 200万。经埃利斯岛的移民，尚未褪去长途跋涉后身体的疲惫和精神的不安，就要接受各种烦琐而不友好的入关检查，包括身体检查。因此1990年由埃利斯岛移民管理局改建的移民博物馆，再现了当年不堪回首的往事，照片中的移民个个疲惫不堪，神色惊慌，脸上凝固着漂泊流浪者的孤独神情。

阿希生性害羞。尤其是作为新移民听不懂别人用英语在说什么的时候，他就会更加害羞、胆怯和退缩。他的妻子弗洛伦斯说：“阿希曾说过，那时候对他来讲‘不呼吸比不害羞似乎更容易’。”那些年，他依靠阅读狄更斯的作品学习英语。两年后，他的第二语言已经没有问题，并考上了纽约皇后区的知名高中汤森·哈里斯中学（Townsend Harris High School），在那里顺利地完成了高中教育。这所中学据说是为有智力天赋的学生开办的，以美国民主党政治活动家、外交官汤森·哈里斯（Townsend Harris，1804—1878）的名字命名。借得克萨斯大学历史学教授、《麦卡锡传记》的作者戴维·奥欣斯基（David Oshinsky）的话说，这所学校是“缺钱、地位不高的移民家庭的聪明孩子的起跑线，让他们有上一流私立中学的机会”。显然，阿希正符合上述条件。学校的校训是“学习、学习、再学习”，要求学生们用三年的时间完成四年的课程量。结果大浪淘沙，很多人中途退学或被开除学籍，阿希是留下来的佼佼者之一。可以说，阿希是在汤森·哈里斯中学找到了自信、找到了自己。巧合的是，阿希后来在罗格斯大学（Rutgers University）任职期间，心理系有三位同事霍华德·格鲁伯（Howard Gruber）、欧文·罗克（Irvin Rock）和莱尔曼（Lehrman）都曾是这所规模不大但却卓越非凡的中学的学生。其中两人格鲁伯和罗克是纪念阿希学术成就的著作《所罗门·阿希的学术遗产：认知和社会心理学文集》的重要撰写人。

第二节　大学和研究生期间的生活与学习

汤森·哈里斯中学附属于纽约市立大学。阿希高中毕业后自然进入了这所大学，他主修文学和科学，于1928年获理学学士学位，那一年21岁。阿希大学快毕业时才知道“心理学”的，他通过阅读心理学家威廉·詹姆斯（机能主义的代表人物）和哲学家乔治·桑塔亚纳（George Santayana，1863—1952，批判实在主义和自然主义的主要代表）、乔西亚·罗伊斯（Josiah Royce，1855—1916，绝对唯心主义在美国最重要的倡导者）等人的著作了解心理学，并对这一新的学科形成了最初印象。尽管詹姆斯是心理学界的重要流派——机能主义学派的代表人物，著有《心理学原理》（1890）这一名著，但他早期的身份是哲学家。他在哈佛大学担任哲学教授多年，直到19世纪80年代心理学系成立，才获得心理学教授的身份。那是心理学从哲学中脱离出来的时代，这一“脱离”被心理学家称为“心理学从思辨到科学的蜕变”。詹姆斯的《心理学原理》不但介绍了一些心理学研究，而且提出并尝试回答了关于文化和人类思考的心理学问题，这对阿希认识和理解心理学产生了重要影响。阿希最初接触心理学时以为心理学研究的内容和他所关心的问题——人的本质的问题——应该是一样的（顺便说，这倒和国内大多数非心理学专业人士对心理学的直觉的或朴素的认识是差不多的，他们认为心理学是研究“人们心里想什么”的）。于是，一毕业阿希便进入哥伦比亚大学学习心理学，开始了他硕士研究生的学习生涯。

尽管阿希一开始接触心理学课程时就失望地发现此“心理学”与自己一直以来所关心的关注人类本性的彼“心理学”有相当的距离，但他还是选择了在哥伦比亚大学完成心理学学业。在哥伦比亚大学，他并没有涉猎与社会心理学有关的内容。作为一名心理学研究生，阿希倒对人类学有着浓厚的兴趣。他除了阅读学习人类学的相关著作外，还报名参加了著名人类学家博厄斯和本尼迪克特（见图2-1、图2-2）的人类学培训班。后来在博厄斯和本尼迪克特及墨菲的帮助下，阿希得到了一笔研究基金。于是，1930年夏天，阿希携新婚妻子弗洛伦斯，用这笔研究经费去了亚利桑那州北部的霍比保留地（Hopi reservation），实地研究了霍比族（Hopi）儿童和他们的文化。

阿希注意到霍比儿童在数学课上的特别的学习方式：他们在黑板上演算数学题，直到所有儿童都完成才能一起离开黑板回到座位。考查后，阿希写了一篇报告《霍比儿童的人格发展》（*Personality Development of Hopi Children*）。尽管没有正式发表，这篇报告还是被美国社会心理学家奥托·克兰伯格（Otto Klineberg）在其1940年出版的著作《社会心理学》（*Social Psychology*）所引用。阿希相信，文化对儿童的行为有着强有力的影响。

图2-1 弗朗兹·博厄斯

德裔美国人，开创了人类学的四大分支：体质人类学、语言学、考古学和文化人类学，被誉为“美国人类学之父”。代表作：《民族学分类的原则》（*The Principles of Ethnological Classification*，1887）、《原始人的思维》（*The Mind of Primitive Man*，1911）等。

图2-2 露丝·本尼迪克特

哥伦比亚大学人类学博士，教授。1946年任美国人类学会会长，代表作：《文化模式》（*Patterns of Culture*, 1934）、《种族：科学与政治》（*Race: Science and Politics*，1940）、《菊与刀》（*Chrysanthemum and Sword*，1946）等。

阿希夫妇婚后7年有了第一个儿子彼得（Peter），彼得后来在美国罗格斯大学任经济学教授。彼得娶露丝·津德莱尔（Ruth Zindler）为妻并育有两子：埃里克和戴维。很遗憾，彼得于1989年死于心力衰竭，年仅52岁，早于他的父母离世。阿希夫妇在晚年经历了丧子的悲痛，好在他们拥有恩爱相知的夫妻关系，相互扶持、苦乐同担。这是一个典型的高级知识分子家庭，志同道合和知书达理使这个家庭的关系一直亲密和谐。当阿希夫妇在一起时，外人一看便知他们的婚姻生活幸福美满。弗洛伦斯回忆第一次与阿希相识时的情景。1928年，阿希大学毕业的那年，在纽约下东区著名的东百老汇（East Broadway）大道的图书馆里经常留下他们同进同出的身影，他们在那里相识，并一见钟情——至少对阿希是这样的。第一次见面，阿希就提出要送弗洛伦斯回家。想想看，对方得有多么强的吸引力能让阿希鼓起这么大的勇气。要知道，阿希是个非常害羞的青年。多年后，阿希告诉弗洛伦斯，当时，他也不知道自己哪来这么大的勇气。恋爱中的他们经常沿着东百老汇大道边散步边热烈讨论各种问题，甚至还因观点不同发生争执。他们讨论最多的问题是“生活的意义是什么”“上帝是否存在”，这都是阿希所关心的人的生存、生活及其人性本质的问题。

阿希在罗伯特·S. 伍德沃思（Robert S. Woodworth）的指导下通过对200个儿童的测验分数（这些数据是伍德沃思提供的）进行统计分析而完成硕士论文，于1929年获得硕士学位。阿希1932年获得博士学位的毕业论文是在加勒特（H. E. Garrett）指导下完成的。按照当时的惯例，研究题目也是由导师指定的，探讨“是否所有的学习曲线有着相同的模式”（Rock, 1990, p.6）。这个题目是导师给定的，但却不是阿希感兴趣的。

公开发表博士论文时，阿希这样介绍自己的身份：“布鲁克林学院哲学系助教”。这是阿希博士毕业后的第一份工作，不过持续时间并不长。不难看出，相比较于这两个学位论文的研究内容，阿希关于霍比儿童的研究对他日后从事社会心理学研究的影响更大。

从格鲁伯（1971）的一份未出版的手稿（转自：Rock, 1990, p.6）中，我们能够看到阿希“线段判断实验”最早的启发：阿希在哥伦比亚大学求学时，大概在入学的第二年或第三年，一天，他正在心理学资料室拜读桑代克（Edward Lee Thorndike, 1874—1949）关于效果律[1]（law of effect）的文章。顺便说，效果律在当时影响巨大，甚至在一些很特殊偏门的领域中都有它的痕迹和影响。阿希当时有种醍醐灌顶的感觉，瞬间，尽管还不知道自己的研究具体要做什么，但他知道，他该在这个领域切入和探索。还是这个害羞的阿希，没给自己更多的思考便冲下楼去，一口气将这一切告诉了正在楼下办公的系主任，说自己将在这方面进行研究和探索。

阿希看到的桑代克关于效果律的实验是这样的：让被试看不同长度的线段（“不同长度的线段”，是不是有种很熟悉的感觉？社会心理学教材介绍阿希的从众实验时，“不同长度的线段”是出现最多的高频词了！是的，实验就是在看不同长度的线段后判断出它的具体长度），主试只是认可但并不说出线段的正确长度，也就是说，不对被试做任何纠正。假如被试说“2英寸”，主试就说“对”，被试说“4英寸”，主试还是说“对”。显然，

[1] 效果律强调个体对反应结果的感受决定学习的效果，即如果个体对某种情境所起的反应形成可变联结之后伴随着一种满足状态，这种联结就会增强；反之，如果伴随的是厌烦状态，联结就会减弱。桑代克在20世纪30年代进一步考查了该定律，他发现感到满足比感到厌烦能产生更强的学习动机，后来他修正了效果律，更强调奖赏，而非惩罚。

这就是所谓的“奖赏”（reward），一个微乎其微的奖赏。桑代克是想说，没有任何参考信息，被试就不会改进自己的线段判断水平。阿希想，假如效果律是正确的，那么根据效果律，个体被（错误地）强化后就会产生错误判断——是不是可以看出来，阿希总是要影响他的被试，这无疑和他奉行的“大多数行为必须放在社会背景中去理解”（Asch，1952，p.61）的格式塔主张有关，这也是社会心理学为什么总把阿希及其研究归到社会影响领域的缘故——然后，他对实验进行了改编，随机给被试呈现一系列长短不一的线段要求判断长度，不管被试判断得是否正确，主试都给予纠正。被试说“4”，主试就说“5”；被试说“5”，主试就说“4”或“6”，主试总是在被试报告的数字外选一个数予以纠正。这个实验结果并没有发表，甚至都没有整理，但阿希当时对实验过程做了详细的记录，然后，便把这件事放下，再然后，真的就搁置脑后了。多年以后，当他不经意地翻开自己当时的实验记录时，看到上面所记录的实验过程、结果、零星想法和问题时，一脸茫然，他一丁点儿都想不起来了。这些在他脑海里没有丝毫熟悉的感觉，一切都像是全新的东西！但很显然，这是阿希后来做群体压力研究所设计的“线段判断实验”的雏形，是这个笔记本里的内容启动了他的线段判断的设计。在阿希看来，群体压力研究实际上就是效果律的测验，因为根据效果律的基本含义，是群体实施的奖赏和/或惩罚试图改变被试的判断。

第三节　工作研究经历与成果

一、工作研究经历

1932年博士毕业后，阿希在纽约市立大学布鲁克林学院（Brooklyn College of the City University of New York）谋得一个职位。不久，他在这里遇到了影响他一生学术观点的重要人物——格式塔学派的创始人马克斯·韦特海默。韦特海默因欧洲驱逐犹太人运动而移民美国，并于1933年来到布鲁克林学院工作。因对韦特海默的人格魅力、学识修养、深邃思维的敬仰崇拜，阿希开始为韦特海默工作，编辑整理其书稿《创造性思维》（*Productive Thinking*），该著作于1945年出版。作为刚入职的大学教师，阿希把自己偶像的这部著作作为他所授"思维心理学"课程的基础和框架。阿希与韦特海默一直保持着很好的私人关系，直至1943年韦特海默去世。阿希接任了韦特海默在新社会研究学院心理学系主任一职。

后来，阿希来到了宾夕法尼亚州费城的斯沃斯莫尔学院（Swarthmore College）任教，在那里待了20年（1947—1966年），这是他学术生涯中最富有创造力的、辉煌的20年。1948

年，他和赫尔曼·威特金（Herman Witkin，1916—1979）做的棒框实验使他在心理学学界崭露头角。他们在《实验心理学杂志》（*Journal of Experimental Psychology*）上连续发表了4篇论文介绍棒框实验及关于知觉场的原理。这一年是阿希多产的一年，他的论文《社会心理学中的暗示、声望和效仿学说》（The Doctrine of Suggestion, Prestige, and Imitation in Social Psychology）也在权威专业期刊《心理学评论》（*Psychological Review*）上发表。1952年，阿希的代表性著作《社会心理学》出版，确立了他在社会心理学学界的地位。自1951年后，其标志性的研究成果——群体压力下的从众行为的研究结果陆续发表，奠定了他作为心理学大师的卓越地位。美国海军研究办公室（the Office of Naval Research）对心理学领域基础研究有一些鼓励性的政策，阿希的群体压力研究就是得到其资助得以完成。该部门的麦克米伦（J. V. Macmillan）博士和佩奇（H. E. Page）博士对此功不可没。

那时候，斯沃斯莫尔学院就是该地区杰出的由研究生组成的研究机构之一，这一传统优势一直保持到现在。在20世纪中期，这个小小的学院汇聚了一批一流的学者，是格式塔心理学在美国的家园。苛勒（Wolfgang köhler）——20世纪30年代来自柏林的格式塔学派创始人之一——就在这里工作。该学院还有苛勒在柏林大学心理学研究所时的第一任助手汉斯·瓦拉赫（Hans Wallach，1904—1998），以研究单色彩下的明度恒常著称，他的一系列研究对当代视觉与听觉感知理论具有重大影响。另外，这里还有与阿希共同研究联想现象的普伦蒂斯（W. C. H. Prentice）。当然，阿希也是这里有影响力的格式塔心理学流派的一员。格式塔学派在德国柏林诞生，在美国得到发展，这和苛勒的贡献分不开。在斯沃斯莫尔学院，阿希认识了苛勒，尽管那时苛勒已是功成名就的学界泰斗，但这并不妨碍他与阿希建立非常亲密的同事关系。阿希说，当时同事们谈论苛勒最多的还不仅是他的学术成就，而且还有其人品——美德、才智、情感在苛勒身上实现了完美的平衡与和谐。科学研究于苛勒是其生活方式不可或缺的一部分，而不是补充或替代。苛勒1967年去世时，阿希为他写了悼词，后来刊登在《美国心理学杂志》(*American Journal of Psychology*）上。悼词高度赞扬了苛勒面对纳粹独裁时的正义与无畏，和对科学孜孜以求的探索精神。苛勒是少数敢于公开直接对抗纳粹"种族纯洁主义"制度的学者之一，他曾于1935年在报纸上公开发表抗议文章，而后迫不得已离开德国迁居美国。从阿希的悼词中可以反映出阿希本人对待科学、对待强权与正义的态度和价值观。

尽管去了斯沃斯莫尔学院，但阿希与新社会研究学院还保持着密切的联系。斯沃斯莫尔学院非常重视本科生教学，重视对那些有才华的学生的精心培养。那时，位于宾夕法尼亚州的布林茅尔学院（Bryn Mawr College）的玛丽·亨利（Mary Henle）已经代替了阿希在新社会研究学院的工作，但阿希，还有瓦拉赫，有时还有苛勒，他们每周都会有一个晚上去新社会研究学院授课。因而，后来的许多杰出的心理学家在他们大学时期在斯沃斯莫尔学院接受了良好的、高水平的专业学习和训练。

1966年，阿希去了新泽西州的罗格斯大学组建认知研究所（Institute for Cognitive Researches），并出任主任一职。同去的还有约翰·塞拉索（John Ceraso）、罗克、多萝西·迪纳斯坦（Dorothy Dinnerstein）和格鲁伯（后两人是阿希在布鲁克林任教职时的学生）。在斯沃斯莫尔学院的最后几年，包括在罗格斯大学和宾夕法尼亚大学任教时，阿希的研究兴趣及研究内容离开了社会心理学而转向其他主题，如隐喻心理学（psychology of metaphor，Asch，1955，1958）、联想的本质（nature of association，Asch，1958，1968）等。这一点可以从本章附录2阿希的作品列表里看到，1962年以后，阿希便不再发表社会心理学方面的研究成果了。

20世纪40年代，阿希就开始关注学习的研究主题，并发表了一系列实验和理论研究论文。那时，学习被描述为对时间连续性事件的关联，而这些事件与刺激—反应相联系。阿希的研究试图对这些假设进行验证。格式塔心理学家认为，与刺激—反应所描述的人类学习不同，对直觉和概念的加工会留下记忆痕迹，此痕迹就是对知觉对象或概念的内部表征。阿希因对联想对称性（associative symmetry）的研究加入了格式塔学派相关主张的阵营（Asch，1968a；Asch & Ebenholtz，1962a；Asch & Lindner, 1963）。

如果要将一组联系描述为刺激—反应的联结，从概念层次上说，反应是不能引起刺激的，刺激—反应理论在回答这一质疑时颇感无力。阿希和埃本霍尔兹（S. M. Ebenholtz）的研究证明，有且仅有一个对称的联想，且向前和向后的差异由项目可行性（item availability）解释，与痕迹本身的非联想性质无关（Asch & Ebenholtz，1962a）。目前这一主张已被广泛接受，就如将记忆看作是对当前信息的内部表征（Anderson & Bower，1973）的观念被许多研究者接纳并采用一样，这与阿希和埃本霍尔兹（S. M. Ebenholtz）对痕迹有效性的概念界定非常相似。

阿希有关学习的第二个主题是统一与非统一联想（unitary and non-unitary associations）的区别（Asch, 1962, 1969；Asch, Ceraso & Heimer，1960；Asch & Prentice, 1958）。他用一些熟悉的物理属性（如形状和颜色）设计了一个简单的实验范式，发现两个属性在同一个“单元”（unit）中比在不同“单元”中更容易发生联想。今天，以“单元”概念为主题的研究成了心理学研究的热点，当然这还要归功于特雷斯曼（Treisman，1986）后来所做的工作。

阿希对学习和记忆研究的第三个部分是联想（association）概念本身。他指出，即便已经有了大量传统的联想范式，但联想概念的内涵依然存在许多困难和混乱（Asch，1964，1968a；Asch & Ebenholtz，1962b；Asch，Hay & Mendoza，1960）。例如，对连续呈现的项目进行自由回忆时，项目间的序列关系能够调节被试的再现，这是被称作系列位置效应的现象。但阿希和埃本霍尔兹（S. M. Ebenholtz）的研究表明，即便不呈现项目间的内部联系，对连续性材料的回忆也是稳定的（Asch & Ebenholtz，1962b）。联想理论的解释是：这是一种“与位置有关”的联想（association with position）。但阿希对此并不认同，他认为，“位置”概念本身就是自相关的，不需要涉及某个特殊的空间位置，个体在学习开头、中间或结尾位置的项目时，并没有去临时识别项目位置。例如，当相同的时间序列在不同的空间格局（patterns）中呈现时，个体的学习就是有差异的（Asch, Hay, & Mendoza, 1960）。

那时，联想主义、行为的联结思想即是解释学习的主流思想，许多研究者一直对阿希及其合作者关于学习的认知理论的研究及观点持批评和不理解的态度（不过，阿希的许多观点在多年后得到了证实并被普遍接受），所以，他的群体压力的研究成就就显得格外突出。这或许是阿希在学习与记忆、联想与知觉方面的研究几乎不为人知的原因。

在罗格斯大学期间，其中有两年（1958—1960年），阿希在普林斯顿高等研究院（the Institute for Advanced Study at Princeton）工作，并对斯坦利·米尔格拉姆（Stanley Milgram，1933—1984）进行了为期一年的博士后研究指导。米尔格拉姆因著名的“权威—服从实验”研究名声大噪，位列20世纪最杰出的心理学家中的第46位。米尔格拉姆的研究是从众的跨文化差异研究，他发现，与带有强大的多元思想传统的法国人相比，挪威人因生活在范围小、同质性高的社会中而表现出更大的从众压力（Milgram，1961），这是对从众研究的深入。即便米尔格拉姆后来的研究兴趣转向了权威服从，但从人际压力（群体压力）的角度来看，他的研究依然是对阿希研究路线的拓展。

1972年，阿希前往宾夕法尼亚大学任心理学教授，其研究兴趣继续沿着学习、知觉及联想本质等领域进行深入，直至1979年退休。其中有一年（1976—1977年）阿希在斯坦福大学的行为科学高级研究中心（Center for Advanced Study in the Behavioral Sciences，CASBS）从事研究。1998年，即在阿希去世的两年后，宾夕法尼亚大学成立了所罗门·阿希研究中心（Solomon Asch Center）（简称阿希中心）。该中心位于宾州的布林茅尔学院，中心研究人员秉承阿希关于对人的行为的探究分析必须与人的真实体验相结合、必须与个人的社会生活相联系的宗旨，致力于人种政治冲突的研究，旨在推进种族群体冲突与暴力领域的训练与研究。中心有来自包括历史学、政治学、心理学、语言学、经济学、法律、社会或人类学等领域的专家，他们研究种族冲突产生的原因、建设性地管理冲突以避免爆发大范围暴力冲突，以及应对种族暴力引起的难民等问题。

二、荣誉和奖励

阿希一生获得很多荣誉，包括两次古根海姆奖[1]（Guggenheim Fellowships）和一次尼古拉斯·莫里·巴特勒奖[2]（Nicholas

[1] 古根海姆奖于1925年由约翰·西蒙·古根海姆纪念基金会（John Simon Guggenheim Memorial Foundation）设立，为表彰那些在科学与人文艺术领域有创新性研究成果且成就卓著的学者。每年评选一次。

[2] 尼古拉斯·莫里·巴特勒（1862—1947），美国哲学家、教育家、外交家。哥伦比亚大学第12任校长，任期为1902—1945年。

Murray Butler Award)(1962年),1967年荣获美国心理学会颁发的杰出科学贡献奖(the Distinguished Scientific Contribution Award)。另外还有一些荣誉学术研究经历和荣誉兼职,包括到普林斯顿高等研究院居留访问(residences,1958—1960, 1970年),在斯坦福大学的行为科学高级研究中心做研究员(1976—1977年),在美国公共卫生局(the U.S. Public Health Service)任高级研究员(Senior Fellow,1959—1960年),在美国艺术科学院(the American Academy of Arts and Sciences)担任会员等。这些经历都是一个科学家引以为豪的殊荣。拿1930年成立的普林斯顿高等研究院来说,它不是普林斯顿大学的一部分,而是一个各领域的科学家做最纯粹的尖端研究,不受任何教学任务、科研资金或者赞助商压力的研究机构。它的捐资人是百货商人路易斯·邦伯格兄妹(Louis Bamberger and Caroline Bamberger),首任院长亚伯拉罕·弗莱克斯纳(Abraham Flexner)的理念就是要建立一个纯理论研究的柏拉图式的学院。研究院最著名的科学家莫过于爱因斯坦(Albert Einstein,1879—1955),还有兼具“计算机之父”和“博弈论之父”的冯·诺伊曼(John von Neumann,1903—1957),以及曼哈顿计划的领导者、“原子弹之父”罗伯特·奥本海默(J.Robert Oppenheimer,1904—1967)等。而晚二十几年(1954年)成立的行为科学高级研究中心(CASBS)也毫不逊色。这个坐落在斯坦福大学校园东侧山岗上的研究机构鼓励不同学科思想的交汇与碰撞,热诚接纳和支持各类行为科学的研究者和科学家带着他们的突发奇想和真知灼见来这里以会员（fellow）身份进行为期一年的科学研究。从1954年到现在，该机构的会员中有22位诺贝尔奖、14位普利策奖、44位麦克阿瑟“天才奖”获得者，还有几百位美国科学院院士。在中心的网站上显示的“以往会员”（Past Fellow）的名单中，能找到阿希的名字，他是1977年的会员。

在美国心理学学会评选出的20世纪最具影响力的心理学家中，阿希位列第41位。此次评选和排名按照以下三个定量的指标执行：（1）在专业期刊中被引用的频率；（2）在普通心理学课本中被引述的频率；（3）问卷反馈的结果（向1 725名美国心理学会的会员发放问卷，请他们列出20世纪最著名的心理学家）。此外，还有三个定性的指标：（1）该学者的姓氏是否曾被用于命名某一心理学术语，比如巴甫洛夫条件反射（Pavlovian conditioned reflex）、斯金纳箱（Skinner box）等；（2）是否是国家科学院院士；（3）是否曾被授予美国心理学会颁发的杰出科学贡献奖或当选为美国心理学会主席。该评选还考虑了该学者在20世纪是不是有一项心理学方面的公开出版物。即使采用了多种衡量标准，也难免有一些著名人物被遗漏。例如，对人类学习和记忆进行实验研究的第一人——赫尔曼·艾宾浩斯（Hermann Ebbinghaus）就未被列入。因此，评比结果只列前99名，第100名空下来，让人们把自己认为重要的而被漏掉的其他著名心理学家补充进来。

阿希因何能跻身其中呢？首先，阿希的从众研究在心理学期刊被引用的频次非常可观；其次，任何一部鸿篇巨著的普通心理学和任何一部社会心理学著作都会有阿希的名字和他的从众研究；再次，阿希的姓氏被作为心理学术语命名了一种心理现象，即“阿希效应”，也称“阿希现象”（Asch Phenomenon）；最后，阿希于1967年荣获了美国心理学会的杰出科学贡献奖。当然，阿希在20世纪也有心理学成果，而且出版了很重要的心理学成果。我们无从获知阿希在问卷调查中获得了多少支持，但看看阿希的影响力和知名度，想来票数也会不少。这五个方面的成就，就是出版成果不多的阿希能跻身20世纪最具影响力的心理学家前50名的理由。

三、人格魅力——同事、学生眼中的阿希

阿希的谦谦君子风格、坚实广博的学识和入木三分的洞察给他的学生留下了深刻的印象，无论在布鲁克林学院还是在斯沃斯莫尔学院，都有许多敬仰、崇敬阿希的学生和青年学者。他们对阿希的研究领域感兴趣，与他一起执着地探索这些领域的未知。在斯沃斯莫尔学院，威特金与阿希一道开展了倾斜框架背景下对垂直棒（the upright）的知觉研究。这是关于“场”的空间定向对场中对象影响的研究，即我们熟知的“棒框实验”研究，这些发现直接体现在两人于1948年连续发表的4篇学术论文中。阿希的同事马克斯·赫茨曼（Max Hertzman）和海伦·布洛克·刘易斯（Helen Block Lewis）与阿希共同研究社会判断中的刻板

印象[1]（stereotyping impression）和晕轮效应（halo effect）。

格鲁伯、罗伯特·巴伦（Robert A. Baron）、塞拉索、罗克、迪纳斯坦等学生和同事，对阿希感情深厚、崇敬有加。当阿希去罗格斯大学组建认知研究所时，他们便一同前往，成为这个中心的第一批学者。迪纳斯坦还参与了阿希的《社会心理学》教材的编写工作和群体压力的相关研究。

（一）阿希的学生霍华德·格鲁伯的回忆

1939年9月，格鲁伯在布鲁克林学院的心理学课堂上第一次见到了阿希，阿希是临时代替威特金来上课的。他讲了勒温等人（Lewin，Lippit，& White，1939）的实验——关于在实验中创造社会氛围以探究男性儿童攻击行为的研究。勒温在研究中设置了三种团体氛围：（1）领导鼓励团体成员讨论和参与的民主型；（2）领导做决定对成员下指令的独裁型；（3）任由儿童被试自由行动的放任型。结果发现，民主型团体成员能友好相处，是最有效的团体；独裁型团体被试具有较强的攻击性；放任型团体是最无效且没有动力的团体。该研究主张，团体领导会影响一个团体的组织和动力，而团体动力又会对其成员的行为产生影响。格鲁伯当时深深被阿希的讲解和分析迷住了，当即决定自己未来的专

[1] 刻板印象也叫社会刻板印象（social stereotypical impression），指的是社会上对某一类事物产生的一种比较固定的、概括而笼统的看法。但根据美国俄亥俄州托利多（Toledo）大学黎岳庭教授的主张，刻板印象乃是类属性思维（stereotyping）的一种，按照正确不正确和积极消极两个维度可以把类属性思维分为4种，其中消极且不正确的类属性思维才是刻板印象。

业发展就是对社会问题进行科学心理学的探究。随后，他便选修了阿希的“思维心理学”课程，并通过阿希结识了韦特海默（当时阿希正在整理韦特海默的书稿《创造性思维》）。格鲁伯记得有一次和阿希一边散步一边讨论唯物主义，格鲁伯列举了一些老生常谈的证据，譬如，用脚踢石头就能感觉到石头，通过行动就能感知到世界，诸如此类。这时，阿希以他特有的“极其庄重”（super-dignified way）的方式认真地说：“这是一个非常重要的命题，你这样的回答太简单草率了。”格鲁伯深感震动，使他在探究未知时常常能想起阿希的教诲而执着于寻根问底。

（二）阿希的朋友罗伯特·巴伦的回忆

著名心理学家、管理学家罗伯特·巴伦在其非常有影响力的《社会心理学》（这本教材已被再版了至少10次，世界上有超过300万的大学生使用过）中提到，20世纪70年代，他与阿希相识并成为朋友，感受到了阿希的亲切友好、考虑周到的人格魅力，他发现阿希非常聪明且有着十分敏锐的洞察力（Baron & Byrne，2004，p.450）。

（三）阿希的研究助手约翰·塞拉索的回忆

在塞拉索是新社会研究学院的研究生时，阿希正好在找研究助手，通过玛丽·亨利的推荐，他成了阿希在斯沃斯莫尔学院的研究助手。由于经常出席阿希的学术讨论会，听他作报告，塞拉索注意到，当有人问了一个好问题时，阿希经常会让他们把问题再重复一遍，他解释说："这样，我才能确保我理解了你的问题。"塞拉索说，后来对于一个问题我们总是花很长时间去反复讨论，这要放在以前，让人是很难理解的。任何一个曾与阿希一起工作过的人都知道，这份工作中最宝贵的就是和他一起思考，因为他一直在以他特有的、深入的洞察力对复杂问题进行剖析。这一段经历对塞拉索相当有帮助！这样，他就能知道，一个问题，它从何处来、向何处去。为什么阿希总是把一个问题当作新问题？难道是他以前从来没思考过吗？塞拉索认为，阿希把一个问题当成新问题，是他对提问者和问题本身的尊重；更重要的是，他使用了苏格拉底式的思维方式，他不介意一个好问题到底是新的还是旧的，是回答了的还是没回答的，他把它看成是从新视角来重新审视复杂问题的机会。

（四）阿希的同事、《所罗门·阿希的学术遗产：认知和社会心理学文集》主编欧文·罗克的回忆

欧文·罗克一直记得他与阿希第一次见面时的情景：阿希坐在新社会研究学院的一间空教室的桌子前写着什么东西。那时新社会研究学院心理系有两间教室供系里所有老师、学生和秘书使用，用作秘书办公室、员工办公室、讨论室，甚至实验室。真是个"多功能室"！由于它太过"共享性"，因此，除了共同的活动，没人能单独在这样的教室里思考或者写作。但阿希并不在意，他似乎也并不需要更多的办公设备，一间房、一张桌、一把椅，就可以完成他的重要思考和对心理学的贡献。

进入研究生学习阶段，罗克仍觉得自己乏善可陈，无论在学业学术上还是智力个性上——口才拙、记性差、读书少、脑子慢。但是，他发现，思考，尤其是独立思考至关重要。令他想不到的是，他的老师们看到了他的这个能力，尤其是阿希。当罗克有一个新的想法时，阿希惊奇的目光让他知道了自己的观点被认可、被欣赏。对一个自卑的学生来讲，这是多么大的鼓舞！1955—1956年，罗克告诉阿希，自己的实验发现——重复对形成联想没有贡献时，阿希坚定地站在了支持他的少数派当中，而那时心理学学界的许多“大腕们”（big guns）都拒绝支持这个结果。1963年，已经功成名就的阿希邀请青年才俊罗克来斯沃斯莫尔学院定期讲授学习和记忆专题，这对罗克来说是莫大的荣幸和鼓励。谁都知道，阿希这样的权威性人物对一个年轻学者的支持对其未来发展的积极影响是无法估量的。罗克回忆，尽管阿希在对格式塔心理学的推进、对社会心理学领域的拓展及对美国心理学的贡献等方面都广为称道，但他对罗克在学术研究中关于格式塔原理某些方面的质疑却没有丝毫的愠怒、不满和质疑。阿希表达了含蓄但却非常清晰的态度——真正重要的是“真相”（truth），而不是权威地位。这的确是一个真正科学家的科学精神。

（五）哈佛大学教授罗杰·布朗（Roger Brown）的回忆

在阿希20世纪50年代访问哈佛大学时，罗杰·布朗还只是讲师，听了他做的许多演讲和报告，于是将大量阿希的实验——在改变判断时受到的群体压力（从众），言论理解中的结构性因素（对暗示学说的评论，如名言的判断），对隐喻的一般理解，对人类知觉的解释等一一融入课堂教学中，并将这种方法延续了很多年。

布朗说，他非常喜欢讲授阿希的那些实验，很多年来一直喜欢讲授这些内容，喜欢写与之有关的教案、材料。他力求做得恰当准确，因为一个简单、概括、平面的结论不能被人理解，更不能让人产生愉悦感。只有不断重温原始文献，才能一直保持各观点间的紧凑和逻辑衔接，才能让学生悟到其中的思想和见解之美。

布朗认为，阿希的实验并不仅限于所框定的范围，它们的魅力绝不仅限于此。它们改变了社会心理学课程及他对社会心理学的看法，并使他产生了对研究人的普遍性和特殊性的强烈兴趣。

（六）亨利·格莱特曼（Henry Gleitman）的回忆

20世纪50年代，格莱特曼经常与阿希讨论，有时关于古希腊悲剧，有时关于美国的学习理论。那时，格莱特曼还很年轻。有一次在阿希家里，格莱特曼试图说服他相信尼尔·米勒（Neal Miller）用S-R理论阐述某些复杂人类行为的一些尝试。阿希一直认真聆听讲述，并不时地点头。后来，当格莱特曼拿起外套准备离开的时候，阿希笑着问："呃，亨利，可是，老鼠能扮演Iago（莎士比亚悲剧《奥赛罗》中的反面角色）吗？"

后来，格莱特曼才意识到阿希这个带有调侃意味的问题其实包含更多深意——如果它本身无法做这样的事，那就完全可以肯定，它更不可能假装撒谎或伪装了（或者说扮演这个角色）。

格莱特曼将阿希看作是一位相当深刻的，或许是见过的最深刻的心理学家。当他还是年轻人时，未曾意识到他有多么深刻。

附录1：生平年表

1907年9月14日，在波兰华沙出生。

1920年，随家人移民到美国，定居纽约。

1928年，在纽约市立大学获理学学士学位。

1929年，在哥伦比亚大学获硕士学位。

1930年，与弗洛伦斯·米勒结婚。

1932年，在哥伦比亚大学获哲学博士学位，并进入纽约市立大学布鲁克林学院任哲学系助教（tutor）。

1933年，阿希为马克斯·韦特海默编辑整理书稿《创造性思维》。

1937年，第一个儿子彼得出生，彼得后来在美国罗格斯大学任经济学教授。

1943年，韦特海默去世，阿希接替韦特海默出任布鲁克林学院新社会研究学院心理系主任的职位，直至1947年。

1947—1966年，在宾夕法尼亚州费城的斯沃斯莫尔学院任教。其间，1958—1960年，到普林斯顿高级研究院工作，斯坦利·米尔格拉姆是他的助手。

1952年，《社会心理学》著作出版，该书于1987年再版。

1959—1960年，在美国公共卫生局兼任高级研究员。

1962年，获尼古拉斯·莫里·巴特勒奖。

1966年，前往新泽西州纽瓦克市的罗格斯大学组建认知研究所，并出任主任。

1967年，获美国心理学会颁发的杰出科学贡献奖。

1972年，前往宾夕法尼亚大学任心理学教授。其间，1976—1977年，在斯坦福大学的行为科学高级研究中心做资深研究员。

1979年，从宾夕法尼亚大学退休，退休后住在新泽西的普林斯顿。

1996年2月20日去世，享年88岁。

1998年，宾夕法尼亚大学成立所罗门·阿希研究中心。

附录2：主要著述年表

1932年：

Asch, S. E. (1932). An experimental study of variability in learning. *Archives of Psychology*, *143*, 1–55.

1934年：

Klineberg, O., Asch, S. E., & Block, H. (1934). An experimental study of constitutional types. *Genetic Psychology Monographs*, *16*, 141–221.

1936年：

Asch, S. E. (1936). A study of change in mental organization. *Archives of Psychology*, *195*, 30–79.

1938年：

Asch, S. E., Block, H., & Hertzman, M. (1938). Studies in the principles of judgments and attitudes: I. Two basic principles of judgment. *The Journal of Psychology*, *5*(2), 219–251.

1940年：

Asch, S. E. (1940). Studies in the principles of judgments and attitudes: II. Determination of judgments by group and by ego standards. *Journal of Social Psychology*, *12*, 433–465.

1946年：

Asch, S. E. (1946). Forming impressions of personality. *Journal of Abnormal and Social Psychology*, *41*, 258–290.

Asch, S. E. (1946). Max Wertheimer's contribution to modern psychology. *Social Research*, *13*, 81–102.

1948年：

Asch, S. E. (1948). The doctrine of suggestion, prestige, and imitation in social psychology. *Psychological Review*, *55*, 250–276.

Asch, S. E., & Witkin, H. A. (1948a). Studies in space orientation: I. Perception of the upright with displaced visual fields. *Journal of Experimental Psychology*, *38*, 325–337.

Asch, S. E., & Witkin, H. A. (1948b). Studies in space orientation: II. Perception of the upright with displaced visual fields and with body tilted. *Journal of Experimental Psychology*, *38*, 455–477.

Witkin, H. A., & Asch, S. E. (1948a). Studies in space orientation: III. Perception of the upright in the absence of a visual field. *Journal of Experimental Psychology*, *38*, 603–614.

Witkin, H. A., & Asch, S. E. (1948b). Studies in space orientation: IV. Further experiments on perception of the upright with displaced visual fields. *Journal of Experimental Psychology*, *38*, 762–782.

1951年：

Asch, S. E. (1951). Effects of group pressure upon the modification and distortion of judgments. In H. Guetzkow (Ed.), *Groups, Leadership, and Men*, (pp. 117–190). Pittsburgh, PA: Carnegie Press. 222–236.

1952年：

Asch, S. E. (1952). *Social Psychology*. Englewood Cliffs, NJ:

Prentice-Hall.

1955年：

Asch, S. E. (1955). Opinions and social pressure. *Scientific American*, *193*, 31–35.

Asch, S. E. (1955). On the use of metaphor in the description of persons. In H. Werner (Ed.), *On Expressive Language* (pp. 29–38). Worcester, MA: Clark University Press.

1956年：

Asch, S. E. (1956). Studies of independence and conformity: I. A minority of one against a unanimous majority. *Psychological Monographs*, *70*, 1–70.

1958年：

Asch, S. E. (1958). The metaphor: A psychological inquiry. In R. Tagiuri & L. Petrullo (Eds.), *Person Perception and Interpersonal Behavior* (pp. 86–94), California: Stanford University Press.

Asch, S. E., & Prentice, W. C. H. (1958). Paired association with related and unrelated pairs of nonsense figures. *American Journal of Psychology*, *71*, 247–254.

1959年：

Asch, S. E. (1959). The practical use of theory. *Social Research*, *26*, 127–166.

Asch, S. E. (1959). A perspective on social psychology. In S. Koch (Ed.), *Psychology: A Study of a Science* (Vol. Ⅲ, pp. 363–383). New York: McGraw-Hill.

1960年：

Asch, S. E., & Nerlove, H. (1960). The development of double function terms in children: An exploratory study. In S.Wapner & B. Kaplan (Eds.) *Perspectives in Psychological Theory*, (pp. 47–60). New York: International University Press.

Asch, S. E., Ceraso, J., & Heimer, W. (1960). Perceptual conditions of association. *Psychological Monographs*, *74*(3), 1–48.

Asch, S. E., Hay, J., & Mendoza, R. (1960). Perceptual organization in serial rote-learning. *American Journal of Psychology*, *73*, 177–198.

1961年：

Asch, S. E. (1961). Issues in the study of social influences on judgment. In I. A. Berg & B. M. Bass (Eds.), *Conformity and Deviation*. New York: Harper.

1962年：

Asch, S. E. (1962). A problem in the theory of associations. *Psychologische Beitrage*, *6*, 553–563.

Asch, S. E., & Ebenholtz, S. M. (1962a). The principle of associative symmetry. *Proceedings of the American Philosophical Society*, *106*, 135–163.

Asch, S. E., & Ebenholtz, S. M. (1962b). The process of free recall: Evidence for non-associative factors in acquisition and retention. *Journal of Psychology*, *54*, 3–31.

1963年：

Asch, S. E., & Lindner, M. (1963). A note on "strength of association." *Journal of Psychology*, *55*, 199–209.

1964年：

Asch, S. E. (1964). The process of free recall. In C. Scheerer (Ed.), *Cognition: Theory, Research, Promise* (pp. 79–88). New York: Harper and Row.

1968年：

Asch, S. E. (1968). Gestalt theory. *In International Encyclopedia of the Social Sciences*, pp. 158–175.

Asch, S. E. (1968a). The doctrinal tyranny of associationism.

In T. R. Dixon & D. L. Horton (Eds.), *Verbal Behavior and General Behavior Theory* (pp. 214–228). Englewood Cliffs, NJ: Prentice-Hall.

Asch, S. E. (1968b). Wolfgang Köhler. *American Journal of Psychology*, *81*, 110–119.

1969年：

Asch, S. E. (1969). A reformulation of the problem of associations. *American Psychologist*, *24*, 92–102.

1970年：

Asch, S. E. (1970). Perceiving and thinking (Review of Visual Thinking by R. Amheim). *Science*, *169*, 361–362.

1974年：

Asch, S. E. (1974). *Preface to David Rapaport: The History of the Concept of the Association of Ideas* (pp. VII–XIII). New York: International University Press.

1984年：

Asch, S. E., & Zukier, H. (1984). Thinking about persons. *Journal of Personality and Social Psychology*, *46*(6), 1230–1240.

1987年：

Asch, S. E. (1987). *Social Psychology.* (Reissue of 1952 book in paperback, with new preface.) Oxford: Oxford University Press.

1990年：

Asch, S. E. (1990). Comments on DT Campbell's chapter. *The Legacy of Solomon Asch: Essays in Cognition and Social Psychology*, 53–55.

第三章　名篇选译

本章是与“群体压力”有关的两篇名作：一篇是由阿希本人撰写的，该文对群体压力下的从众与独立的系列研究作了全面的介绍；另一篇是由佩耶尔·昆杜（Pavel Kundu）和丹尼斯·D. 卡明斯（Denise D. Cummins）撰写的，该文研究了阿希的从众研究范式在道德决策中的应用。阿希的从众研究范式看似简单但却奇思异巧、匠心独具，无愧为经典，从这两篇文章中可以深刻体会其研究精髓。

第一节 《群体压力效应导致个体判断的改变和失真》选译[1]

本研究最直接的目的是探究在社会和个人条件下，当群体做出了违背事实的选择时，个体对抗或屈从（yielding）于群体压力的表现。该情境所引发的问题具有明显的社会现实意义，它对于探究一个群体在何种条件下会做出屈从于压力的选择具有重要意义；此问题同时影响着个体的推断和我们对这些推断的理解，即个体究竟是独立做出选择还是服从于群体压力。

一、实验和第一个结果

我们开发设计了一种实验技术，作为接下来一系列研究的基础：将被试置于一种极端冲突的情境中，以测量被试的表现，并描述其背后的心理机制。实验要求由8人组成的小组对一系列简

[1] 该文最初发表在H. Guetzkow (Ed.). *Groups, Leadership, and Men*. Pittsburgh, PA: Carnegie Press. 222-236.之所以选择阿希较早时期的这个作品，是因为后续很多期刊和教材对阿希从众研究的介绍与阿希的本意和核心主张或多或少有些偏离，还有些研究者对阿希线段判断实验的程序介绍也多少有些出入。我们希望完整呈现一篇阿希的报告原文，对后续研究者忠实地介绍阿希的从众研究和准确把握阿希作为一个格式塔学派的心理学家的完整思想有所帮助。

单的知觉任务进行判断：呈现一条线段，要求被试与其他3条不同长度的线段之一做等长匹配。小组内的每个被试都公开说出自己的答案。在这个单调的“测验”进行的过程中，其中一个被试突然发现自己的选择与整个组的选择相矛盾，而且这种矛盾在实验过程中一次又一次地出现。实际上，除了这个被试外，其他人都提前见过主试，并被告知什么时候给出全体一致的错误答案。大多数错误是很明显的（在0.5到1.75英寸之间），实验中材料的呈现顺序也是被打乱安排的。那个被置于“意见一致的大多数”（unanimous majority）情境中的唯一一个少数人，就是我们的“关键被试”（critical subject），是本实验的目标。他面临的情况可能在人生中第一次出现：一组内其他所有人的选择都与他的选择相矛盾。

这个过程是实验的起始点，也是后续探讨更多问题的出发点。它具有以下特点：（1）关键被试被置于两种相互矛盾且不一致的力量中：一个是他自己绝对清楚的知觉事实，另一个是组内其他人完全一致的不同反应；（2）两种力量都属于即时情境，组内大部分人的位置都是事先安排好的，坐在被试的周围；（3）关键被试需要同其他被试一样公开说出自己的判断，即不允许他掩盖自己的结果，而要面对组内所有成员公开自己的明确立场；（4）这个情境具有封闭的特点。（这一点一定要遵守，现实情境中的事件在关键被试身上发生得很快，以致他很少产生怀疑）。

运用该技术有一个简单测量“多数人效应”（effect of the majority）的量化方法，即由大多数被试错误判断引起的关键被试的错误率。同时从实验一开始就收集被试感知群体的方式，以估计他们是怀疑还是打算加入多数人群体。此外，建立被试独立和从众的范围也是本研究的重要目的。比如，从众被试是否意识到发生在他身上的“多数人效应”，他是有意放弃还是被迫放弃自己的选择。为此，我们会在实验结束后立即与被试进行访谈以了解这些一般性问题，并把它作为实验程序的一部分。访谈结束后，被试将会了解全部的实验真相，包括研究目的、被试本人的角色和组内多数人的角色。被试得知实验目的后的反应也是整个研究的一部分。需要特别强调的是，访谈信息是整个实验不可或缺的信息资源，这对于探究实验情境的心理学结构，尤其是探查个体差异的本质非常必要。诚然，不告知被试实验目的既不公平也不合理。主试有义务消除被试的疑虑并解释为什么将其置于这种实验情境之中。这样做，大部分被试都表示这个实验很有趣并且很多人对自己经历了一次探究人类特质的令人印象深刻的情境表示满意。

关键被试和其他被试都是男性大学生，我们报告了本实验中所有的50个关键被试的结果，定量结果清楚且明确，如下。

（1）确有一个朝向大多数人的明显的趋势。关键被试在所有判断中有三分之一与多数人相同或受多数人错误估计的影响而诱发错误。在控制组中，要求被试写出而不是说出自己的判断，则判断结果几乎没有错误。两者相比，实验组多数人效应的结果是显著的。

（2）同时，多数人效应并不那么彻底。关键被试组不考虑多数人压力而做出正确估计的依然占多数（68%）。

（3）我们发现了个体差异的极端例子。有的关键被试始终保持独立选择，没有出现预期的从众行为；也有的被试全部选择了多数人组的答案（最大错误数是12，而实际错误范围在0—11）。有四分之一的关键被试完全保持独立，另一个极端情况是，三分之一的关键被试在一半甚至更多的试次中改变了自己的选择而遵从了大多数。

关键被试对各个给定条件的反应差异非常大。有的从头到尾都对自己的选择保持信心；而另一些则感到困惑、疑虑，有一种强烈的不愿随大流的冲动。

为了表述清楚，下面我们以一位独立者和一位从众者为例作简要说明。

独立者。在几个试次之后他感到困惑、犹豫。他用“3，先生；2，先生”的口气回答所有有异议的答案，而对没有异议的一致的答案则不这样。在第4个试次他在组内第一个人回答之后立刻抢着回答，摇头、眨眼，并对他旁边的人小声说：“真受不了，应该是1。”他随后给出的答案声音很小，脸上露出一种不以为然的笑容。一度他曾很尴尬地笑，小声地对旁边的人抱怨：“我总是不同意，真讨厌！”实验进程中，这个被试一直重复道：“先生，我看到什么就说什么啊。”他坚持认为他的估计是对的，但没有说别人是对是错，他一再强调“这是我看到的，那是他们看到的。”如果他不得不在类似情境下做出实际决定（practical decision），他声称：“我会听我自己的，就算我的部分理性告诉我，我可能是错的。”在实验结束后立即会有一个简短的讨论，当其他人逼着关键被试说出是不是他觉得所有人都是错了只有他是对的时候，他快要翻脸地大声说：“你们很可能（probably）是对的，但你们也许（maybe）是错的！”曝光实验真相后，这个被试表示他感到“非常高兴和释然”，还说“我不否认有那么一刹那我在想：‘见鬼！让我和他们一样吧’”。

从众者。这个被试在12个大多数执行错误选择的试次中有11次都和其他人一样。他显得有些焦虑和混乱，但没有回避讨论。相反，他很合作并试图用自己最好的表现回答问题。他在讨论时这样说：“如果我是第一个回答的，我可能会说出不一样的答案。”他承认自己接受了他人的作答方式。就他的情况来看，首先是没有信心，因此便毫不犹豫地把大多数人当作坚定的群体：“如果他们有疑虑，我可能会改变选择，但他们回答得那么有信心。”他解释自己的某些错误是由于对比时的不确定，所以他选择随大流。当他知道实验目的时，他主动提出：“我中间曾怀疑过，但又努力把它从脑海中赶走。”有意思的是他的怀疑并没有让他获得自信或减少多数派对他的影响力。值得注意的是，他说他以为实验就是包括其他人有“错觉”（illusion）反应的安排。但这个说法他自己都觉得不太像真的，所以并没有让他感到释然，相反，看上去他倒觉得如果与大多数人有分歧倒是有问题了。这个被试给人的突出印象是容易被无法合理解释的眼前困难所控制，所以没有做出合理决策。

二、对个体差异的初步分析

我们对前面提到的访谈数据进行分类，并进一步描述被试对实验情境的主要反应方式，总结如下。

独立者主要区分为以下几种。

（1）以个人知觉和经验为基础的基于自信（confidence）的独立者。这些被试最明显的特点是有经得起全组质疑的力量，即使他们敏感地察觉到了群体反应，也体验到了冲突，但应对的方式颇有韧性，这一点从他们一直依赖自己的知觉并竭力摆脱群体压力的努力中可以看出。

（2）另一类独立者是寡言离群的被试。他们没有什么情绪表现，准确地说他们更在意“做好自己的事儿”这样明确的准则。

（3）第三种独立者表现得相当紧张和疑惑，但他们觉得有必要恰当完成任务便坚持了自己的判断。

以下是从众者或一半以上试次都随大流的被试的主要反应类型：

（1）在群体压力下产生了知觉扭曲（distortion of perception）。这种彻底从众的被试尽管有但非常少，他们没有意识到自己的选择已被多数人替代或扭曲，他们说他们感觉（come to perceive）多数人的回答就是正确的。

（2）判断扭曲（distortion of judgment）。大部分从众者属于这种。这类被试最大的特点就是他们做出了“我的感觉是不对的，多数人的判断才是正确的”的决定。他们缺乏自信，饱受疑虑之苦，有一种强烈的加入大多数人的倾向。

（3）行为扭曲（distortion of action）。这类被试既没有修正自己感知的痛苦也没有觉得自己错了。他们从众是因为觉得这不是原则问题，或者以为实验就是这样设置的。

这些结果充分证明，无论是独立者还是从众者，其心理机制都有所不同，遵从或免受群体压力的影响其实有不同的心理原因。需要特别强调的是上述分类仅适于本实验条件下被试的反应，并且是描述性的，我们不打算冒然解释为什么个体会这样反应而不那样反应，更多的基于个体差异的研究尚在探索中。

三、实验变式

上面描述的结果包含两套不同条件的联合函数（joint function）：第一个是由特殊外部条件，即社会证据（social evidence）与个人经验之间的特性所决定的；第二个是个体差异，指的是与个体特质结构相关的个人因素的重要作用。我们推论，可能存在所有被试都表现出独立性的群体条件（group condition），也可能会有多数（不是所有）被试表现出更大程度从众反应的群体条件。因此，我们改变实验程序，试图通过对群体条件进行系统变化，有选择地改变社会证据的性质。另外，我们认为，可以假设实验中社会压力下的行为与个体的某些基本而稳定的特质显著相关。本研究在这两方面都进行了探索，下面将对典型的实验变式的结果进行介绍。

（一）不一致的多数人效应

从基本实验获得的证据显示，独自一人与处在持相反意见的“密切的大多数”的不同条件可能是决定群体效应强度和过程的关键因素，因此我们探查了一系列“不一致的多数人效应”（effect of nonumanimous majorities）的连续变量的作用。在我们的实验中，改变多数人一致变量的办法很简单。在多数人情境中，只要求一个或几个同谋被试用规定的方式偏离多数人意见。显然我们不能期望去比较同一个被试在两个不同情境下的表现，因为无法假设两个情境是相互独立、互不影响的；而且最好能够探查到前一个实验条件对后一个的影响。因此，对不同实验情境的比较需要两组不同的关键被试。我们就是这样设计实验程序的，在各种变式中，保持基本实验条件（如性别、多数人数量和任务内容等）不变以确保变化和操纵特殊因素。下面是实验的变式情境。

1. “真实同伴”的存在

变式（a）：实验中有两位不知情的关键被试。不让他俩坐在一起，而是分别坐在第四和第八的位置。因此他俩都能听到自己的判断被另一人证实（要保证另一人是独立的），一个人先说，另一个人随后说出自己的判断。另外，每个关键被试在多数人一致情境中都会有一次中间休息。共有6对关键被试。变式（b）：在接下来的实验变式中，关键被试的“同伙”是多数人中的一员，他事先被告知自始至终作正确回答。这样设置确保对“伙伴”的回答进行精确控制。同伙总是坐在第四个位置，因此在每个试次中他总是先于关键被试作出回答。

结果明确显示，对意见一致的多数人的干扰显著地提升了关键被试的独立性。错误率在变式（a）中下降到10.4%，在变式（b）中则降到了5.5%。将此结果与基本实验中的从众率（32%）相比，差异是显著的。显然，有一个说出正确答案的人存在时，就能有效消除多数人效应，甚至在一些试次中完全消除。可以看到，在给定的条件下，有3人意见一致比8人中有1个反对者能引发更明显的群体效应，我们推测关键被试这时会忽视另外7个人的选择而加入那个唯一的少数人中。这个结果是可解释的，说明了独自一人和只有最少数人支持这两种条件是有差异的；也更进一步说明群体效应并不是群体内每个成员影响的简单相加。也就是说，要相信这是群体成员彼此相互影响的结果。

2. “真实同伴”撤走

给关键被试一个同伴，这个同伴开始作正确回答，然后又否定这个答案，会产生什么么样的效果？关键被试一开始就有一个能给出正确答案的同伴，这个同伴是多数人中的一员，但事先被告知要作出正确回答，然后在实验中放弃正确答案而回到多数人阵营中作错误回答。从一个条件转换到另一条件的过程可以观察到同一被试的反应。同伴的反悔产生了一个有力的、出乎意料的结果。我们假设关键被试体验了在少数人支持下与多数人保持对立的经历后，在接下来没有同伴时还会保持独立。但与该预期相反，我们发现，经历了有了同伴又失去了同伴的被试，多数人效应在他身上又恢复到先前的程度。与原先5.5%的水平相比，错误率上升到了28.5%。关于这一点，未来的研究还需进一步探查关键被试在纯粹单独一人和同伴反悔情况下的表现。

3. “真实同伴”迟到

关键被试一开始是多数人之外的少数派，在实验中多数派中的一人开始背离多数派作正确回答。这是与上面刚好相反的顺序设置，可以观察到被试从独自一人到有一人支持以对抗全体的转变。很明显那些独自一人时保持独立性的关键被试有人支持后依然如此，所以这个实验变式对那些在前半段表现出从众的被试才有意义。迟来的同伴给被试带来了释放性（freeing）的影响，把这个水平降低到了8.7%。那些之前从众的被试明显变得更加独立，当然也不全是这样，他们的从众比例仍比那些独立性高的被试明显高得多。被试报告中没有发现有助于解释的因素。我们的理解是一旦人表现出从众，转而改变他的决定也许很困难也很痛苦，因为这样做相当于公开承认他前面回答错了，因此他会继续跟随他已作的选择，以保持一致性并增强说服力。

4. “折中同伴”的存在

群体内的多数派总是把目标线段和不等长的线段相匹配。事先安排一被试（他仍然在关键被试之前回答）同样作出错误回答，但是他的估计总是介于真相和多数人的选择之间。因此，关键被试会面对一群极端错误的大多数和中等错误的个人。这时错误率降低了，但并不显著，只是意见一致性的折中明显影响了错误的方向。这时关键被试中有75.7%的较高比例选择了中等程度的错误。而在另一个平行实验变式中，多数人给出了意见一致的极端错误选择（没有折中同伴在场），这时中等错误的发生率降到了42%。另外，与预期的一样，当多数派选择一致的中等错误答案时，关键被试无一例外地选择了中等错误。

（二）多数派规模的影响

为了进一步理解多数人效应，我们在一系列不同的变式中变化着多数派的人数。在每个实验中保持一致的多数人分别由16、8、4、3、2个人组成，以及额外设置了一个一对一的情境。

多数派规模为1人时，多数人效应差不多消失了；当增加到两人时，出现了一个虽然微小但可观测到的改变，错误率为12.8%；当多数派为3人时，多数人效应达到最大；更大的多数人规模，如4、8、16，没有出现比3更大的效应。

多数人效应总是悄无声息，几乎不显示出它对被试的操控，且常常不易被实验者觉察。为了探究可能引起的某种效应的范围，有必要对起决定作用的条件变量进行变化。下面的效应由这样的变式所引发：基本实验条件不变，多数派人数为16人，都是不知情的真被试；另外再加上1个同谋者，要求他实验中要作出错误反应。这种条件下所有不知情的多数派都对那个唯一的持异议者表现出嘲笑和蔑视的态度，对这个唯一的、可笑的少数派的笑声蔓延在整个群体中。更有意思的是，多数派成员没意识到他们是从多数人中得到了力量，并且若是单独面对异议者他们的反应可能会彻底改观（即单独一人面对异议者时绝不会这样）。实际上，多数派的嘲笑态度在少数派的数量从1人增加到3人时就转向了严肃认真且增加了一些敬意。这些观察说明了社会支持作为给予力量和坚定性的作用。与之形成对照的是之前对社会支持撤回效应的考查，或者更确切地说，是对社会对立效应的考查。需要明确认识到这两方面在形成和改变判断时群体条件效应的一致结构。

（三）刺激—情境（stimulus-situation）的作用

来自特定刺激—条件（stimulus-conditions）的对个体产生影响的群体力量的特性和过程显然是分不开的。情境的结构必然塑造群体力量并决定力量的方向和强度。实际上，这就是我们为什么在上述实验中围绕个体和群体间的基本事实努力描绘以聚焦问题。而且毫无疑问的是，其结果反应直接就是客观认识的关系和多数人立场之间的矛盾的函数。

我们探查的另一个维度是阈值以上的差异量。在我们的程序范围内发现，不同的差异量几乎造成同样的从众。但这时从众的性质却发生了改变：当多数派表现得更加极端时，“折中”（compromise）错误的发生率会显著增加。

尽管这时被试同样作出的是错误的反应，但此时他们的忧虑和情境的冲突显著地减少了。我们认为这是当反应过程变得不费力时，多数人达到最显著效应的结果。

（四）总结

我们探查了多数派表达与事实相反的意见时对个人影响的效应。借助简单的技术，我们创设了多数派与少数派明显分歧的情境，以观察个体应对任务产生困难的方式。尽管在给定条件的压力下，大部分被试从始至终保持着独立性。同时，也有少数个体为了与多数人意见保持一致而改变了自己的判断，表现出从众反应。独立和从众是以下因素共同作用的结果：（1）刺激情境的特点，结构清晰的变式具有决定性作用，随着情境刺激条件清晰度的减弱，多数人效应增加了；（2）群体力量的特点，个体对持不同判断的群体的结构特征高度敏感，特别是，我们阐述了一致因素的重要性，以及多数人效应是群体反对数量的函数；（3）个体的特征，同一实验情境中的个体有着多方面明显的差别。

第二节 《道德与从众：阿希范式在道德决策中的应用》选译[1]

前言

传统的道德心理学理论支持康德学派的观点，即道德判断是基于道德准则（moral principles）或内部的“道德罗盘”（moral compass）的有意识的思考（Kant, 1785, 1787; Kohlberg, 1969）。然而，近年来的许多研究表明，道德判断会受到那些看似无关的情境因素的影响。如果个体在作出道德判断前就被启动了厌恶情绪，那么其决策行为就会表现出更多的道德性错误（Schnall, Benton, & Harvey, 2008; Schnall, Haidt, Clore, & Jordan, 2008）；

[1] Kundu, P., & Cummins, D. D. (2013). Morality and conformity: The Asch paradigm applied to moral decisions. *Social Influence*, 7, 1-12.作者丹尼斯·D.卡明斯（Denise Dellarosa Cummins）是认知心理学家，先后执教于耶鲁大学、加州大学和伊利诺伊大学，主要研究人工和生物系统高级认知的进化和发展。佩耶尔·昆杜（Payel Kundu）是卡明斯的研究生。尽管这项研究并没有发表在级别较高的期刊上，但对于社会认知的从众研究（相对于阿希知觉从众的研究），这是距现在相对较近的一个研究。另外，在本书第六章第四节中，我们介绍了国内研究者岑国桢以对偶故事法研究儿童道德判断的从众表现，与此篇以道德两难故事法研究成人的道德决策中的从众现象，作为对这个领域的相对全面的介绍。

但如果启动了积极情绪则有时会使道德类犯罪获得更大的允许度（Valdesolo & DeSteno, 2006）。在两难任务情境中道德允许度（moral permissibility）的不同是以困境性质为优先决策依据的（Nichols & Mallon, 2006），这种明显的顺序效应在道德推理研究中被反复证实（Schwitzgebel & Cushman, 2012）。

目前对情境在道德判断中的作用的研究还不多，而且情境对道德判断影响的论断在道德决策（moral judgment）领域也没有达成社会共识。现有大量的从众研究可以诱发具体情境，尤其是阿希（1956）的简单视觉判断任务。阿希要求被试从3条不同长度的线段中选择与目标线段等长的线段，被试在由6个或8个人组成的群体环境中进行判断，群体中只有一个人是真被试，其余都是研究者事先安排的实验员（即假被试或同谋者）。在总共18个试次（trials）中假被试只在6个试次中说出正确答案。结果发现，当被试在群体中决策时，错误概率为总试次的37%；但独自决策时，犯错的概率迅速降到不足1%。

继阿希的经典从众实验之后，研究者对之进行了大量研究。但其中大多数研究都是为了探究从众行为下的动机因素（Cialdini & Goldstein, 2004）。研究发现了3个核心动机——渴望追求正确、渴望与他人建立友好关系、渴望维持积极自我概念——在其中的作用。后来厄尔布及其同事（Erb, Bohner, Rank, & Einwiller, 2002; Erb, Bohner, Schmalzle, & Rank, 1998）发现这些因素的贡献大小基于个体先前对当前主题的信念，个体先前的信念与大多数人的立场没有太大冲突时，从众行为就会迎合意见一致的大多数人的信念。

当人们遵从社会共识而否认事实的时候就违背了理性规范。坎贝尔（Campbell，1990）认为屈服于从众会让错误和混淆扩散至整个群体，而抗拒从众坚持自己的独立性决策是积极正性的力量，因为这使错误得到了纠正。因此，抗拒从众被认为是道德和理性的，说它是道德的，是因为坚持原则；说它是理性的，是因为它在群体决策中作出了基于事实的判断。

这就引出了新的问题：从众是否影响个体自我不可或缺的道德？与正确答案清晰明确的可视化决策不同，道德两难情境（moral dilemmas）准确地说是困境（dilemmas），因为正确的做法并不明确。但是，几乎任何文化的法律和社会制度都建立了基本的道德准则，比如，避免伤害他人，公平地处理社会事务等（Haidt, 2007）。当需要决定什么时候、是否去帮助那些陷于困难的人，如何判定卷入不当行为和纠纷中的当事人的罪责，以及哪种行为应当受到社会和法律谴责时，人们通常期望依靠口口相传的文化道德原则和个人的道德直觉。在大多数情况下，是以道德准则来判定行为的对错，还是仅仅以“大家都这么做的”（go along to get along）来评判？当然，会有这样的情况：如果因为社会从众而推翻道德原则，从众者通常会成为社会批评和谴责的目标。一个人的行为过多依赖于社会从众趋势，就是典型的科尔伯格道德发展阶段论中的习俗水平阶段（第3阶段）；而最高等级的道德发展水平（第6阶段）是依靠道德准则来指导行为的（Kohlberg, 1969）。

尽管道德决策在日常生活中普遍且重要，但只有少量研究探查了从众对道德判断的影响。克拉奇菲尔德（Crutchfield，1955）检验了各个领域中多数人意见对决策的影响，包括那些与道德有关的观点，如“言论自由是一项特权而非权利，无论一个社会在何时受到威胁，暂停言论自由总是合理的。”他发现被试单独一人时仅有19%同意上述观点；但是当面对一个全体意见一致支持此观点的群体时，58%的被试会与小组意见保持一致。有研究证实人们倾向于拒绝和疏远与自己道德观点不一致的人（Skitka, Bauman, & Sargis, 2005），同时个人也不大愿意屈从于大多数，这确实是令人惊讶的事实。霍恩西及其同事发现（Hornsey, Majkut, Terry, & McKimmie, 2003; Hornsey, Smith, & Begg, 2007），对某个社会问题抱有强烈道德信念的被试，当他们站在少数人而不是多数人的立场时，更倾向于口头表达对这一社会问题的反对意见，而且这些意见也没有转化成实际行为。阿拉莫维奇、莱特尔和斯基特卡（Aramovich，Lytle，& Skitka，2012）先测量了被试对酷刑的接受程度，同时还收集了被试的道德承诺、社会政治态度等信息。接着，安排被试与一个群体通过计算机模拟的聊天室来讨论酷刑问题，让被试以为他们是在与同学讨论。结果发现，在与模拟群体讨论时，80%的被试报告的反对酷刑的程度明显少于他们前测时报告的量，而对酷刑的道德信念的强度与酷刑态度的转变程度呈负相关。尽管这些结果只考察了一个道德问题，即对酷刑的接受程度，但它提出了道德决策易受从众压力影响的论断。

重要的是，越来越多的研究表明，对道德允许度的判断随道德两难困境的特征间的冲突而系统地发生变化（Greene et al., 2009）。两难困境说的是这样两种行为：一类是保证了利益最大化，但违背了受到广泛支持的道德准则；另一类是未能获得最大利益，但只违背了一个或部分无关紧要的道德准则。二者发生冲突时，这种两难境地迫使决策者必须在违反更大道德原则和牺牲更大的利益之间作出抉择，没有两全其美的道德允许度抉择。

本研究在改编阿希实验范式的基础上再考查社会共识（social consensus）对道德决策的影响。要求被试在单独一人或由3个同谋者（即假被试）组成的小组中对一系列的两难困境短文作出道德判断。与阿希研究不同的是，本研究使用李克特量表，被试的判断以7等级量表进行选择，数值范围代表允许度的等级，“不确定”为中间选项。这样，在创造同谋者共识的情境中，提供了更大的选择变异性。如果道德判断受到社会情境（social context）的影响，比起无社会压力的单独判断情境，同盟小组中被试将会受到同谋者不合理判断的影响。

一、方法

1. 被试

通过网站共招募被试33人，均为伊利诺伊大学心理学系的学生。其中控制组17人（女生12人），实验组16人（女生9人）。

2. 材料

从格林等人（Greene，Morelli，Lowenberg，Nystrom，& Cohen，

2008）使用的材料中挑选12个两难材料短文，他们在以下三个维度上不同：（1）判断“允许度”的比例；（2）个人力量的运用；（3）伤害是否为故意的或行为是否有负面影响。后两者是道义上的标准并且已被证实能够影响道德判断（Greene et al., 2009）。根据格林等人（Greene et al., 2009）的研究，使用“个人力量”（personal force）概念时，指的是使用者运用个人自己的力量，而没有非自身力量的中介力量参与其中，如扣动扳机时肌肉的力量。两难材料名称、道义价值取向、回答“是”（允许性）的比例均参照了格林等人（Greene et al., 2008）的研究，这些变量以及同谋者判断变量见表3-1。

表3-1 两难材料的短文名称、道义性质、接受比例及同谋者对材料的判断

两难材料短文	个人力量	伤害	是（%）[a]	是（%）[b]	同谋者决策
填充短文					
潜水艇	No	故意的	91	80	允许
改良炸弹	Yes	故意的	90	85	允许
扼制美元	Yes	故意的	7	8	不允许
艰难时期	No	负面影响	9	3	不允许
实验短文					
电车难题	No	负面影响	85	80	不允许
烟雾难题	No	负面影响	75	67	不允许
疫苗测试	No	负面影响	79	68	不允许

续表

两难材料短文	个人力量	伤害	是（%）[a]	是（%）[b]	同谋者决策
牺牲	Yes	故意的	51	28	允许
狩猎	Yes	故意的	22	28	允许
维生素	Yes	故意的	35	38	允许
索菲亚的选择	No	负面影响	62	41	不允许
哭泣的婴儿	Yes	故意的	60	40	允许

[a] 代表格林报告（2008）的结果。

[b] 代表卡明斯（Cummins and Cummins，2012，实验1）报告，即由伊利诺伊大学的学生所作的决策。

本研究选用卡明斯的数据（2012）去分类这些两难材料短文，因为本研究中的被试同样是来自伊利诺伊大学的学生。

每个两难描述材料短文单页印刷，在短文下端有1—7等级评分表，分别代表：非常不允许、不允许、有点不允许、不确定、有点允许、允许和非常允许。

其中，4个短文用作填充材料，同谋者给出的等级评定与通常的判断相一致（例如，对“潜水艇”“改良炸弹”的等级评定都是6或7，人们通常情况下也判定为“允许”；对“扼制美元”“艰难时期”的评分均为1或2，典型的判断都是“不允许”）。另外6个短文分为两类：一类是大部分人都会将其判断为允许的（“电车难题”“烟雾难题”“疫苗测试”），但同谋者却会给出非典型的判断（如，评为1或2等级）。另一类是大多数人都会判断为不允许（“牺牲”“狩猎”“维生素”），而同谋者也同样给出相反的非典型判断（如，评为6或7等级）。最后两个短文的允许度判断通常会产生高度分歧，同谋者对其中的一个（“索菲亚的选择”）评定为不允许，另一个（“哭泣的婴儿”）评定为允许。实验中所用两难材料短文的举例见表3-2。

表3-2　实验中所用两难材料短文举例

填充短文 潜水艇	有一艘军事舰艇，正在一座巨大的冰山下航行，你是船长。一次爆炸损坏了你们的氧气供应装置，你的一个船员也受了伤。受伤的船员因为伤势严重无法挽救，目前没有足够的氧气供给所有船员。唯一使其他船员活下来的方法就是杀掉这个受伤的船员，以便有足够的氧气供给其他船员。在这种情况下杀掉受伤的船员是道德允许的吗？
实验短文 哭泣的婴儿	敌军正在接近你的村庄，你和你的村民隐藏在某个地方。这时你的宝宝开始大哭，这会使警戒的士兵发现你们藏匿的位置。如果你捂住宝宝的脸不让他出声直到敌军离开，就会闷死他。在这种情况下你让你的宝宝窒息是道德允许的吗？
实验短文 电车难题	失控的电车正接近轨道的一个岔路口。左边的轨道有5个人，右边的轨道有1个人。如果你不操纵电车就会往左开，导致5个人死亡。避免这种情况的唯一方法就是推动开关，让电车往右开，这样会让1个人死亡。在这种情况下推动开关是道德允许的吗？
实验短文 牺牲	你和你的配偶,以及你的4个孩子在返回家乡的途中穿越一座山，你无意中在当地部落的神圣墓地中扎营露宿。部落首领说，你只有用部落首领的剑杀死你的长子，他才会让你们其他人活下来。这种情况下杀死你的长子是道德允许的吗？

3. 程序

在控制条件下实验者和被试坐在一个单间的会议桌前。在实验组里，3个假装成真被试的同谋者（男性研究生）和真被试差不多同时走进房间。3个同谋者有意坐在一起，真被试只好单独坐在另一头。被试被告知将要对一系列有关道德的两难情境作出决策判断，无论怎样判断都无所谓对错。告诉被试研究者对他们的反应感兴趣，目的是在以后的研究中确定材料的选择。然后开始分发文件夹，其中夹着纸质版的两难材料短文，给同谋者的文件夹中每个材料的评级上有一个小小的标记，悄悄地提示他们这些等级的选项是研究者要求的。事先按照实验流程对同谋者进行培训，让他们熟悉实验流程和要求，并且作答时不能有任何解释和评论。同谋者的答案分布在两极端的恰当范围内（例如,“允许的”可能为6或7等级；“不允许的”为1或2等级）。首先呈现的材料总是“潜水艇”，同谋者会给出一个典型的答案。其余材料顺序随机安排，但对所有被试的排序都是一样的。每个两难材料被大声朗读1次之后，给被试4秒钟的思考时间。然后让他们依次大声宣布自己的答案，实验者记录被试的选择。真被试总是最后一个说出答案。依次朗读答案是为了节省时间，并且这样材料也可以反复使用。实验结束后给被试解释了实验目的，包括实验中所涉及的一些欺骗行为。尽管大多数被试得知他们被骗时，会自然流露出惊讶的表情，尤其是当知道这些研究生是主试的同谋而不是真正的被试时，但他们都没有对事后告知研究真实目的的做法提出异议。

二、结果

假设被试的道德判断受到社会共识的影响，则实验组与控制组相比，那些通常被判断为高允许度的行为在实验组被试中会给出较低允许度的判断，相反，通常被判断为低允许度的行为在实验组被试中会给出较高允许度的判断。为了检验该假设，在结果分析中分开考查那些共识程度较高的评级和共识程度较低的评级。

对于有较强共识的短文，计算3个“不允许的”短文（“牺牲”“狩猎”“维生素”）和3个“允许的”短文（“电车难题”“烟雾难题”“疫苗测试”）的平均等级。这些平均等级通过被试间变量，即条件（单个组或群体组）、性别（男性或女性）和道德判断分类（允许或不允许）的重复测量方差分析而进行分析。结果发现，道德判断的类别和条件间的交互作用显著，$F(1, 29) = 23.57$，$MSe = 1.29$，$p < 0.0001$，$\chi^2 = 0.45$。四个计划比较的结果如下。

在道德分类条件下，控制组对“允许”类的短文（$M = 4.45$）比“不允许”类的短文（$M = 3.23$）的判断给予了更大的允许度，$t(16) = 5.31$，$p < 0.0001$，Cohen's $d = 0.80$，验证了前人运用相同短文材料得到的结果。但群体组（实验组）的结果与控制组（个人组）完全不同：当同谋者将高度不允许的道德犯罪行为判断为允许的时候，被试也认为该行为是允许的（$M = 4.37$）；而当同谋者将高度允许的行为判断为不允许的时候，被试同样也认为该行为是不允许的（$M = 2.67$），$t(15) = 3.38$，

$p < 0.0004$，Cohen's $d = 0.66$。通过对比不同组对短文的评级发现，存在明显的从众效应：与结果假设相一致，当被试在与群体意见不统一的社会压力条件下，对短文中所示行为的允许性的判断（$M = 2.67$）明显低于被试单独决策时的判断（$M = 4.45$），$t(31) = 4.18$，$p < 0.0001$，Cohen's $d = 0.62$；相反，对短文所示行为的不允许性的判断（$M = 4.38$）明显高于被试单独决策时的判断（$M=3.32$），$t(31) = 2.74$，$p < 0.01$，Cohen's $d = 0.62$。这些结果清晰地表明被试受到了社会情境的强烈影响，即使在短文所示行为的允许度与群体决策结果相反的情况下也是如此。

在不确定条件下进行判断推理时，决策者更有可能遵从群体一致性，这也是本研究从两个共识程度较弱的短文（“索菲亚的选择”“哭泣的婴儿”）中分析得出的结果。将条件（控制组或群体组）、性别（男性或女性）作为被试间变量，两个短文材料作为被试内变量进行重复测量的方差分析，结果发现，短文的主效应显著，$F(1, 29) = 6.19$，$MSe = 2.20$，$p < 0.02$，$\chi^2 = 0.18$，这种效应受到与条件的交互作用的调节，$F(1, 29) = 21.67$，$MSe = 2.20$，$p < 0.0001$，$\chi^2 = 0.43$。

在群体与个人条件下，控制组中被试对“索菲亚的选择”（$M = 3.53$）和“哭泣的婴儿”（$M = 2.76$）两篇短文的等级判断无明显差异，$t(16) = 1.54$，$p < 0.14$。在社会群体组中，同谋者对“索菲亚的选择”给予了高度不允许的等级判断，对“哭泣的婴儿”给予了高度允许的判断，被试也与他们的判断保持一致。当被试在判断不一致的同谋者中进行决策时，对“索菲

亚的选择”（$M = 2.00$）的允许度远小于“哭泣的婴儿”（$M = 4.75$），$t(15) = 5.46$，$p < 0.0001$，Cohen's $d = 0.82$。对比在每个短文上的表现，发现当同谋者对“哭泣的婴儿”的判断有更高允许度的时候，被试的判断（$M = 4.75$）比控制组单独判断（$M = 2.76$）的允许度要高，$t(31) = 3.31$，$p < 0.002$，Cohen's $d = 0.51$。相反，当同谋者对“索菲亚的选择”的判断是不允许的时候，被试的判断（$M = 2.00$）比控制组单独判断（$M = 3.53$）的允许度更低，$t(31) = 2.66$，$p < 0.025$，Cohen's $d = 0.43$。很明显，被试对这些“模棱两可”的道德两难短文的判断受到社会共识的强烈影响。

三、讨论

本研究结果所揭示的明显的从众效应说明道德决策受到社会情境的强烈影响，这让阿希的实验结果在一个新的领域又得到了验证。考虑到被试的道德决策受到社会共识的强烈影响，接下来的重要问题就是：（1）该行为是否合理；（2）行为本身在道德上是否可接受。

从众只有在人们相信，与坚持自我信念和考虑个人信息相比，服从社会共识承受的压力更小时，才被认为是非理性的。但是根据理性决策模式（rational-actor models）的假说，如果人们认为从众能使期望获得的决策价值最大化，那么从众未必是一种非理性的表现。考虑到阿希的情境来自于博弈论（game-theoretic）的视角（Krueger & Massey, 2009; Luce & Raiffa, 1957），假设被试更愿意说真话，但这种偏好程度受其他人在做什么的调节，就会导致4种可能的结果（按照对被试的回报进行排序）。假设被试是完全利己主义的，那么收益矩阵（payoff matrix）就应该是这样的：每个人都讲真话>被试讲真话但是其他人撒谎（积极抵抗）> 每个人都撒谎 > 被试撒谎但其他人讲真话（消极抵抗）。在这些情况下，最佳的选择（无论他人作何种选择）是讲真话。如果其他人讲真话，被试也讲真话，那么他/她的收益就会更大；而如果其他人撒谎，被试仍依然讲真话，那么他/她的收益也会比较高。

假设个体是自私和利他（仁慈）的混合，其收益矩阵是由自己的回报和他人回报的总数加权后的1/*N*（*N*是群体中其他人的数量）来建模的（van Lange, 1999），收益率是：每个人都讲真话>被试讲真话但其他人撒谎（积极抵抗）=被试撒谎其他人讲真话（消极抵抗）=每个人都撒谎。这种情况下没有最佳选择，如果其他人讲真话，被试也讲真话的回报会更大。但是如果其他人撒谎，被试讲真话和附和谎言所得的回报是一样多的。

为什么人们选择去附和谎言而不是讲真话呢？一个解释就是在决策情境中，显著的社会共识可传达出建立社会规范的信号，也就是说，一个人在当下情境允许做什么，是否有义务去做或是这样做是否被禁止，都有外显或内隐的规则。在非社会情境中（例如“oddball实验”，视觉和语义探测任务），与所期望的不同会诱发激活强化学习的神经回路，已有研究证实当与社会规范发生冲突的时候，相同神经回路的活动也十分积极（Klucharev, Hytonen, Rijpkema, Smidts, & Fernandez, 2009）。当屈从规范时，与焦虑和厌恶相关的脑区（例如脑岛）是活跃的，表明从众付出了情绪上的代价（Berns, Capra, Moore, & Noussair, 2010）。当一个决策与个别或大多数社会规范相背离时，这些与错误相关的神经信号就会警告推理者：你要信任其他人并且你们之间要彼此信任，你才能融入其中。

人们可能从众的另一个原因或许是，那些与我们信念相背离的“一致性表现”引发了不确定性，特别让从众者怀疑这种一致性是否“反映了他人拥有而自己不知道的信息”（Banerjee,1992, p.798）。这时从众被视为在模糊情境中的理性决策，一种被效仿的信息流（informational cascades）（Bikhchandani，Hirschleifer，& Welch,1992）。在该模型中，假定第一个人有私人信息，随后的每一个人被假定为在有私人信息的基础上加上有关他人决策的信息。如果最先有两个人同意，那么第三个人就会推断为他们共享了相同的私人信息。当他们的意见达成一致的时候，级联的关系就会延续到下一个人身上，以此类推。如果连续有两个人意见不统一，便意味着他们有了不同的私人信息了。可以认为每个人都是在平等地加权自己和他人的判断，之所以群体一致的意见占统治地位是因为他们将自己的判断分离了出去。

这些分析表明，从众确实是一个理性的加工过程。但也同样清楚地表明，理性和道德是分离的，是两个不相对应的标准，其中的任何一个不能依据另一个而被约束或解释。

第四章　名著解读

本章解读的两部著作虽不是阿希本人所著，但内容却关于阿希及其思想。一部是《所罗门·阿希的学术遗产：认知和社会心理学文集》，它汇集了与阿希共事、相识的著名心理学家在阿希有过贡献的领域——认知、感知觉、社会心理学、人格心理学、完形心理学——的研究成果。另一部是《理解群体行为》，它介绍了我们所熟知的一些群体效应，如社会促进效应、旁观者效应、社会补偿效应等。本章对两部名著的内容框架、理论观点、经典实验、重要概念进行了解读。

第一节 《所罗门·阿希的学术遗产：认知和社会心理学文集》解读

一、名著简介

《所罗门·阿希的学术遗产：认知和社会心理学文集》（*The Legacy of Solomon Asch:Essays in Cognition and Social Psychology*）是一部纪念性的学术著作，它汇集认知、感知觉、社会心理学、人格心理学，以及完形心理学等领域的研究成果，旨在向上述这些领域做出卓越贡献的阿希致敬！阿希的研究成果反映了他对理论心理学的浓厚兴趣，在某些主题（如群体压力下的从众性）上对格式塔心理学的拓展和延伸甚至超越了相关领域的开创者，这是了不起的继承和超越；而他在社会心理学等领域的经典理论和实验也不断地被后人改进和延伸，这更是难能可贵的开拓和发展。实际上，在阿希关于从众、印象形成、感知、学习与记忆、隐喻的种种研究设计和发现中，一条贯通全部的主线就是他始终不变的人文关怀，这正是阿希对人类理性行为的认识和信念。

文集的作者有这样的特点：（1）他们分属于不同的研究领域；（2）他们是声誉显赫的著名心理学家，如语言心理学家罗杰·布朗、进化哲学思想家唐纳德·T. 坎贝尔（Donald T. Campbell）等；（3）他们有的与阿希很早相识、共事很久，有的既是阿希的学生，也是同事。由此不但可以看出阿希研究成果对心理学广泛而深远的影响，还可以看出阿希的人格魅力及他作为导师、教授、科学家与曾经和现任的同事、工作单位的融洽关系。撰写者有些是阿希在新社会研究学院和罗格斯大学时的研究生和研究助手；有些是他在新社会研究学院、斯沃斯莫尔学院、罗格斯大学和宾夕法尼亚大学的同事。此外，还包括受到阿希观点、研究和思维方式深刻影响的重要的心理学家，如威廉·沃尔什（William F. Walsh）和亨利·朱克（Henri Zukier）。由此可见：第一，阿希研究兴趣的广度，跨越知觉、学习与记忆、联想、群体压力、印象形成、隐喻等诸多领域；第二，尽管他的作品比较少，但阿希的每一篇文章，更不用说他的著作《社会心理学》（尽管是他唯一的一部著作），都是心理学的经典和里程碑，为后续许多研究者继续拓展相关领域的研究提供了经典的范式和重要的启发。

二、内容框架

该文集是根据阿希感兴趣和有重要发现的内容领域来划分章节的，文集包括五个部分。

第一部分是生平简介，按时间顺序介绍了阿希的生活、学习和工作中的重要事件及变化，其中特别介绍了那些对阿希的经典实验和理论观点有启发的趣闻逸事。

第二部分是社会心理学，包括：①哈佛大学罗杰·布朗的《礼貌理论：典型与典范》(Politeness Theory: Exemplar and Exemplary)；②里海大学唐纳德·T. 坎贝尔的《阿希对社会共享知识的道德认识论》(Asch's Moral Epistemology for Socially Shared Knowledge)；③斯沃斯莫尔学院迪安·皮博迪(Dean Peabody)的《印象形成中评价的作用》(The Role of Evaluation in Impressions of Persons)；④斯坦福大学李·罗斯(Lee Ross)的《认识解释加工的作用》(Recognizing the Role of Construal Processes)；⑤宾夕法尼亚大学保罗·罗赞(Paul Rozin)的《食物与进食的社会和道德层面》(Social and Moral Aspects of Food and Eating)。

第三部分是认知，包括：①罗格斯大学约翰·塞拉索的《知觉组织对学习和物体属性综合性的影响》(Perceptual Organization Affects both the Learning and Integration of Object Properties)；②宾夕法尼亚大学亨利·格莱特曼的《对戏剧及戏剧经验的思考》(Some Reflections on Drama and the Dramatic Experience)[1]；③哥伦比亚大学霍华德·格鲁伯的《不同观点的合作综合》(The Cooperative Synthesis of Disparate Points of View)；④宾夕法尼亚大学罗伯特·A. 雷斯克拉(Robert A. Rescorla)的《动物的联想学习：阿希的影响》(Associative Learning in Animals: Asch's Influence)；⑤威廉姆·F. 沃尔什的

[1] 亨利·格莱特曼回忆了他和阿希对行为主义的讨论，尤其是阿希智慧而幽默的提问。相关趣事参见第二章第三节。

《“说，我想起来了！”一个关于自发回忆的研究》(Say, That Reminds Me！ A Study of Spontaneous Recall)；⑥新社会研究学院亨利·朱克的《关于叙事性思维》(Aspects of Narrative Thinking)。

第四部分是感知，包括：①罗格斯大学艾伦·L.吉尔克里斯特(Alan L. Gilchrist)的《明度知觉中格式塔理论的发展》(Developments in the Gestalt Theory of Lightness Perception)；②视光学院谢尔顿·M.埃本霍尔兹(Sheldon M. Ebenholtz)的《从棒框效应向视前庭整合作用的转变》(Metamorphosis from Rod and Frame to Visual-Vestibular Interaction)；③加州大学伯克利分校欧文·罗克的《参照系》(The Frame of Reference)。

第五部分是有关格式塔心理学的内容，包含两篇文章：哈佛大学鲁道夫·安海姆(Rudolf Arnheim)的《消失的世界与科勒的墨水池》(The Vanishing World and Köhler’s Inkwell)和新社会研究学院玛丽·亨利(Mary Henle)的《新格式塔心理学家及其与格式塔心理学的关系》(Some Neo-Gestalt Psychologies and their Relation to Gestalt Psychology)。前者介绍了格式塔心理学及相关研究者针对组织机能、自我调节等概念和理论的观点阐述，后者对若干新格式塔学派心理学家的基本假设进行了回顾与评价，并对多个理论进行了对比分析。

三、文集解读

由于阿希研究兴趣和范围的广泛性，这篇纪念他的文集也涉及了相当广泛的内容领域，从上面对内容框架的整体介绍可以看出这一点。从心理学分支角度看，包含跨越格式塔心理学、社会心理学、认知研究这样不同心理学领域的内容；从具体内容上看，从棒框效应、明度知觉到礼貌理论、印象形成，再到顿悟学习、动物联想，几乎无所不包。考虑到阿希在社会心理学中的卓越贡献及深远影响，这里着重介绍文集中有关阿希的社会心理学思想的部分内容。

（一）生平

生平部分由罗格斯大学的约翰·塞拉索、加州大学伯克利分校的欧文·罗克和哥伦比亚大学的霍华德·格鲁伯三人合作撰写，他们都曾与阿希一同工作过。这一篇以阿希的职业生涯为主线，结合鲜为人知的阿希生活和思想的点滴，对阿希的学习和工作作了介绍和回顾。

阿希于1907年出生在波兰首都华沙，13岁时举家迁往美国纽约，在那里完成了中学、大学、硕士和博士研究生的学习，并在那里找到了第一份工作和志同道合、相濡以沫的妻子弗洛伦斯·米勒。后来，又先后任职于纽约大学布鲁克林学院、宾夕法尼亚州斯沃斯莫尔学院的新社会研究学院、新泽西州的罗格斯大学，并于1972年在宾夕法尼亚大学退休。阿希于1996年在他88

岁高龄时辞世，走完了他作为有世界影响力的著名心理学家的卓著一生。

这一章节是关于阿希的生平最为详细的介绍，撰写者包括阿希中学时代的同学、后来的同事及阿希从教后的学生，其中提到了阿希成长过程中许多有意思的细节，尤其是他早年的经历和研究花絮，为我们了解和研究阿希的研究思路和学术思想的形成与发展轨迹提供了重要的线索。在阿希的整个研究生涯中，他对社会心理学及当时各学派心理学家普遍关心的感知、学习和记忆、联想等都有着突出贡献和深远影响。阿希的研究经历及一些经典观点和实验的由来也都在这一章节中有较为详尽的介绍，包括宗教背景和生活经历对阿希的研究及观点的影响。正如人们所知的那样，阿希作为少有的几个对多个独立的研究领域都有贡献的心理学家，对人的本质进行了详尽广泛的探索，其中最能体现他思想观点的是1952年出版的著作《社会心理学》。在第一次世界大战结束、经济大萧条及第二次世界大战阴霾笼罩的背景下，阿希对人类认知、情绪和思维等方面强烈的人文关怀精神及在这一历史背景下对社会心理现象的关切促使他着手编写了《社会心理学》，该书是社会心理学领域具有里程碑意义的经典著作，于1987年修订再版。

阿希是位温和、宽容而又睿智的学者、教授，在这一章里，他的学生、同事的回忆声情并茂、娓娓道来、妙趣横生，为读者了解完整的阿希及他的心理学思想提供了宝贵的资料。

（二）《礼貌理论：典型与典范》

《礼貌理论：典型与典范》的作者是罗杰·布朗。布朗是美国心理语言学先驱，社会心理学家，1972年当选为美国国家科学院院士，在20世纪最著名的心理学家名单中排名第34位。因研究儿童如何学习语言及词语如何指代事物等方面而著名。

阿希在其1952年出版的《社会心理学》著作中提到，期望能找到一个源于动机和能力交互作用的通用系统，以此作为人类本性的基础核心，就像生物需求的核心作用一样。而礼貌理论（Brown & Levinson，1987）[1]正是阿希所描述的恒定系统的典型范例，布朗就是这样认为的。

英国社会心理学家高夫曼（Erving Goffman）早在20世纪50年代就从社会学角度提出了“面子”（face）的概念。他把“面子”定义为“个体在某一特定社交场合中，通过言语、动作为自己获得的正面社会价值，是按照社会所赞许的属性而创造的自我形象”（Goffman, 1967）。高夫曼将这种维护“面子”的自我形象管理视为一种人与人沟通和交往时的“自我表演”，而这一观点也启发了后人在此基础上将面子理论延伸和拓展到更广泛的领域中。其中较为著名的就是布朗和莱文森在语用领域中对面子理论的深入研究。

布朗和莱文森沿用了格莱斯（Herbert Paul Grice）的“合作原则理论”（Cooperative Principle）框架，将言语礼貌作为其补

[1] 礼貌理论由罗杰·布朗和斯蒂文·莱文森（Stephen Levinson）提出，研究者也称为“布朗—莱文森理论”（Brown-Levinson theory）。

充，认为一个理想的说话者兼备两点特质：理性和面子。理性（reasonable）指说话者在沟通讲话过程中能够识别并利用有助于达成目的的策略，而面子指的是说话者在个人和社会两方面维护自我的需求。

在礼貌理论中，礼貌指的是行动之前考虑到他人的感受。这种感受分为希望得到别人认可的积极面子和不希望受制于人的消极面子两个方面。尽管布朗—莱文森理论的礼貌是以言语形式呈现，但实际上，整个理论也能在非言语行为上构建和适用，比如，人们会以鞠躬、微笑和保持人际距离来替代道歉、感谢和疏远的言辞。布朗与莱文森通过对面子理论的丰富和拓展形成了"礼貌理论"（politeness theory）及核心观点。礼貌表现为一个体系，而不是一些行为习惯的集合，是人性的重要表现，是人类本性固有的特质，但却不是也不属于生物特性。礼貌体系是人类固有的、普遍的行为框架，在特定时期会赋予特定的文化价值。布朗在该篇文章中介绍了礼貌理论的由来、概念、含义及不同研究者对礼貌观点的解释和拓展，尤其是详细介绍了礼貌理论中的积极面子与积极礼貌、消极面子与消极礼貌的区别和联系，以及与各类礼貌形式相联系的威胁面子行为（face threatening acts, FTA's）；同时，文中加以常见的生活事件或用语作为示例，读起来深入浅出，饶有趣味。对于相关领域感兴趣的读者来说，该文是非常好的了解礼貌理论的研究文献。

该文对核心概念作如下介绍。

积极面子（positive face）：希望得到别人的赞同、喜爱、欣赏和尊敬，希望拥有良好的个人形象，需要被人欣赏，以实现维护面子的需要。

消极面子（negative face）：不希望别人强加于自己，有自己选择行动的自由，希望自己的行为不受别人的干涉、阻碍，是一种表达自主的个人需要。

积极礼貌（positive politeness）：为达到积极面子的需要所作出的一切努力。例如，日常人际的打招呼“你好！”就是积极礼貌的典型行为，说话者所祝愿的也正是听话者能预期和所期待的。布朗和莱文森定义了15种不同的积极面子，包括对他人的健康、外貌、财产等表现出的关注等，强调通过使用熟悉的称谓语、方言、俚语等方式而实现群体认同。对积极礼貌的阐述延伸了对群体人际关系，尤其是群体认同的具体策略和方式的探究，使群体认同与所依赖的文化环境共存，这是格式塔整体思想的体现。

消极礼貌（negative politeness）：为了达到消极面子的需要而作出的努力，包括10种亚型。消极面子受到强加于自由的行为或/和对特权和领土挑战的威胁，而消极礼貌则是通过调整特定的威胁面子行为而创造出的礼貌时机。其主要原则就是将强加的程度最小化，并保证它不再发生，同时唤起对愉悦方面的注意。

威胁面子行为（face threatening acts）：危及说话者面子的言语行为，受损的既可能是说话者的面子，也可能是听话者的面子；既可能是积极面子，也可能是消极面子。由于对面子的损害是一个你来我往的过程，任何理性的交谈者都会尽量回避损害面子的行为，或采用某些策略将损害降到最低。

布朗和莱文森选取了他们认为决定言语行为危害程度的三个因素——会话双方的社会差距、听话人对说话人的权力优势及所处文化背景对威胁面子行为的胁迫感——的估值，进而提出了将威胁面子行为的威胁力（W）量化的公式：

$$Wx = D(S, H) + P(H, S) + Rx$$

上述因素分别为：会话双方，即说话者（Speaker，*S*）和听话者（Hearer，*H*）的社会差距（Social distance or solidarity，*D*），听话人对说话人的权力优势（Power，*P*）和所处文化对威胁面子行为的胁迫感的常量估值（*Rx*）。在公式中，当*H*的地位高于*S*或*H*与*S*是刚刚结交而非旧相识时，*W*的值就会越大，*W*值越大，表明会话双方的社会差距越大，听话者对说话者的权力优势就越明显。或者，当所处文化对某种威胁面子行为的胁迫感估值越大，说话者就会认为此威胁面子行为对面子的损害越大；相应地，说话者在交谈中就应该选择更礼貌的策略。

布朗和莱文森认为，说话者会视己方威胁面子行为对听话者面子的威胁程度相应选择以下5种礼貌策略进行调节：（1）直截了当（baldly）：即说话者不作任何礼貌补偿行为而表现出的威胁面子行为。（2）积极礼貌：说话者表现出了威胁面子行为，但视听话者的积极面子调整话语，使听话者感觉到自己得到了对方的认同。（3）消极礼貌：说话者同样表现出了威胁面子行为，但视听话者的消极面子调整话语，给听话者留有选择余地或明确表示不希望影响对方行动的自由。(4)隐晦型礼貌(off record politeness):说话者为使听话者能意识到说话人的威胁面子的行为不是故意的,而采取间接隐晦的方式实施威胁面子行为。实施该策略虽然有一定风险,但还没有高到需要阻止威胁面子行为的程度。(5)说话者放弃威胁面子行为。

从策略(1)到策略(5),对言语行为危害性的调节能力逐渐增加,强制投入礼貌的程度不断增强。说话者预计言语行为危害越大,就越倾向于采用后面的策略。

这篇文章是关于人际交往中个体如何结合威胁面子行为而实施礼貌行为的最全面的阐释。作者相信,礼貌理论正是阿希试图寻找的维持人际关系的理性特质,所以他在文章中开宗明义:礼貌理论就是(阿希试图寻找的理性人类的恒定基础系统的)典型(Exemplar)和典范(Exemplary),即最佳代表。实际上,礼貌理论也是对阿希的印象形成的核心特质理论的拓展和补充,另外还有首因效应、晕轮效应等,都属于人际关系中印象管理的内容。

礼貌行为是维持人际关系的策略之一,对结合威胁面子行为的礼貌理论的理解和掌握对于建立和维持人际关系具有现实指导意义。

(三)《阿希对社会共享知识的道德认识论》

该篇文章的作者坎贝尔是美国相当有影响力的进化哲学和社会科学方法论的思想家、进化认识论(Evolutionary

Epistemology）的奠基人，于1975年当选为美国心理学会主席。其重要著作《研究的实验与准实验设计》(*Experimental and Quasi-Experimental Designs for Research*，1963）可以说是本科生、研究生学习实验心理学和研究设计的“圣经”。

这篇文章主要总结了类型学哲学讨论框架下阿希的认识论观点。在过去的二百年里，科学认识论已经与我们普遍认为的个人主义认识论整合起来。科学的自我批判主义哲学家已经开始认识到科学不仅是社会产物，而且是任何有关如何有效增加科学信仰的理论都应该包括的社会过程的一部分。源于不同的观点或传统，一个新的社会认识论观点开始从主流哲学中分离出来。阿希从1940年起对这类社会认识论进行研究，并以其独特而新颖的观点对这一领域有着独到而不可替代的贡献。阿希鲜明地主张，社会认识论必须包括道德或者伦理的价值观。他的《社会心理学》(1952，1987）与其他“社会心理学”明显不同的地方是：他致力于研究一个高度理性的个体所感知经验到的世界，并十分强调它们在心理学研究领域中的重要意义。立足于格式塔理论框架的阿希更强调知觉者和感知情境的社会性特征，强调知觉者与他人的社会关系在其中的影响。

阿希是最先拒绝“被动”“盲目”“建议”“模仿”“遵从”模型的研究者（Asch, 1940, 1948; Asch, Block, & Hertzman, 1938），但这类特质词却在许多研究中被普遍使用。在这些研究中，理智的个体通常能够聪明地运用各种来自他人的信息提高和修正自己对世界的认识。这对于人类来说是一个窘境，即我们关于这个世界的认识都不可避免地依赖于他人的认识和经验，而多数获得性经验并不会与我们自己的经验进行交叉验证。因此，这些研究的发现更应该用信任（trust）而不是从众（conformity）来形容少数个体对多数群体的服从。即便个体会不同意他人的观点而实现自我理性，但为了世界观、价值观与他人统一，个体也需要尊重社会同伴的观点，并尽量将他们的观点与自己的看法和感知进行整合。这一对自己的认知和信念的理性思考与权威建议(prestige-suggestion)，和那些解释从众时强调盲目模仿或非理性依赖的主张是相对的。

坎贝尔（1961）在研究中对比了所有解释从众的研究，并将其与阿希的观点进行比较，他认为阿希的观点更像是“解决式合成”（resolved composite）。在阿希看来，从众是对他人信念和感知的尊重，而“解决式合成”正是个体寻找的一种综合自己和他人信念的解释，在此基础上实现个体知识的最大化。

阿希（1938）明确提出，我们对世界的认识普遍依赖于他人的印象或报告，我们相信他人的知识、信息对我们是有帮助的，所以这些认识是社会性获得知识，因此个体在获得知识认识世界时，就需要客观、诚实、遵从规则。坎贝尔概括了阿希主张的认识论的道德责任，包括：

（1）信任：尊重他人的观点是我们的责任，人们应该基于信任来构建自己的行为和信念；

（2）诚实：诚实地报告感知到的事物也是人类应守的本分，这样人们就可以依据自己的观察和业已形成的观点形成有价值的信念；

（3）自我尊重：尊重自己的感知和信念是每个人的分内之责，当与他人的认识、观点相碰撞时，应寻求与他人陈述和观点的融合而不是简单地断然否决、排斥任何一方的想法。

无疑，阿希提出的上述这些特质是任何一个诚实的人，尤其是探究事物本质的科学家应遵从的规范和守则，其实这也是一个研究者本应该有的客观而不偏倚的科学态度。这也反映了阿希本人的学术道德操守和价值取向。

坎贝尔推测，在阿希的从众实验中，当一个社会优先取向的被试在被私下问及“你认为哪条线更长一些？”（是“认为”，而非“感知”）时，这些明事理且道德幼稚的被试应该会这样说：“伙计们，你们应该是对的。无论如何，7双眼睛总会胜过我的一双眼睛。如果我能够赌哪条线更长的话，我会说，线段A更长。但是，若是出于对你们负责，为让你们的最后决定符合事实真相，我就会说，在我看来，线段B更长些。”然而，当要求被试公开报告自己的判断时，个体就要报告从他人眼中看到的情况，作决策时需要依赖他人观点。与上述认识论观点相反，事实上在阿希（1952，1956）的实验中，被试公开判断比私下判断表现出更多的从众行为。该结果并非表明阿希的合作认知乃最优策略的主张是错的；但事实确实是，人类具有更多的支配欲而非合作能力，即使在群体压力的极端情况下亦是如此，正如阿希的许多被试都诚实地报告了自己的真实所见那样。对于人类来说，出于某些目的，集体行动比不合作的个人行为更具有适应性。尽管阿希对合作认知的道德需求（信任、诚实和自我尊重）的观点并不能如他所期望的那样将人类描述为一个理性的感知者，但是在另外两个方面仍然具有一定的有效性，如在集体企业（collective enterprise）中探寻真相的伦理或道德观，和一个假设的科学效度（例如，学术造假的社会心理学来源）的社会学观点（Campbell, 1979, 1986）。

坎贝尔在文章的最后部分，介绍了在哲学认识论体系框架中阿希的立场和作用——阿希很明显是站在自然主义认识论阵营中的。他对个体一般知识的认识论实际上倾向于强调社会性，这一点无疑是对的。当一些自然主义认识论者需要从模糊的纲领性认识跨越到对具体细节的认识时，就需要站在阿希的视角借鉴他的观点来思考。而阿希有关社会认识论的一个独特之处在于，对哲学家们旧的“他心问题”（problem of other minds）的自然主义的促进和贡献。阿希坚持认为，人类感知他人与感知无生命物体（inanimate objects）明显不同，人类能够明白地知道并“直接”感受到他人的痛苦和快乐。阿希并非否认无意识的准推理的神经过程（比如，个体能够利用面部表情的不易准确识别的线索和语调去推断他人的想法），而是更多地强调意识经验影响着此时此刻的感知。当前，社会学知识和传统的社会科学已经与自然认识论相融合，而主要的观点就是社会建构论。实际上，阿希同样是一位社会建构论者。

该文的观点和主张在一定程度上反映了阿希经典的从众实验背后的社会认识论基础，反映了阿希在进行社会从众研究时的哲学思考。坎贝尔采用了更生动和直观的方式对此进行了介绍，文内结合阿希的实验和研究结果，对原本枯燥的认识论思想进行了深入、具体、完整的阐释，同时也提出了一些新的思考，提出了如何在阿希的道德认识论基础上提高研究观点和结果的有效性。我们了解阿希，不单单是学习他的那些著名的社会心理学实验，了解他那些有趣的实验发现，更应该透过这些具体的实验和发现探究阿希的理论思考、认识论主张、哲学观念和世界观立场，这对于整体、准确地理解和把握阿希的心理学思想和人际关系思想，认识其形成来源和发展脉络是有意义的。我们不单单把阿希作为心理学家，或者实验社会心理学家来理解，更应该把阿希当作哲学家来探究。

这一章节的最后一部分是阿希曾经对坎贝尔文章的评论（Comments on D. T. Campbell's Chapter）。这也是这部文集值得推荐的地方，文集中有相互之间的观点评价和讨论。这些评价和讨论有助于读者开阔视野，从讨论双方的角度审视问题和观点的内在核心意义，激发个人思考，避免人云亦云和消极被动地接纳权威的观点。

（四）《认识解释加工的作用》

本文的作者，斯坦福大学社会心理学教授李·罗斯在归因理论、归因偏好、决策和冲突解决方面的研究贡献突出，影响广泛，尤其因关于虚假同感偏差（false consensus bias）效应的研究在心理学界负有盛名。

1976年秋天，阿希刚刚开始他在斯坦福大学行为科学高级研究中心（CASBS）为期一年的工作，罗斯当时有一篇刚刚发表的文章（Ross, Bierbrauer, & Hoffman, 1976）恰好为阿希经典的从众范式提供了一种归因分析（attributional analysis）。于是，阿希邀请罗斯来研究中心对这一问题进行深入讨论。讨论中，逐渐从最初简单地关注这篇文章转到了探讨社会心理学当前的状况。该文回顾了在传统和当代的社会心理现象中，主观解释或解释加工在其中的作用。罗斯在这篇文章中首先讨论了阿希对社会和情境因素在主观解释、印象形成、劝说沟通和从众中的作用，然后介绍了与此有关的在推理偏差及缺陷方面的研究及观点，并对不同情况下的不确定性和可变性在社会和情境解释过程中的关系进行了阐述。

阿希的见解和当代心理学发展事业之间有着紧密的联系。社会心理学家已经对社会意义的一个重要方面——反应归因（response attribution），即分析个人还是情境引起的行为——的问题进行了广泛研究，还包括根据行为而对行为者的个人特质进行了探查（如：Jones & Davis, 1965; Kelley, 1967, 1973; also, Ross, 1988; Nisbett & Ross, 1980; Fiske & Taylor, 1984）。同一时期，主流认知心理学家开始重视动态知识“图式”或“脚本”对促进（书面和口头）言语和日常事件解释的指导作用。阿希提出的解释意义的问题便开始受到了大量的关注。但阿希关于社会认知的社会性方面，即通过社会互动和谈判而送达意义的过程却被许多研究者忽略；阿希关于“采用实验后访谈了解被试对情境的理解以便更好地揭示被试行为意义”的主张也并未引起足够的重视。总之，阿希的贡献是开创性的，且对后续进行更多有趣且重要的工作提供了新的视角。

罗斯从以下三个方面阐述了经验对结果的说明性解释意义。

（1）阿希关于印象形成、劝说沟通、群体影响中的主观解释作用的阐释。这里首先要提到阿希对3个具体现象的“说明性”解释（construal interpretation）：印象形成的偏好、劝说中的信息源可信度效应（communicator credibility effects）和从众中群体的作用。阿希更关注主观解释在这些现象中的调节作用，他认为，自变量控制和实验操纵的影响作用在很大程度上依赖于被试对所处情境和信息呈现形式的主观解释和加工。这体现了阿希一贯的格式塔整体心理学思想，即刺激及其所处环境相互作用、共同影响。在印象形成的研究中，阿希认为，特定的特质分类（如任何一个信息单位）在很大程度上依赖于被试所采用的整体印象。所以，看起来一些明确的描述词如“智慧”（intelligent）便有了非常不同的内涵，在积极的而非消极的整体框架下更是如此。当积极信息的最初项目呈现时，提供有效且经过设计的维度（dimension）（如“热情”或“冷淡”）就变得十分重要，这并非因为单个项目受到了关注或单个项目很重要，而是因为它们所营造出的一个有影响的整体印象；反过来，整体印象也决定了列表中其他背景项目[1]的意义。阿希的有争议的“意义改变”（change of meaning）的

[1] 参见第六章第三节印象形成部分。

假设论断也鼓舞了对信息源可信度效应进行研究的人们。阿希（1948）提出了一个假设，认为信息的意义，如：“判断的目标”（object of judgment）和“对目标的判断”（judgment of the object）有着明显不同的含义，是根据它们所属来源的功能而改变的。阿希举了个例子，如果跟美国人说，“一点儿叛乱……也是件好事（a little rebellion……is a good thing）”是托马斯·杰斐逊（Thomas Jefferson）说的，这里的“叛乱”指将腐败的流氓扔出去，这句话容易被接受。但如果说这句话出自列宁（V. I. Lenin）之口，这里的“叛乱”就有了“血洗无知和罪恶”的意思，两者明显不同了。

同时期的一些教材在引用阿希的实验（Asch, 1951, 1955）时，多用来说明在多数人或虚假事实面前个体缺乏思考的且危险的从众行为，但阿希对此却不以为然。在阿希看来，群体从众，实际上是一种理性和适应性的反应，在很大程度上依赖于群体一致性对“个人判断的目标”和“对目标的判断”是否有同样大的影响。阿希的从众研究构成了个体或群体反应能够对刺激物的再认识或重新解释的特例。

（2）错误共识效应（false consensus effect）。罗斯和他的学生早期曾发现了一个稳定的现象：归因缺陷（attributional shor tcomings）（Ross, Greene, & House, 1977），也包括一些对反应一致性估计的偏差。他们发现，当被试选择了某一选项时，就倾向于认为这个选项是大多数人的选择。罗斯认为，被试是在一系列情境和语境中进行各种解释和建构，如果大多数同伴没有对同一情境进行不同的解释，被试就不能对事实进行全面认识并作出合理推断的折让（adequate inferential allowance）。也就是说，被试不能估计到他们对情境的解释水平，便倾向于作出一系列的构建和推断而不是对客观或不变现实的直接感知。

（3）对行为的过度自信解释（overconfident construal）和过度意向性解释（overly dispositional interpretation）。最初心理学领域在研究行为表现的不足和缺陷时有两个重要任务——行为预测和因果归因。罗斯及其同事发现（Dunning, Griffin, Milojkovic, & Ross,1990），在多个社会性预测任务和范式中，被试均一致地表现出了过度自信。也就是说，无论预测的项目如何，也不管与预测目标有关的有效信息的数量和来源怎样，被试预测的准确度远远低于他们所表现出的自信水平。而且，被试的自信水平越高时，准确率也就越高。不难发现，当人们对自己所熟悉的人（如自己）进行预测时，通常是过度自信的。实际上，对个人和社会性预测上的过度自信并非是由单个因素或机制引起，而是由多因素共同作用。罗斯分析对这一现象最初的解释是缘于被试根深蒂固的意向性，例如被试更容易推断是人格特质的作用，并给这些特质以更高权重。但这种不成熟和错误的特质推断仅仅是过度自信现象的一个部分；人们对自己的特质推断倾向也没有对同伴的特质推断那么普遍，因此需要考虑情境建构的作用。

罗斯认为，基本归因偏差的原因是，社会感知者忽略了对所观察到的行为和结果的情境性解释，而过早地推论人格特质的作用并夸大这一因素对行为的决定作用。阿希的从众实验、米尔格拉姆的权威—服从实验均传递了一个共同的信息：对情境的操纵，以及巧妙的情境特征的变化都能引发被试从未有过的行为表现。

本节中罗斯讨论的自己对解释加工的研究，也是阿希的关注点和视角的延续。文中主要描述了罗斯在一些经典问题，如“模糊判断”和“直觉心理学”或“人类推论”等一系列现象的情境解释（Kahneman, Slovic, & Tversky, 1981; Nisbett & Ross, 1980），寻求对一些争论点的突破。如人们常常被迫参与一些复杂的情境解释的任务，任务中，这种解释在不同个体间具有高度的不确定性和易变性。罗斯的主张是，对彼此行为加以解释和对未来进行评估时，感知者和行动者不能对每一个模糊的、可变的解释都给出合理推断性折让。这一点也是阿希的主张。

在该章节第二部分的后记里，罗斯对阿希1952年的研究成果进行了回顾、解析（A postscript: Reflections on Asch’s 1952 text），试图将他的研究与阿希的社会心理学研究进行关联性、延续性的说明，并提出未来研究的方向。罗斯高度评价了阿希为后人做出的榜样作用，他认为阿希的重要贡献在于成功地引导未来的研究者将注意力放在主观意义、积极认知、感知和对此类意义进行管理分配的社会过程等问题上。

四、评价

与单纯的纪念性著作相比，这部文集拓展了对阿希的研究领域，汇聚了阿希曾涉猎的认知、感知觉、学习与记忆和社会心理学领域的最新成果，体现出学术性的特点。与一般学术性的论文集不同，这部文集又融入了对心理学大师阿希的生平介绍，阿希的学生和同事对阿希的生活、学习、学术研究及人格品质的深情回忆，使得身为心理学大师的阿希的平凡、谦和、虔诚、执着、深邃的人格魅力跃然纸上。这是一部纪念性文集非常明显的成功之处——学术性与人情味完美融合。这两方面的呈现也与阿希的学术品质和学术核心思想——严谨执着、人文关怀——相得益彰。

总体而言，该文集的特点有以下四个方面。

第一，文集中对阿希生平的介绍是朴实和丰富的，因为这些回忆来自与阿希有着密切关系的人——他的学生和多年的同事。文集对阿希心理学思想的形成与发展脉络有完整详细的介绍，还有具体事件补充和支持，读起来生动感人、饶有趣味。这些内容对于理解阿希成就为一个著名的思想家，而不单单是心理学家，或者社会心理学家是有价值的。

第二，文集作为学术著作最有吸引力的一点是，许多篇章的作者与阿希一样都是大师级人物，有排名第34位的20世纪著名心理学家、美国国家科学院院士罗杰·布朗，有心理学研究方法领域的泰斗级人物、进化认识论的奠基人唐纳德·坎贝尔，还有被称为十大社会心理学研究之一的虚假同感偏差效应的研究者李·罗斯和创造力的心理学研究开创者霍华德·格鲁伯等。

第三，文集还让读者了解到，阿希不但研究了群体压力下从众和印象形成，成就了他著名社会心理学家的声名；还研究了记忆与联想、研究了格式塔学派一贯关注的知觉与认知，证实了他对格式塔心理学的丰富和拓展的杰出贡献；另外还研究了记忆与联想，以及隐喻，使他头顶上的“通才”之冠实至名归。

第四，由于阿希是个心理学“通才”，该文集作为延伸阿希研究领域和继承阿希学术思想的著作，也融汇了多个心理学领域。这一点从上述对内容框架的介绍可见一斑：有我们了解不多的礼貌理论——在人际关系的建立与维持框架之下；有我们知之甚少的对戏剧和戏剧经验的反映——在隐喻框架下；也有我们耳熟能详的明度知觉和棒框效应——在格式塔心理物理场框架下；还有让读者大开眼界的从道德层面对食物与进食的解释——在社会心理学道德认识论框架下。可谓体系宏大、内容丰富、观点新颖。

第二节 《理解群体行为》解读

一、名著简介

（一）成书背景

《理解群体行为》（*Understanding Group Behavior*）（1979）一书由德国汉堡大学教授埃里希·威特（Erich H.Witte）和美国伊利诺伊大学厄巴纳香槟分校教授詹姆斯·戴维斯（James H.Davis）共同编著，共有三个部分。编著这部著作的动机起源于1979年威特教授要写一部包含两卷本的关于群体行为的著作，作者当时相当理想化地提出该领域的研究者们应该加强小群体行为方面的实证研究。当时已有大量的文献描述了有关小群体（small group）的现象或“效应”，如从众效应（conformity effect）、林格尔曼效应（Ringelmann effect）、服从效应（obedience effect）、小群体范式效应（minimal group paradigm effect）、社会抑制/社会促进效应（social inhibition/facilitation effect）、旁观者效应（bystander effect）。随着时间的推移，尽管实证研究与理论研究的数量有了明显提高，但仍缺乏对群体行为理论和概念的充分探究。为此，威特（1991）等人向德国科学基金会（Deutsche Forschungsgemeinschaft，DFG）提出召开国际学术会议的申请，目的在于深入讨论小群体行为的概念和理论。在德国科学基金会的资助下，德国汉堡会议于1992年11月召开。会议的中心任务是召集世界范围内研究小群体行为概念和理论的专家学者，开展充分的交流和讨论，《理解群体行为》就是在这样的背景之下诞生的。该书搭建了解释和预测群体行为的理论平台，相应地也提出了一些应用性的研究问题。与探究社会背景中的个体行为研究相比，社会心理学中关于群体行为的研究还十分欠缺，对群体行为表现及群体行为内在机制的探究还有待进一步深入发掘。

（二）内容介绍

1. 第一部分“简介：小群体研究及社会心理学的危机”

该著作的第一部分“简介：小群体研究及社会心理学的危机”由主编威特撰写，该章对全书内容作了简要介绍，并主张从哲学方法论层面对群体行为问题进行研究。

威特在该书的开篇写道，20世纪70年代，研究者们围绕社会心理学的一般问题，尤其是关于社会心理学的发展危机——对小群体研究的不足——展开了广泛的讨论。乍一看，二者似乎没什么关联，但实际上二者有很多相近之处。对社会心理学一般问题研究的讨论集中于学科发展的内部系统机制上，而对小群体研究的讨论则聚焦于历史、文化因素。威特认为，正是小群体研究对历史和文化因素的重视，使得小群体问题应该成为社会心理学的研究热点。长期以来，小群体问题一直没能成为社会心理学研究的中心，单就这一点来看，便是社会心理学研究发展中的危机了。那么，社会心理学的核心研究领域究竟是什么？什么是社会心理学？由于社会心理学有众多的研究领域，因此，回答了第二个问题也就等于回答了第一个问题。此外，小群体研究本身也有许多不同的分支，这无疑降低了该领域研究成果的出版与发表概率。既然小群体研究有众多分支，且这些分支之间又相互独立，加之又有许多其他令人感兴趣的研究领域，因此，在每一个单独的研究分支中，小群体研究已经不再扮演主要角色了。然而，各个研究分支的确立并不单独依赖于实证基础，而是基于一般社会心理现象及特定的小群体研究的基本方法论。单一孤立的研究方法不足以对社会心理学现象作出富有成效的解释，因而需要将不同研究方法加以整合。这就意味着，并不是要改变某一单一研究方法，而是需要丰富整体研究范式。因此，为了更好地理解群体行为，在小群体领域研究中，需要将不同研究范式或模型进行整合，以便形成一个更为复杂的研究模式去验证和发展相应的理论。

为此，威特在第一部分全面总结并系统阐述了群体行为的研究方法。第一类方法是实验法和咨询小组研究法（research of ad hoc groups），这种方法将人类的行为模式假定为一种机器模型（machine model），认为人的行为就像复杂的机器那样在特定条件下根据固定程序运行，其统计方法主要是方差分析；第二类方法是针对社会小群体研究的牺牲者模型（victim model），主要的研究兴趣涉及社会化、规则、角色和从众，通常采用的统计方法是相关分析；第三类方法借用了符号互动论或文化人类学的方法，主要理念是个体在与未知的群体情境或一般文化背景互动中，发展拥有其自身特质的认知结构，研究兴趣是人际沟通，该方法用创造性构造模型（creative constructor model）（主要借助于参与式观察法和内省法）解释人的行为；第四种方法是行动研究，主要研究内容是冲突解决、减少偏见以及提高劳动生产率，该方法用“学生模型”（pupil model）解释人类行为，认为人类能够从社会心理学理论及结果中不断学习。

威特指出，这四种群体研究的方法用不同模型阐释了人类的群体行为，有不同的研究兴趣、解释模式、实证研究策略、内容领域及真理判断标准，但每种研究方法都有其局限性。由于没有将不同方法进行整合，也没有深入解释单一研究方法之间的关系，因此采用单一的不同方法的研究往往会得出令人不太满意的结果。因此，威特主张，在阐述和讨论群体研究的成果时，首先对这些方法论进行系统介绍和讨论是十分必要的。由于研究范式的变化是非理性的（irrational）、不可预知的，因此，如果不经过针对方法论的讨论来阐释系统偏差，研究者就有可能像以前那样继续进行充满遗憾结果的研究。

在第一部分中，威特用公式对这四种方法所对应的四个真理判断标准（criteria of truth）进行了详细介绍，这四个标准是：操作主义真理判断标准（operationism criterion of truth）、共识性真理判断标准（consensus criterion of truth）、一致性真理判断标准

（consistency criterion of truth）和实用性真理判断标准（practical criterion of truth）。在该章节的最后，威特再次呼吁，鉴于方法论的基本原理不同，未来不同学科之间要密切合作。

2. 第二部分"群体规模与构成"

该书的第二部分是"群体规模与构成"，强调人际行为本身，包括以下6个章节。

第1章"创造理想群组：工作中的构成效应"，由美国匹兹堡大学的理查德·莫兰（Richard L. Moreland）、约翰·勒温（John M. Levine）和梅丽萨·温格特（Melissa L. Wingert）共同撰写，对群体大小、群体异质性、群体中的化学过程及群体结构效应的一般模型进行了详细介绍。

第2章"社会补偿与科勒效应：群体生产率中动机收益的理论解释"，作者是荷兰乌特勒支大学的沃尔夫冈·斯特罗比（Wolfgang Stroebe）、德国蒂宾根大学的米夏埃尔·迪尔（Michael Diehl）和希腊佩特雷大学的乔治斯·阿巴克姆金（Georgios Abakoumkin）。他们对斯坦纳（I. D. Steiner）的"群体生产率理论"（theory of group productivity）及群体绩效的动机丧失（motivational losses）与动机获得（motivational gains）进行了富有趣味的解释。读者可以依据社会心理学知识理解一些日常生活或工作中的现象，例如，"搭便车"效应（free rider effect）、社会补偿效应（social compensation effect）和科勒效应（Köhler effect）等。

第3章"小群体中的地位一致性"的作者是荷兰莱顿大学

的亨克·维尔克（Henk A. M. Wilke）。这一章围绕群体成员间地位（能力）的均等性对任务执行与结果分配的影响进行了全面的阐述。

第4章“领导力：微观—宏观链接”的作者是葡萄牙里斯本大学的豪尔赫·科雷亚·杰苏诺（Jorge Correia Jesuíno）。该章介绍了领导力（leadership）的不同模型，试图建立不同模型间的关系以揭示隐藏在不同概念背后的概念同构问题。

第5章“有效的团队合作——理论模型与田野测验”由德国柏林洪堡大学的沃尔夫冈·肖尔（Wolfgang Scholl）撰写，分析了复杂问题中协同工作效能的理论模型，对理论模型的基本特征进行了界定和描绘，在此基础上以一项田野研究为例具体阐述了支持团队合作模型的个人层面及群体层面的实证依据。

第6章“协作集体（acting group）理论”由瑞士伯尔尼大学的马里奥·冯·克拉纳赫（Mario von Cranach）撰写，介绍了群体行为的相关概念。

3. 第三部分“人际影响、冲突与解决”

第三部分“人际影响、冲突与解决”强调群体内部与群体之间人际过程的理论基础及其影响，包含了与群体内结构、冲突和系统相关的概念理论，对提高群体功能有特别的启示意义。各章节简要介绍如下。

第7章“社会影响的冲突加工理论”由西班牙巴伦西亚大学的胡安·安东尼奥·佩雷斯（Juan Antonio Pérez）和瑞士日内瓦大学的加布里埃尔·穆格尼（Gabriel Mugny）共同完成，他们介绍了社会影响的冲突加工理论（conflict elaboration theory of social influence，CET）的相关内容。

第8章“个人和群体的信息寻求与商业和政治领域中决策的可能结果”的作者均来自德国，分别是慕尼黑大学的迪尔特·弗赖（Dieter Frey）、基尔大学的斯蒂芬·舒茨-哈特（Stefan Schulz-Hardt）和曼海姆大学的达格玛·施塔尔贝格（Dagmar Stahlberg）。在这一章中，作者对群体中选择性信息寻求的概念及其理论机制进行了介绍，尤其对避免选择性信息寻求带来的消极后果给出了实用性的建议。

第9章“社会认同、自我归类与小群体”的作者是澳大利亚昆士兰大学的迈克尔·霍格（Michael A. Hogg）。这一章为读者详细介绍了社会认同理论和自我归类理论，并对一些社会群体现象，如从众、群体极化（group polarization）、群体凝聚力（group cohesiveness）、群体思维（group think）、社会惰化（social loafing）及领导力（leadership）等现象进行了分析解释。

第10章“行为交互模型：群体内及群际间动力学的整合理论框架”由荷兰乌特勒支大学的雅各布·M. 拉比（Jacob M. Rabbie）和海因·F. M. 罗德韦杰克斯（Hein F. M. Lodewijkx）共同撰稿完成，该章对最简群体（minimal groups）和行为交互作用模型（behavioral interaction model, BIM）进行了详细介绍和解释。

第11章“众多概念观点和理论观点间的相似性”的作者，威特教授总结各方理论模型与构建，对小群体的概念、结构、过程、目标、范围、背景等诸多方面进行了总结归纳。

二、章节内容解读

理解群体行为，就必须以群体构成为切入点，从群体成员关系、群体工作绩效、群体决策等多方面展开。

下文将详细介绍一些具有特色的章节内容。第1章“创造理想群组：工作中的构成效应”是对群体行为中基础概念框架的介绍，例如群体异质性与群体结构效应。第2章“社会补偿与科勒效应：群体生产率中动机收益的理论解释”，这一章中动机丧失与动机获得的相关内容十分有趣并且值得读者深思。第3章“小群体中的地位一致性”阐述了群体成员的地位与结果分配间的关系，介绍了社会两难困境中的公共物品困境与资源管理困境。由于这些现象在日常生活中很常见，这一部分的内容能够帮助读者更加深刻地理解群体行为。第8章“个人和群体的信息寻求与商业和政治领域中决策的可能结果”，这一章介绍了群体决策中的选择性信息寻求及其可能带来的消极影响，为此作者对如何避免这些消极结果给出了有价值的实用性建议。由此读者可以看出该书各章内容格局的不同侧重点。

（一）群体规模与构成：群体异质性与群体结构效应

这一章详细阐述了群体规模、群体异质性、群体中的化学过程及群体结构效应的一般模型等内容。作者对最佳群体人数这个与现实紧密关联且有趣的问题进行了介绍和讨论。一个小群体最佳的人数规模应该有多大？最佳群体规模是怎样确定的？以往不同研究者根据自身经验对合理的群体人数给出了界定，但这些界定确实没有实证研究证据的支持。目前，至少有三种研究范式能够为最佳群体人数提供有效信息。第一种范式是在公共场所观察社会互动的发生情况。使用这一范式的研究均发现，人们会回避那些人数过少或过多的群体（Bakeman & Beck, 1974; Burgess, 1984; Desportes & Lemaine, 1988; James, 1951）。作者在这一章中向读者介绍了许多群体规模方面的研究，其中，通过操纵群体人数的研究发现，小群体规模平均为2—3人，很少有5—6人的群体。第二种范式是构建不同人数的人工群体，然后观察哪个群体出现的问题最少，据此判断最佳群体规模。结果发现，群体成员抱怨最少的团体的人数为5人（Bray, Kerr, & Atkin, 1978; O'Dell, 1968; Slater, 1958）。第三种范式是直接询问被试所喜欢的不同类型群体的人数规模，调查发现，人们最愿意选择参加人数为12人的团体（Buys & Larson, 1979; McPherson, 1983）。可见，最佳群体人数并不是固定不变的。从不同规模群体各自的便利和与之连带的不利影响来看，最佳群体大小会依据情境变化而变化，这就要求在设置群体时应当关注群体大小带来的影响并且视任务情境而进行相应的控制，以扩大群体优势、减小群体劣势。例如，实践发现，训练项目、过程咨询、重组群体等策略可以减少大群体中协调困难的问题，而团队建设、任务重设、目标设置等方法则能够减少大群体中的动机丧失问题。但是，目前鲜有研究涉及这些策略的验证和效果检验。

群体结构效应的问题涉及群体成员的异质性，也是群体设置与管理所要面临的问题。群体成员在许多方面都是异质的，如人口学变量、能力、人格等。那么，这些群体成员的异质性如何影响群体效率？异质群体的优势在于更具灵活性和创新性，能够提高群体的表现，更好地解决突发或应激事件，并且工作群体异质性还可以增进该群体与外群体成员（如客户、投资者）的联系。当然，群体异质带来利益的同时也带来了风险。例如，群体成员更容易产生冲突，导致出现群体凝聚力降低、群体成员流失、群体绩效受损等情况。中等程度的冲突有助于激发群体成员更加努力地工作。争论有时也能够刺激群体成员以更为复杂的方式思考问题，参与挑战优秀者的竞争，但是，严重冲突却会损害群体绩效。

群体异质性对群体绩效的影响从来都不是单独起作用的，而是和其他多种因素共同影响群体绩效，例如，群体成员的能力水平、任务难度、任务性质及其中两者或三者之间的相互作用。对于简单任务，群体异质性对绩效的影响依赖于群体成员的能力，高能力的同质群体的绩效要高于异质群体，也高于低能力的同质群体；但如果任务较难，异质群体的表现则好于同质群体（DeBiasio, 1986; Laughlin, 1978）。另外，群体成员异质性的冲突也会受其他因素的调节。异质性有多种形式和类型，冲突的发生取决于群体成员的特征及分布。例如，种族差异比性别差异更有可能引发冲突，政治或宗教差异也会比审美差异更有可能引发冲突。因此，群体管理策略就显得十分重要。研究发现，用于增进群体凝聚力的培训项目可以控制由群体成员异质性带来的冲突（Ancona & Caldwell, 1992）。另外，在群体中模仿异质性特征但实际并不改变群体构成也是策略之一，包括改变群体决策制定的标准，群体成员可以对提案提出自己的意见等方法（Cosier, Dalton, & Taylor, 1991）。上述这些结果和发现都是实验室研究的成果，尚缺乏结合实际的现场实验和田野研究，而实验室模拟出来的群体与实际群体相比较，毕竟还有不小的距离。

这一章中关于"群体化学过程"的概念是新的提法。尽管研究这一过程的困难重重，不过，从一些特定群体中可以观察到这一化学作用的发生过程。要对群体中的化学过程进行研究，首先要对概念进行清晰界定。化学过程出现时正好发生了什么事情？问题的答案就隐藏在对化学变化转换过程的深入分析中，该转换过程是依据一些组合规则将个人特征转换为群体特征，包括：（1）加法规则，个体特征是相互独立的，个体以同样的方式影响他/她所参与的每一个群体。这一规则反映了一种对群体的机械观，认为群体的每一部分是相互独立的，能够被孤立地研究；（2）交互规则，认为个体特征以相互作用的方式与群体相融合，个体对他/她所参与的群体会产生不同影响，个体成员对不同群体施以的影响是相互依赖的，这些影响取决于所在群体其他成员的特征。交互规则反映了群体的生物学视野，即应该从整体上研究群体的构成，群体各构成部分之间是不能独立存在的。

群体成员的个人特征会影响群体，这就是群体结构效应（group composition effects）。作者通过图示向读者简要描述了这一影响作用的发生过程（见图4-1）。群体结构效应的一般模型能够帮助我们理解对于群体而言更为重要的那些特征。

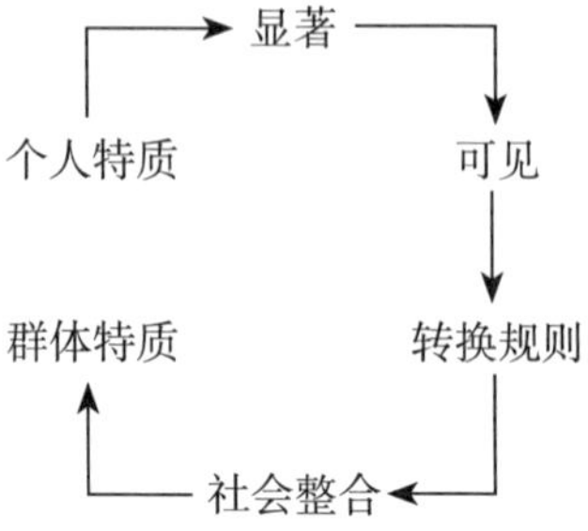

图4-1　群体结构效应一般模型

假设个体特征是群体成员的突出特征，这对群体来说就更为重要，那么，对假设进行验证时首先就要对群体成员个人特征的显著性进行评估，其中的一个评估指标就是评估的容易性。人口学特征是较为明显的特征，而能力、观念、人格特质等是较为隐蔽的特征，这些特征是否明显，可以通过群体成员的行为表现出来。这就产生了两个一般性假设：

假设1：容易评估的个人特征将会产生较强的群体结构效应。

假设2：包含较难评估的个人特征的结构效应更有可能发生在新近形成的群体之中。

另一个评估个人特征显著性的指标是该特征在群体中的分布。某一特征随着其变异的增多会吸引群体成员更多的注意。例如，由于群体成员中男女比例问题日益突出，性别就会变成一个显著的特征。由此衍生出另外两个一般性假设：

假设3：异质性越高的群体其结构效应越明显。

假设4：当情境具有高组织性或许多成员观点相同时，结构效应发生得范围较小，但作用会更强。

但是，不同群体成员的特征对整个群体结构效应的影响作用是不相等的，这就是可视性（visibility）问题（Marwell, 1963），即个人特征被群体其他成员注意到的程度。个人特征越明显，对群体的影响就越大。这就又引出了下面两个假设：

假设5：群体成员对结构效应的贡献是不相等的。

假设6：个人贡献的多少依赖于个人对群体活动的参与度、社会地位及与可视性相联系的情境因素等。

那么，个人特征怎样结合从而影响整个群体的结构、动力及绩效呢？回顾前面提到的加法规则和交互规则，加法规则的结构效应在日常生活中更常见，但交互规则的结构效应也时有发生，这两种规则的结构效应发生作用的时间取决于社会交互的群体水平。莫兰德（Moreland, 1987）将社会交互描述为群体成员在环境、行为、情感及认知等因素方面的相互联结，群体成员间的想法、感觉、行动越一致，群体的整合度就越高。而加法规则的结构效应几乎不需要群体成员间发生这种社会交互作用，加法规则甚至会出现在名义小组或名义群体（nominal groups）中。这就又有了以下两个假设：

假设7：相对于交互规则的结构效应，加法规则的结构效应更有可能在日常生活中发生。

假设8：交互规则的结构效应会首先出现在自然群体（natural groups）中，或者出现在那些具有高度社会融合的群体中。

本章内容对于了解群体行为而言是基础且十分重要的。作者用详细的研究实例向读者解释了最佳群体规模、群体异质性等这些在现实生活的群体构成中常见的现象，并且用一个概况性的图示清晰地呈现了群体结构效应的发生过程，从不同层次围绕群体结构效应提出了若干假设。这些假设环环相扣，对于日后开展相关内容的研究具有操作性的指导作用。阅读这一章节，能够帮助读者树立有关群体行为的一般框架，这对于后续知识的学习十分必要。

（二）社会补偿与科勒效应：动机丧失与动机获得

在这一部分的内容中，作者对斯坦纳的“群体生产率理论”及群体绩效的动机丧失与动机获得进行了富有趣味的解释，使读者可以依据社会心理学知识理解一些日常生活和工作中的现象，例如，“搭便车”效应、社会补偿效应和科勒效应等。

早期群体生产率的研究认为，处于群体中的个体生产率比单独工作时个体的生产率要高。但随后，这一观点被许多研究推翻。在该章中，作者向我们介绍了采用名义小组、头脑风暴（brainstorming groups）等技术（Marquart, 1955; Taylor, Berry, & Block, 1958）的研究。这些研究均发现，当制定某种目标后，群体相对于个体的优势就不那么明显了。这些证据促使斯坦纳提出了“群体生产率理论”，即群体的实际生产率等于群体潜在生产率减去由错误造成的损失。斯坦纳（1972）认为，群体的生产率由三类变量决定：需求（任务带来的需求、工作规则条例带来的需求）、资源（相关知识、技能、工具的掌握）和过程（个体通过自己或人际的行为将资源转化为产品）。群体潜在生产率反映了群体优化资源利用后能够达到的最大生产率，最大生产率只依赖于任务需求和资源两个变量，因此能够通过分析这两个变量推算出来。

法国农业工程师马克西米兰·林格尔曼（Maximilian Ringelmann，1861—1931）最早证实了群体中的动机丧失现象（Ringelmann，1913）。他在拉力实验中分别让1人组、2人组、3人组和8人组被试用力拉绳子，结果发现，1人组被试的拉力是63千克，2人组是118千克（平均单人59千克），3人组是160千克（平均单人53.3千克），8人组248千克（平均单人32千克）。可见，集体的力量并不等于个体力量的总和；相反，随着群体人数的增多，群体中个体付出的拉力反而在减少。3人时，1+1+1仅等于2.5；8人时，1+1+1+1+1+1+1+1仅等于4。这种动机丧失被林格尔曼称为社会惰化（social loafing），后人也称为林格尔曼效应（Ringelmann effect）。

研究者（Stroebe & Frey，1982）用群体生产率的经济学理论将这种类型的动机丧失归因于个体和群体在激励结构上的差异，即当任务由单个人完成时，他能明确看到自己努力工作的结果；而当成绩为团体努力的结果时，个人所付出的努力就不易显现了，由此便出现了“搭便车”效应。为了避免这一效应的发生，作者提出了以下几种解决策略：

第一种策略，公共物品私有化，比如，为了阻止过度放牧，可以将牧场土地租让给每个牧民；再比如，对于团体产品生产，应该将个人收入与其生产的产品数量挂钩；

第二种策略，提高个人贡献的辨识度；

第三种策略，将个人的贡献作为团体不可或缺的一部分；

第四种策略，通过提升产品的质量来降低惰化现象；

第五种策略，降低个人对产品生产投入的成本。

在群体中除了动机丧失外，群体成员也会表现出动机获得（motivational gains），即当任务成果对于每一个成员来讲都非常重要时，不同能力水平的成员会表现出两种动机获得现象：（1）能力较强的群体成员为了弥补能力较弱成员的低水平表现，会更加努力地工作；（2）能力较弱的群体成员为了避免对失败负责，会比在个人工作条件下更为努力。威廉姆斯和卡劳（Williams & Karau，1991）对这种有趣的社会补偿效应进行了研究，他们发现，个体在群体中之所以会付出更多努力，是因为以下条件的存在：（1）所生成的产品是非常重要的；（2）任务量是递增的；（3）个人对产品的生产能感受到切实的控制感；（4）其他群体成员不能或不想为产品生产做贡献。

科勒（O. Köhler）在柏林的一家运动俱乐部里开展了一项社会实验，有72个人作为有效被试参与了此次研究。实验包括两个部分：在单独情境和联合团体情境下分别让被试完成一项简单体力任务。在单独情境下，要求被试独自拽住与重物相连的一个握棒，并测算被试坚持的时间；在联合任务情境下，两人合作完成，所要提起的重量是单独情境的两倍，只有两个人都能够坚持的时候任务才能够持续下去，如果其中任何一人中断都将宣告任务结束。通过这个研究，科勒发现了动机获得效应与差异效应

（即科勒效应，Köhler effect）[1]：当有能力差异的小群体成员从事联合性任务时，其中低能力成员的动机水平会有所提升（动机获得效应）；而成员间的能力差异为中等水平时，低能力者的动机提升值最大（差异效应）。

这一章介绍了影响群体生产率的多种因素，尤其是对各种“效应”的介绍，使人读起来妙趣横生、眼界洞开。这些凝练出的“效应”既来自实验研究的证实，又有生活与社会经验的印证；而对“效应”背后影响机制的探究又可以为下一步的实践应用提供指导。心理学研究的目的不外乎描述、解释、预测和控制心理现象及其活动，而本章对群体生产率的描述和解释，对群体生产率领域研究的总结和归纳是对心理学研究目的最恰当的诠释。

（三）小群体中的地位一致性

在这一章中，维尔克围绕群体成员间地位（能力）一致性对任务执行与结果分配的影响进行了全面阐述。

群体结构（group structure）是指群体成员间的相互关系，其构成要素就是成员本身。罗伯特·贝尔斯（Bales，1950）最先提出小群体中不同成员影响的差异性现象。伯杰等人进一步主张，小群体中之所以会出现不同影响，是由于群体成员本身的地位差异（比如能力差异）造成的。他们在实验中人为操纵群体中两个成员的能力差异，结果发现高能力个体更少受群体其他成员

[1] 我们将Köhler，O译成了科勒，以便区分格式塔心理学家苛勒（Köhler，W）。

的影响，而低能力个体更容易受高能力个体的影响而改变主意（Berger，1980）。

任务群体（task groups）（以获得产出为主要目标的群体）在完成任务后，群体成员往往要对财物等奖赏进行收益划分。在结盟状态和社会两难情境的决策中存在着个人利益间及个人与集体利益间的冲突。结盟形式中个体会竞争稀缺资源；而在社会两难情境中，如果部分群体成员出力少却获益多，就会损害整个群体的利益。因此，在一个包含利益冲突的群体中，成果分配问题远比任务群体本身尖锐得多。也就是说，任务群体中最为关注的是如何以更有效的方式实现群体目标，群体成员关注对任务的控制权。一旦个体感受到对任务的行为控制时就获得了这种控制权，进而通过对有价值的资源控制实现对整个环境（任务）的控制。因此，在充满利益冲突的群体中更强调如何以公平的方式分配收益。作者介绍了相关研究者的发现（Homans，1961；Sampson，1969），这些研究表明：地位一致性（status congruence）是其最根本的机制，即在群体中有更多投入（如能力更高）的成员应当分配到更多收益。随后，多伊奇（Deutsch，1975）总结出一些在特定情境中普遍存在的公平原则，包括：（1）需求原则——行为结果应该根据需求的程度按比例分配，家人之间这样的亲近关系中常体现这种原则；（2）平等原则——平等分配结果，更多出现在政党中（如每人一张选票）。

此外，作者在这一章中还向读者详细介绍了社会两难困境（social dilemmas）中存在的群体成员之间及群体之间的利益冲突。此外，当个人利益与集体利益发生冲突时也会出现这种社会困境。社会困境包括两种最常见的类型：公共财物困境（public good dilemmas，PGD）和资源管理困境（resource management dilemmas，RMD）。个体能够也愿意为公益事业做出贡献（例如参加工会或者慈善捐助），顺带做些贡献对于个人来说还是有一定吸引力的：当捐助达到一定量后所捐财物就会成为公共财物（例如，企业家向政府捐助资金以用于帮助建设城市公共健身设施），并且所有人都可以免费获取和使用这类资源；但此时有些人对这些公共财物却没有或者很少做出贡献，这就是“公共财物困境”。公共财物困境的特征是：不管人们在提供公共财物上是否做出贡献，大家都可以使用和消耗这些资源。那么，既然所有人无论贡献与否都可以从中获益，团体中就会出现无人捐献的风险，从而使公共财物的提供得不到保障。在资源管理困境中，群体成员共同享有公共资源，但公共资源是有限的，最终会因为过度消费而造成枯竭。资源管理困境的两难特征是：一方面需要从集体利益中削减资源损耗，而另一方面在个人利益中却倾向于资源消耗。地位一致性分别解释了在公共财物困境和资源管理困境中的受益行为和贡献行为。在无地位差异的均等困境中，群体成员努力追求同等的收益，也在尽力做着应尽的事务；但在地位不均等的困境中，相比处于劣势地位的群体成员，优势地位的群体成员在公共财物困境中的贡献更多，在资源管理困境中也会更加合作，即他们在“集体池”（collective pool）中留下了更多资源。

在这一部分中，作者围绕小群体中的地位一致性及其对收益分配的影响进行了深入的阐述。读者在日常生活中能观察或亲身经历一些有关群体收益分配的事件。因此，这一章内容对读者结合现实情境和自身经验去理解和体会群体特性有更多启示和帮助，从而更加深刻地理解群体结构效应的深刻内涵。

（四）个人和群体的信息寻求与商业和政治领域中决策的可能结果

在这一章节中，作者佛赖、舒茨-哈特和施塔尔贝格对群体决策中的选择性信息寻求（information seeking）的概念及其理论机制进行了介绍，尤其对避免选择性信息寻求带来的消极结果给出了有价值的实用性建议。

在商业和政治领域中，由群体作出的目标导向和决策活动中经常包含对信息的搜索和评价。这些搜索和评价过程并非临时出现，而是持续发生的。在这一信息寻求过程中，可能会出现新信息与个体已有信息或观念的冲突，这种冲突会使个体产生一种不愉快的情绪体验。根据费斯廷格（Leon Festinger，1919—1989）的认知失调理论（theory of cognitive dissonance）（Festinger，1957，1964），相互失调的认知因素会引起人们心理上的紧张，并产生不愉快体验，为了减少这种负性体验，作者提到以下建议：（1）改变其中一个认知因素的方向，使之与另一因素相协调；（2）采取新的行动获得协调；（3）收集新的认知因素重新调整原来的认知系统；（4）改变认知因素的重要程度。

作者认为，认知失调是信息寻求的决定因素。在政治、商业、法律等领域，大量决策是由群体作出的。因而，群体中的信息寻求要有选择性，要尽量避免验证性偏差（confirmation bias）。作者介绍了自己和同事（Frey，Schulz-Hardt，Lüthgens，& Moscovici，1995）的一项研究，证实群体在决策时更容易出现验证性偏差。以纽约高中生为被试，或3人一组为决策单位，或单个人为决策单位，在提供各种信息以供决策的条件下要求两组被试作出是否投资一项发展中国家项目的决定。结果发现，小群体更倾向于选择那些支持他们决策的信息以充当证据，并且他们对自己群体决策的正确性也深信不疑，该结果证明了群体更容易出现验证性偏差。

既然群体在决策时会出现验证性偏差，这就意味着群体的信息寻求可能会对决策产生积极影响，也可能会对最终的决策造成负性影响。那么，如何避免群体由选择性信息寻求带来的消极后果，作者给出了以下具有实践指导意义的建议。

（1）无论正式还是非正式的群体领导者，都应该不偏不倚，不应过早地赞成或否定某一特定的解决方案。

（2）群体领导者应该鼓励群体成员提出批评和反对意见以供决策时作为替代选择，领导者应当能恰当处理群体成员对自己观点的建设性批评。

（3）理想的群体应该是异质性的，并由少数人掌握最专业的、最强的社会支配能力。

（4）每一个群体成员都对结果负有责任，尤其对群体决策的结果负责，以避免群体内的责任分散。

（5）理想的群体应该是为了探究多种决策策略而去积极寻找解决办法的群体。

（6）在群体内应该由一人或多人扮演“魔鬼代言人”（devil’s advocate）的角色（Herbert & Estes，1977）。“魔鬼代言人”的作用是提出建设性的批评意见，这一角色的出现能够在群体中营造一种邀请他人共同探讨问题的积极氛围。

（7）不参与决策的专家应该对群体成员的观点开展建设性的批评。

（8）验证性偏差经常伴随着群体成员对可能存在的风险的忽视或低估，因而在决策过程中应使用心理风险建模技术（techniques of psychological risk modeling），以便将抽象的风险转化为具体的结果加以描述和预测。

（9）不能低估群体内人际关系的影响作用。

（10）为了寻找最佳解决方案，要鼓励建设性的竞争和辩论。

（11）无论是对已经拍板定论的投资决策，还是对消极后果的恐惧，都不应排斥对观点和决策的再次修正。即使看上去已经找到了最佳策略，群体成员也依然可以明确表示他们对此策略的质疑和疑虑，在最终决策前每一个问题都应该被反复推敲。

（12）群体中的每个成员都应该定期与他人讨论，表达他们对群体中出现问题的看法。

（13）要进行“决策的策略规划”，即决策前每一个可能的活动步骤和场景都应该被详细预演（如提出“假设……将会……”的问题）。

（14）在弹性规范（norm of flexibility）和批判理性主义（critical rationalism）的思路下工作，要时刻提醒自己“人无完人，犯错是正常的”，由此也就没有什么是不能批评的。

以上是作者针对群体如何避免由选择性信息寻求带来的消极结果提出的建议。这些建议具有重要的实践指导意义，特别是对群体决策者或群体管理者而言，这些建议从科学的角度具体而直接地告知人们如何进行有效的群体决策管理。

三、评价

社会心理学大多研究社会情境中个体的心理与行为，注重探究群体影响下的个体行为及社会影响下的个体行为，所涉及的群体心理的内容十分有限。大多数《社会心理学》教材对群体心理方面的介绍也只有一章的篇幅。而威特等编著的这本《理解群体行为》，是了解小群体理论与实验研究的专著，它全方位地介绍了小群体的理论概念、实证研究、现象“效应”和对策方案，内容丰富、案例翔实、观点新颖，注重理论观点与实证研究对实践应用的意义与启示。

在详尽介绍内容的同时，威特在每一章的最后对各种理论观点进行了评论，并且从应用的角度对未来的研究方向提出了展望，这些评论与展望对日后研究者开展相关研究工作具有重要的方向性指导意义。

值得注意的是，该书不仅向读者介绍了实验室研究，还用相当的篇幅就某一具体内容下的田野研究展开了详细阐述。可以看出，这是以应用研究为导向，注重群体研究向应用研究、生态研究的转变。强调在实践中研究群体，而不是仅采用实验室实验的研究方法，对于当今社会心理学研究方法的创新和多种研究方法的综合运用具有重要的启示。

第五章　阿希人际关系思想评述

阿希是从众研究的鼻祖，他的关于从众研究的“线段判断实验”因研究设计精巧、结果令人惊叹却又不失合理而使他的名字及实验在任何一本社会心理学教材和著作中都当仁不让地占有一席之地，并且无可替代。此外，他从众理论背后还有鲜为人知的整体观的人际关系思想。本章在对从众实验进行全面介绍的基础上，分析了阿希对从众现象的解释及其背后的人际关系思想——从众是基于心理暗示的人际适应交往的需要，是社会影响中的理性选择。

阿希的研究探讨的是群体规范或群体压力下个体的行为表现，个人在多大程度上能接受和服从群体规范，或者说，在什么条件下，个体能无视甚至抵抗群体的规范和压力，坚持自己的意见主张和行为方式。这就是群体压力下的从众和独立问题。

阿希基于社会影响框架下的从众研究，关心的是个体在群体中为什么及以何种方式接受群体的影响，与群体保持一致。个体为什么会受群体的影响、遵从群体的意志呢？群体对个体施以影响可能通过明确的压力，也可能没有任何压力，就像阿希的从众实验，既无团队合作的奖励，也无个体化的惩罚。为什么在这样的情况下，个体依然以牺牲个人独特性为代价而遵从群体呢？群体是怎样代表社会观点和社会舆论发挥影响的？个人和群体间的复杂关系究竟是怎样体现的？

要回答上述问题，得从社会影响的角度出发。社会影响是指一个或多个个体为了改变一个或更多人的态度、信念、感知或行为而做的努力（巴伦，伯恩，2003，第446页）。应该说，社会中的人在社会情境和社会交往中彰显自己的个性和独特性，才使我们赖以生存的社会丰富多彩，使我们的生活有滋有味。人作为社会性动物，始终与社会保持着密切联系，作为社会的个体，都必定经受由社会其他成员及由所有社会成员构成的整体社会的影响。一般来说，在他人的作用下，个体产生的这样或那样的社会行为变化或多或少都受社会的影响，这是广义的社会影响。他人的影响可以是他人在场，也可以是他人不在场而发挥的作用，他人不在场是通过他人所形成的规范、规矩、制度、条例、要求、习俗、压力等来影响个体。这种规范是由人的参与所形成的社会性规范，因此，广义的社会影响包括人际相互作用和人际关系的影响、群体影响及社会大环境中的政治经济文化的影响等多个方面（金盛华，张杰，2001，第368页）。

社会影响的发生使个人的行为和态度朝着社会占优势的方向运动，这是运用个人或团体的规范力量，包括奖赏、压制、参照、法定、专家、信息的权利等（French Jr. & Raven, 1959）在特定方向上改变他人的态度或行为。一般来说，团体或群体都会有自己的规范，团体会借助规范的力量，对其成员心理形成一种群体压力，使其成员与群体保持一致。

第一节　从众是基于心理暗示的人际适应交往

一、什么是从众

什么是从众？你受朋友之邀去听一场交响乐，你其实喜欢民族音乐，当最后一个音符结束时，前排和你周边的很多观众都起立热烈鼓掌表达他们难以抑制的赞赏之情，当鼓掌的浪潮一遍遍地扫过时，你能独自稳坐在音乐厅舒适的软椅上无动于衷吗？事实上，你太有可能不由自主地站起来跟着鼓掌，哪怕是礼节性地鼓掌。这是因为成为少数与众不同者，真的很不容易；而与大家保持一致容易让你觉得自己这样做是正确的，自己是大家中的一员。这是不是从众？你会毫不犹豫地回答：是，这是从众，大家都在起立鼓掌，我不好意思不这么做，否则会显得与整个气氛格格不入。再比如，你去观看球赛，你为所支持的球队的一个漂亮的进球起立欢呼叫好，是不是从众？你可能会说，这不是，我是球队的支持者，我是球员的“粉丝”（fans），我是发自内心地为进球叫好。那么，如果球场上只有你一个人支持这个球队，而不是像现在这样有众多支持者，你会起立欢呼叫好吗？也就是说，问题的关键是，当你脱离群体时，你的行为和信念和与群体在一起时是否仍然保持一致。

认为从众是与其他人保持一致的行为，那只说对了一部分。从众是个人受他人行动或态度的影响，而与他人保持一致的行为。就是说，从众是个体在社会群体有意或无意的压力下，采取与大多数人一致的行为。从众是一种社会影响现象。

有学者认为：从众指个体改变自身态度或行为以符合既有的社会规范（social norm）的一种社会影响（巴伦，伯恩，2003，第447页）。通俗地讲，从众是个人的观念与行为由于群体的引导或压力，朝着与多数人一致的方向变化的现象（金盛华，张杰，2001，第368页）。

人们为什么要使自己的态度和行为符合社会规范呢？德裔美国社会学家阿米泰·埃齐奥尼（Amitai Etzioni）一语中的——“社会带来的压力是我们道德价值的重要支柱”（Etzioni，1993）。从众是个体在真实的或想象的团体压力下改变行为与信念的倾向，是根据他人而做出的行为或信念的改变，这是个体对知觉到的压力产生的一种屈服的倾向。正如在阿希的实验中，小组中的每个成员都要公开大声说出自己的判断，以便在场的所有人都能听到。当然设计者的真正目的是让真实被试能听到小组中其他人的选择，尤其是那些一致的错误的选择——最终导致了超过阿希预期的33%左右的从众反应。从众行为不仅来自实际的群体压力，也来自个人在想象中假设存在的群体优势，即便没有实际压力存在，也会选择与设想的多数人倾向相一致的行为。比如，天冷了，你从衣柜里翻出一件几年前的羽绒服打算穿上去上班，它厚实保暖还八成新，但你想了想，犹豫片刻又放回了柜子，拿起今年新买的羊毛大衣穿上，照照镜子，坦然满意出门。这就是你想象出的大家都遵从的服饰潮流趋势对你的压力性影响。所以，群体压力可以是实际存在的，也可以是个体想象出来的。

从众可以表现为许多形式，与群体保持一致有时仅是表面上行为的顺从（compliance），即顺从一种期望或要求，但并不真正相信或认同自己所做的事情。顺从是个体对外界的虚假的从众，之所以顺从，是为了得到奖励或免受惩罚，当然，这种奖惩也包含来自不得已的顺从者自己的认识取向和个性特征。如果顺从行为是由明确的命令带来的，就叫作服从（obedience）。另外还有一种情况，就是个体实际上发生了态度的改变和内心的接受，这就成了接纳（acceptance），是那种真诚的、内在的从众行为（时蓉华，2004，第377页）。比如，你原来并不相信某种营养品的效果，但你非常崇敬的师长跟你闲聊时谈到这款营养品，并且以自己切身的经历和体会告诉你这款营养品对他/她的明显奇效，你很可能会转而信服它的价值和效用。总之，个体无论是顺从还是接纳，都是迫于外界压力而发生的从众行为。

“随波逐流”“人云亦云”就是典型的从众现象，它在生活中非常普遍。与群体保持一致要比特立独行、旁逸斜出更安全和少担风险，可以降低和避免内心冲突；而且“大多数人的行为更可能是正确的”是我们头脑中自然而然且根深蒂固的信念。例如，你乘坐飞机去一个陌生的城市，从飞机上下来，便会自然而然地跟着人流出港和提取行李。你相信其他乘客对航站楼是熟悉的，走的路线是对的，甚至根本懒得去看路标和方向指引牌。再如，你第一次去西餐厅吃饭，不知道怎么使用刀叉，如果你旁边的一桌就餐者是中国人，你也会参照他们的方式调整自己的行为，你相信他们的方式一定是恰当的。退一步说，即便周围人的用餐方式不合乎相应的礼仪，你也不用担心，大家都这样，你就是安全的，就不会招致异样的眼光，就不会被别人嘲笑。

从众行为可以是个人在当时情境中的具体行为表现，是在临时的特定情境中对占优势的行为方式的采纳，如在社会助人情境中，或跟随众人旁观或对困顿者施以援手，暴乱发生时跟随众人宣泄甚至破坏，当下情境中放弃自己的观点转而接受大多数人或权威人士的意见等都是这类从众的具体表现。从众还可以表现为长期性地对占优势的观念和行为方式的接受，如顺应风俗、习惯。群体，也叫社群（community），是聚集在一起的多个同类人或物种，他们之间可能有利益或归属关系，也可能没有任何关系。而群体的压力不是社会和群体的明文规定，而是社会舆论（即群体心理气氛和群体意识）的压倒性影响。无论是实际存在的还是头脑想象的压力都会促使个人产生符合社会或群体要求的行为和态度，这不仅在行动上会表现出来，有时会在信念上改变原来的观点（时蓉华，2004，第377—378页）。

二、我们为什么从众

假如你正在与某一群体（朋友、同事，或者刚认识的，甚至临时凑到一起的一帮人）闲聊或讨论问题时，你发现自己的观点和看法与这里的大多数人都不一致甚至相反，你该怎么办？是公然坚持说出自己的真实想法，还是寻求趋同随大流？说实话，一个人如果能不顾及他人如何看待自己而坚持己见可以说是一种大胆。韦伯等人在关于冒险的领域特殊性研究中，就把“公然表明与朋友不同的观点”归到“社会冒险”的领域（Weber, Blais, & Betz, 2002）。冒险需要一定的个人勇气和理由（即代价权衡利大于弊），一定程度上，个体选择跟随群体的行为方向是一种保险策略。

从从众的定义可以看出，从众是个人在社会群体一致性的压力下，放弃自己的意见，转变原来的观点，采取与大多数人一致的行为。也就是说，从众是基于群体压力形成的，没有群体就谈不上屈从或服从众人。这种群体压力不一定非得是让个人有压迫感或压力感，比如，人们对社会规范的接纳和遵从许多都是自愿的、不自觉的、容易的和没有冲突的。在这个意义上，从众就不一定是被胁迫的。既然没有被胁迫，那么，个体从众还是不从众，对自身利益是没有什么损害和威胁的，也就是说，从众不从众，还是自己说了算。你可以稳坐在自己的座位上，任凭其他人起立鼓掌，能怎么样？你走在校园里，可以对对面一直注视你的亲切目光不去理会，旁若无人，面无表情，又能怎么样？当大街小巷的年轻女孩儿们都穿着时尚超短裙时，年轻的你也完全可以穿过膝的不长不短的裙子，谁又能把你怎么样？但是，大多数人通常都不会在这些事情上特立独行，而是有意无意地选择与大家保持一致、与环境保持一致。那么，人们之所以从众，就可能源于个体的某些心理需求和心理动力，就有着坚实的心理基础了。这个心理基础就是暗示。

暗示（suggestion），也叫心理暗示（psychological hint），是人们接受外界或他人愿望、观点、情绪、判断、态度影响的心理特点。它是人或环境以非常自然的方式向个体发出信息，个体无意中接受这种信息，从而做出相应反应的心理现象。暗示具有无选择性，是潜意识对外界任何现象（包括听到、看到的一切）及任何显意识行为的认同、接收和储存。暗示非常普遍，个体在生活中无时无处不在接受着外界的暗示。巴甫洛夫把暗示视为人类最简单、最典型的条件反射。

受暗示性是群居的物种共有的特性。当处于陌生的、不明就里的情境中，接受暗示去行动是最经济、最快速、最便捷和最安全的选择，这是一种无意识的自我保护能力和学习能力。接受暗示是人和动物的本能，不管是否愿意，不管结果是利还是弊，都发生了。动物的各种行为的学习、对危险的躲避习惯等，都是由于心理暗示的作用才得以实现。比如，草原上，一只斑羚羊突然开始奔跑，其他斑羚羊肯定会以最快的反应速度随之奔跑，乃至狂奔，哪怕危险只针对这只最先奔跑的斑羚羊，无关其他，哪怕实际上并没有危险。只要一只开始奔跑，其他的就会跟着朝同一个方向奔跑。

从众现象的发生，暗示性（suggestibility）是个体的心理基础之一。感染是群体性的模仿，个体在受到群体精神感染式的暗示时，就会产生与他人行为相类似的模仿行为。与此同时，单个个体之间又会相互刺激、相互作用，形成循环反应，使个体行为与多数人行为趋向一致。这种“暗示—模仿”的循环反应的过程，就是心理学研究证实的求同心理（seeking conformity）过程。正是这种求同心理，构成了从众行为的心理基础。

在日常生活中，暗示的事例俯首即是。愉快或烦躁的情绪在凝聚和松散的群体中都会弥散、传递，处在愉快的环境中会令人感觉愉快，这是一种“心境联结”（mood linkage）。这种同一团体中心境的相互影响被称为受暗示性从众，这是人类群体中发生的“社会传染效应”。看到发自内心的、欢快的笑脸，无论是人类的还是动物的，无论是儿童青少年的还是成人老年人的，你会情不自禁地把笑靥映在脸上，或者忍俊不禁，或者失声大笑，这就是暗示。

生活中暗示并非总是如此有趣。例如，抢劫、看见UFO，甚至自杀或挥刀砍杀等社会性事件，往往接连发生。美国社会学家戴维·菲利普斯（Divid Philips）及其同事（Phillips, Carstensen, & Paight, 1989）通过对自杀的研究就发现，当媒体报道了自杀事件后，自杀事件、致命的车祸及私人飞机事故（有时是伪装的自杀）也会迅速增加。例如，1962年8月6日，玛丽莲·梦露自杀后，美国8月的自杀事件比往年同期多了200多起。更进一步地讲，所增加的自杀事件只是发生在自杀被报道的区域，报道得越厉害，以后的灾祸增加得就越多，社会性事件的报道因暗示带来了从众（迈尔斯，2016，第188页）。

接受暗示是客观存在的普遍的心理现象，但是这种正常的心理现象，会因很多内外因素的影响而存在个体差异。不同的情境会使人有不同程度的受暗示性，阿希的从众实验就设计了群体一致错误反应情境、群体中不同人数的错误反应情境、多数派人数变化情境和支持者中间离开或中途进入模式等（Asch，1951，见第三章第一节），结果发现不同情境下被试的从众反应有所变化。

另外，即使在相同的暗示条件下，人们接受暗示后的感受表现也有明显不同。暗示与个体的个性特征、学识文化、认知风格，以及个体的年龄、性别、从属地位和社会地位等诸多因素有关。一般的规律是，女性比男性容易受暗示、儿童比成人容易受暗示，社会地位低的比社会地位高的、文化程度低的比文化程度高的、孤陋寡闻的比见多识广的、集体主义取向的比个人主义取向的、自卑的比自信的、犹豫的比果断的、内在自我意识的（愿意按自己的方式行事）比公众自我意识的（以他人要求和期望作为自己的行事标准）更容易受暗示。总之，处于低位、被动、弱势、不知情的位置的个体一般更容易接受暗示。

但上述规律并非完全绝对，在不同的情境中可能会有不同的甚至相反的表现。而且，这些因素的影响并非从单一维度或单一因素上发生作用，而由多个因素相互作用交互影响，比如，在某个领域的专家型女性就会比非专家型男性对该领域事件的判断更独立和坚定，更不易受他人影响。

三、从众对维护社会秩序和人际和谐的意义

阿希认为，从众有利于对周围人际环境的敏感和对人际关系的维持。尽管“从众”一词确实带有评价意义，与从众相对的特征——“独立”一词听上去似乎更令人接受，它显示一个人有个性、有主见，不人云亦云、不随波逐流。从众者则相反，没个性、没主见，胆小软弱，甚至愚蠢可笑。实际上，从众并不全是坏事，人们可能在暴乱中失去自我而出现负性的群体无意识行为，也会穿合乎潮流的服饰让自己看上去不那么特别或落伍，还可能随社会主旋律的倡导而学雷锋做好事或积极参与环境保护运动。

阿希曾预期在清晰情境中个体不会像谢里夫的被试那样屈从他人，哪怕在群体一致的压力下他们都应该会坚持己见。但较高比例（33%）的从众反应（注意：这是从众反应比而不是从众人数比）的结果并没有令阿希感到沮丧，在对访谈资料进行深入分析后，他总结道：

> 首先，确实存在朝向大多数反应的明显趋势。被试的所有判断反应中有三分之一的比例与多数人相同或受多数人错误估计的影响而发生同样的错误，但在写出而不是说出自己判断的控制组中，只有1%。其次，多数人效应并不那么彻底，关键被试组不受多数人压力影响而作出正确估计的依然占绝大多数，达68%（Asch，1951）。

当然，我们并不是说从众是最恰当的行为方式，而不从众者，哪怕被称为“偏离者”就绝对不好。从众有时也会酿成灾祸

和悲剧，众所周知的“水门事件”即是典型的代表。尼克松在政府部门工作的幕僚和顾问组成一个忠诚的集团，他们在执行上级政府决策时扮演着傀儡的角色，不假思索地、不计后果地假“国家安全事务”之名发布谎言、销毁证据并大肆进行收买贿赂。在这样“忠诚”的集团中，任何背离行为，哪怕是非常微小的偏离都看上去与整个氛围格格不入。当谎言被戳穿、真相暴露后，集团便遭到解散。这时，人们才回归理性，自己进行思考和判断。当然，也有不从众导致不利处境的事例，比如在有法律和规范的团体中，从众者才更受欢迎和接纳，不从众者则会遭致排挤。以此来规范团体成员的行为，才使团体制度得以实施、秩序得以保障、目标得以达成。

第二节　从众是处于社会影响中的理性选择

继阿希开创从众研究并发表令人惊异的结果（主要是被试从众比例和从众表现的结果）之后，许多研究者对个体从众原因展开分析。人们从众的团体压力有两个来源：信息性（informational）压力影响和规范性（normative）压力影响。前者是个体希望从团体那里获得精确信息，尤其是在情境不明的情况下，谢里夫的光点游动实验中的被试即是如此。后者是人们想要获得奖励或/和避免惩罚的需求（Deutsch & Gerard，1955）。

一、基于信息性影响的理性选择策略

从众的信息性影响指个体通过从他人及情境中收集信息来确定自己行为的走向。我们之所以说阿希实验中的被试的从众行为是一种理性选择，是因为他们并不是盲目地、不做任何加工地采用信息，而是通过对自己当下状态和情境的分析有选择性地利用信息，其信息参照是基于理性选择的策略。

（一）个体在情境不明或困惑时才参照相关信息，选择最恰当的行事方式

情境不明是非常关键的变量，决定着人们在多大程度上会以别人作为信息的来源。当个体不确定什么是正确的反应、恰当的行为、正确的观点时，最容易受到他人影响；越是不确定，就越会依赖他人。情境不明可能是情境本身模糊，就像谢里夫的光点实验，光点“游动”多远的距离没有一个确定标准，这是参照他人的最佳选择。当情况处于危急时刻，比如火灾中的逃生情境，人们往往容易从众。所谓危急，就是没有足够的时间辨别当下的明确情况，没有时间去思考应该采取什么行动，去分析哪条路是通畅的及从哪条路逃生。危急情境常常与模糊情境同时发生。处于紧急、害怕、恐慌、不知所措时，人们很自然地会去观察别人的行为反应。很不幸，在这种情况下我们所模仿的人可能和我们一样感到害怕和恐慌，其行为可能也是盲目和不合理的。即便如此，以往的经验告诉当事者，跟随他人可能是错误的、危险的，但也可能是正确的、幸运的和安全的。

从个人角度来看，如果面临的任务比较困难，那么个体感到无力胜任的时候，也会倾向于参照他人信息，听从他人意见。我们对自己的判断越不确定，就越容易受他人影响。

尽管阿希的线段判断实验的设计是清晰情境，但是他也曾把模糊性作为探查从众因素的一个变量。他把卡片上的线段的客观差异变小，使进行客观判断的正确率的概率下降，结果发现从众的比例也随之下降（Asch, 1951）。这是因为情境不确定时，他

人的行为便具有了参照意义，这与谢里夫的任务情境便有些相似了。当然，阿希还是更关心清晰的、明确的情境中群体压力的作用，以及被试从众的影响机制。清晰情境中对错清晰明白，当事人自己有足够的信息，其从众更多受制于规范性影响（这也是多数人对阿希的被试从众行为的分析和推断）。不过，不能绝对排除信息性影响，原因是这里面还有对信息的选择性参照，选择什么、不选择什么就需要从众者的思考和决断。从这个意义上说，从众者并非盲目判断，而是理性地参与信息的选择。

（二）选择真实的或看上去真实和可信的信息

阿希的基础从众实验范式是7—8个人一组，其中有一个是真被试，来参加所谓的“视知觉实验”，得到我们都知道的三分之一左右的从众反应比例的结果。阿希想知道个体的从众是否受群体规模的影响，既然从众反应被称为多数人效应，那么是不是随着群体多数派人数的增加，从众的反应比就相应增高呢？于是，阿希便通过变换群体人数来考查从众反应次数，所设置的群体规模（group size），即多数派人数分别是2人、3人、4人、6人、8人、12人，还有一个一对一组。结果发现，从众比并非随着一致表现人数的增多而持续上升，而是在3人、4人时最高，而后即便群体规模增大，从众比并不增加，甚至比最高比例略有下降（见图5-1）（Asch，1951）。

阿希分析，在这种答案相对明显的情境中，如果假被试的人数过多，就容易露出大家串通一气的破绽，反而不能增强实验效

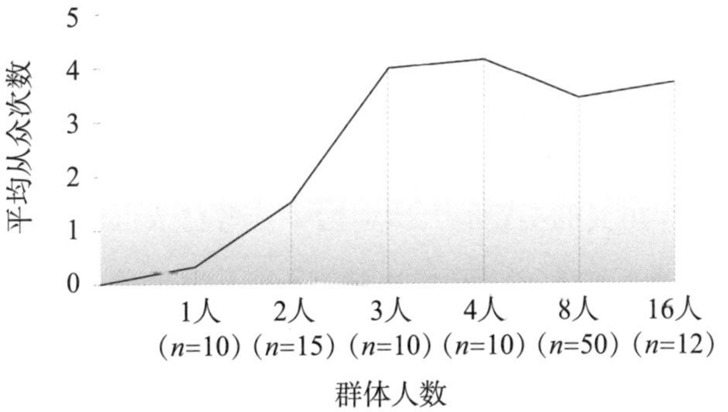

图5-1　群体规模对个体从众的影响

资料来源：Asch, S. E. (1951). Effects of group pressure upon the modification and distortion of judgments. In H. Guetzkow (Ed.), *Groups, Leadership, and Men*, (pp. 117–190). Pittsburgh, PA: Carnegie Press. 222–236. 此图根据阿希的文字报告完成。图中括弧里的 *n* 为被试人数。

果。就是说，被试不是盲目地参照周围的信息，尽管他们遵从他人的选择，哪怕这个选择看上去是明显错误的，但是大规模群体的一致表现会给人不真实的感觉，3—4人的群体倒容易让人觉得这可能是真的，中国成语里不是有“三人成虎”一说吗？这里的“三”可能是个虚数，意味着人多的意思，也就是说，有三个人表现出一致的行为，就可能增加可信性并导致从众。有些经营街边小店的商家，为了吸引顾客，找十几个“托儿”（假顾客）在店门前拼命拥挤抢购鞋子、衣服等商品，以吸引过路人，但问之者寥寥。之所以如此，因为这戏无论从抢购者人数还是抢购程度来看，都不可信了。

上述阿希的研究是个体在清晰情境中的表现，那在模糊情境下会怎样？来看看米尔格拉姆的研究。

米尔格拉姆等人（Milgram, et al., 1969）让其同伴在一条热闹的大街上仰头观看对面楼房第62层的窗户：当1人仰头看时，路人停下来看的有4%；当5人仰头看时，路人停下来看的上升到16%；当10人仰头看时，达到22%；当15人仰头看时，则升至40%（见图5-2）。该结果可以解释公共场所的围观事件，当在街道、广场、店铺门口有刺激性或新异性事件发生时，常常有路人围观，如果事态不能马上平息，就会越聚越多以致发生道路拥堵。只要有一群人在聚集，不管事件过程对于不断涌来的围观者来说是清晰的还是不明了的，都会趋之若鹜。合理有益的建议经常会告知民众，在公共场所远离人群聚集区，不要滞留其间看热闹，这当中会有被伤害或被欺骗的危险。但是，街上依然不断出现的围观证实，这种劝导收效甚微。这是因为围观满足了人们从众的需要。

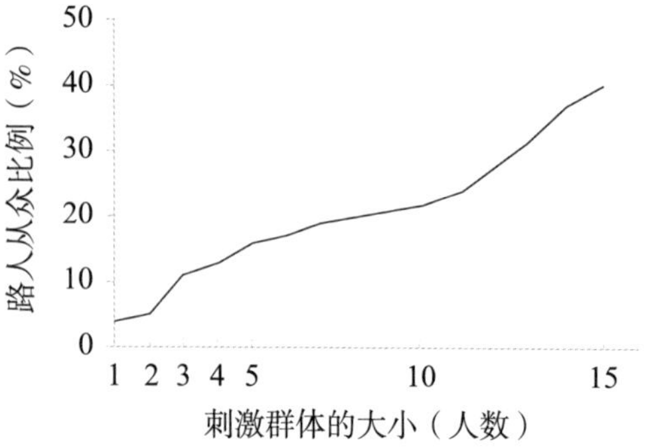

图5-2　现实事件中的群体规模从众

资料来源：Milgram，S.，Bickman，L.，& Berkowitz，L.（1969）. Note on the drawing power of crowds of different size. *Journal of Personality and Social Psychology*，13(2)，79–82.

再来看看人们对公共秩序的遵守情况。有研究者曾对耶路撒冷汽车站排队情况进行调查，发现当有2—4人排队时新来的乘客很少去排队，当有6人以上在排队时，新来的乘客一般会跟着排队，排队的人越多，其他人越倾向于排队（Janis & Mann，1977）。可见，秩序靠大家来维持。

上述两个研究结果与阿希的结果矛盾吗？不，上述发现说的是真实社会情境中的事件，且情境相对模糊。这种情况下，某种观点的支持者越多或者某种行为的行动者越多，群体一致对个体的压力就越大，越容易发生从众行为。这是因为真实社会中的行动方向和观点态度不具有确定性，对错、黑白、好坏都不是绝对的。有时情境相当模糊，就像米尔格拉姆的“街边看窗”实验，人越多，规模越大，越具影响力。

（三）多数人的信息与真理和真相更近

人们为什么要参照他人信息、模仿他人行为而表现出从众呢？这是因为，人们头脑中有个基本的认识和信念：与多数人保持一致会行事正确、离真理和事实真相更近；或者说，与大家保持一致，犯错的可能性会低些。

人们对于自己的直觉、感受、判断和行为表现都有自我评价的能力，当个体从事某项活动时，没有客观的权威性标准可供比较，往往以他人的意见或行为作为自身行动的指南。社会现实是由多数人的共同信念和思想构成的，人们总是倾向于把大多数人认为正确的事物作为判断的准则和标准。阿希实验中有位极端从众的被试，他在12个多数派执行错误选择的试次中有11次表现出了从众。观察和事后访谈发现，他首先没有信心，因此毫不犹豫地把大多数人当作坚定的、正确的、可信赖的群体。“他们回答得那么有信心”是他对自己从众给出的理由。他解释自己的那些错误是由于对比时的不确定，持有“我的感觉是不对的、多数人的判断才是正确的”信念，随大流是他当时最恰当的选择。他事后说：“如果我第一个回答，我可能会给出不一样的答案。”看上去他倒觉得，如果与大多数人有分歧，那么倒是有问题了。

当个人的想法或做法与所处社会中的其他人相同时，会产生“不会有错”的安全感。人们觉得，大多数人正确的机遇毕竟会多些。另外，当个人处于新的环境时，如果发现原有的判断标准和行为规范与新的环境不适宜，就容易从其他人身上寻找可供参照的信息。个人缺乏信心，认为多数人的意见值得信赖，便会从众。

阿希的被试中那些对自己的判断没有信心的会说：“我是错的，他们是对的。”被试觉得与标准线等长的那条线是“差不多”（almost），但“不完全”（not quite）与标准线相等，既然不完全相等，而多数人的选择可能就是对的，那么服从多数是最安全的。

阿希曾简单地改变了一下他的从众范式，做了个有趣的实验。基本实验范式不变，多数派人数为16人，都是真被试，再加上1个实验者的同谋者，要求同谋者在实验的各个试次中都做出错误反应。这种情况下，所有不知情的多数派（真被试）都对那个唯一的持异议者表现出嘲笑和蔑视，对这个唯一的、可笑的少数派的笑声蔓延在整个群体中。但这些多数派成员并没意识到，他们从多数人中得到了鼓励和支持力量，一旦让他们单独面对这位持异议者，他们很可能就不会这样了。接下来，当持异议的少数派的数量从1个增加到3个时，有意思的事情发生了，多数派的嘲笑态度开始转向了严肃认真并且增加了一些敬意。这一观察充分地说明了信息的社会支持力量和坚定性对个体的影响。

（四）权威者的信息可能更正确

一般来讲，一个人在他人眼里越有权威，则越有可能使人跟从他。例如，一名乘客看到飞机的引擎正在冒烟，他可能会先去观察飞机乘务员的反应，而不是他身边乘客的反应。

人类包括动物都生活在一个有高有低，有支配与从属地位之差的世界，这是任何群队、组织、社会持续正常运行的基础。社会中的人被赋予不同的角色，有些角色与其相对的角色拥有更高的地位，也就有更大的权威性，比如老师对于学生、父母/成人对于孩子、医生/护士对于患者、医生对于护士、上级对于下级、领导对于群众、警察对于百姓、军官对于士兵、内行对于外行、专家对于普通人，等等。这些角色在不同情境中可以转换，在某一当下情境中，角色、地位、身份的不同决定了其权威性的不同。当下的权威拥有更多处理当下事物的资源（如信息资源、物质资源、权力资源等）和优势，具有帮助群体解决当下问题的能力，这便有了对群体的支配和影响力量，而群体成员也容易产生对权威的认同和依赖心理，受权威意志左右。

举个轻松的事例吧。美国心理学家做过这样一个实验：在某大学心理学系的课上，老师向同学们介绍了一位从外校请来的德语教师，说这位教师是从德国来的著名化学家。实验开始了，这位“化学家”拿出一个装有液体的瓶子，说这是他新发现的一种化学物质，有些臭味，他将测验一瓶臭气的传播速度。然后打开瓶盖，15秒后，前排学生举起了手，称自己闻到臭气，而后排的同学也陆续举手，纷纷称自己也闻到气味。其实，瓶中什么也没有，里面装的是蒸馏水。而“权威”教师的语言暗示让多数学生都认为它有气味。

人们有一种普遍的“安全心理”，认为权威人物的思想、行为和语言往往是正确的，服从他们会使自己有种安全感，增加不会出错的保险系数。同时，人们对权威还有一种自然的“赞许心理”，认为权威人物的要求往往与社会要求相一致，按权威人物的要求做，就会得到各方面的认可和赞许。基于这两种心理就产生了权威暗示效应，也称“权威效应”（authority suggestion），指一个人要是地位高、有威信、受人敬重，那么，这个人所说的话及所做的事就容易引起别人重视，并让其他人相信其正确性。“人微言轻，人贵言重”说的就是这个意思。可以看出，这里所说的权威，与上面所提的处于核心、重要地位的“权威人物”有所不同，可以称作权威人士，是绝对的权威人物，真正意义上的专家，他们有威望、有声誉、有成就，他们的知名度高、追随者多。商家请名人做广告或我们写文章时用“×××指出……”的句式（为了证明自己的观点引经据典）等，都是对权威效应的实际应用，使听者和观者认同、信服或者跟从。尽管社会影响中存在“多数人效应”，即“从众效应”，但是，如果权威人士站在了少数派的立场上时，由于“名片效应”（card effect）的作用，便增加了少数派意见的可信度，并对多数派产生了更大的心理压力，因而，多数派放弃自己的观点，表现出从众行为。

对权威的服从甚至有着深刻的物种根源。鲦鱼因个体弱小（15厘米左右）而常常群居，并以强健者为自然首领。当首领鲦鱼脑后控制行为的部分被割除后，首领鲦鱼便失去自制力，行动便发生紊乱，但是，其他鲦鱼却仍然像从前一样盲目追随。这一现象是德国动物学家霍斯特·斯特恩（Horst stern）最先发现的，后来被引申为企业管理中经常提到的“鲦鱼效应”，或“头鱼理论”，指的就是从众的权威服从现象。

总之，个人地位的高低可在群体结构中得到反映。居于较低地位的群体成员常常感到来自高地位者施加给他们的从众压力。人们往往愿意听从权威者的意见，而忽视一般成员的观点。高地位者之所以能影响低地位者，使之屈服于群体规范，是因为他被认为有权力、有能力酬赏从众者或者处罚歧异议者。此外，高地位者比低地位者显得更加自信能干和经验丰富，能得到比较多的信息，于是赢得了低地位者的信赖。因而，一般来说，群体中那些地位越低的人，就越容易发生从众行为。

权威影响实际上也是一种信息的影响，权威人物拥有相对强大而有用的信息优势和知识资源，对模糊情境有更正确的解释和准确的判断。因此，个体遵从权威的影响，对权威表示从众，的确不失为一种理性的选择策略。

二、基于规范性影响的理性选择策略

关于阿希的高比例从众反应结果，研究者认为基于社会赞许（social approval）愿望的规范性压力在其中发挥了重要作用。

（一）从众可以获得良好的人际关系

阿希的从众实验通过对从众被试进行了实验后访谈和分析发现，大部分从众的被试改变了自己的判断，他们对自己没有信心，饱受疑虑之苦，有一种强烈地加入大多数人的倾向。群体的共同行为给个人带来了淹没感，使个人丧失了责任心和负罪感，也给个人带来了安全感。因此，加入大多数、归属大群体以获得个体的社会认同感和安全感，被大多数人接受。阿希的一位被试这样说：

> 这是一个团体，他们有共同的看法，而我却不同意他们，这可能会让他们不高兴……那样我太显眼了……我不愿意让自己看起来像个傻瓜……我觉得我肯定是对的……但他们可能会觉得我太特别了（Asch，1956）。

人们都希望获得别人的喜爱和友好的对待，害怕被人拒绝，尤其是被多数派和主流群体拒绝。符合全体规范行为的成员更可能得到群体的接纳和喜欢，而违反规范将感受到群体一致的压力和排挤。迫于规范性压力的从众，有可能缘于个人不愿意承担被社会不认同的风险，即使这种不认同是来自那些我们可能永远都不会再见面的陌生人（Cialdini & Goldstein，2004; Tanford & Penrod，1984）。格雷戈里·伯恩斯（Gregory Berns）及其同事提供了个体违反规范性社会影响时所引起的不舒服的生物学证据（Berns, Chappelow, Zink,Pagnoni, Martin-Skurski & Richards.et al., 2005）。他们采用功能性核磁共振成像（fMRI）技术检测被试发生规范性从众时脑部活动的变化时发现，当被试在无群体影响下的单独判断时，会出现视觉和知觉的后脑区域的激活；当从众团体出现错误选择时，该区域也被激活。但被试在违背团体一致的错误判断时，激活的却是另外的脑区——杏仁核和右侧尾状核，这两部分分别与负性情绪和调节社会行为相关。这表明，当人们坚持自己的判断而违背团体时，即不服从规范性影响时，感受到了不适和紧张的消极情绪。

脑电研究上也发现了类似的证据（Chen，Wu，Tong，Guan，& Zhou，2012），当被试与群体一致的大多数选择不同时，引发了明显的脑电反应，出现了一个更负走向的额中负波（medial frontal negativity，MFN），该反应与在结果评价和绩效监控中的社会期望违背所引发的脑电反应相似，并且这些脑电信号在随后的行为调整中也有出现。

实际上，个体在判断决策时也在时刻监测着自己的表现。这是普遍的一种元认知能力，当个体按照自己的想法进行判断时，同时也意识到了对多数派的违背或“冒犯”，这与人们期待他人认同和接纳的基本需求相冲突，于是产生了不安的情绪。

阿希还设计了一个"'真实同伴'撤走"（withdrawal of a true partner）的实验变式，即给关键被试一个支持性同伴，这个同伴开始时做正确回答，然后又否定这个答案。在介绍这个实验之前，我们先来说一下阿希有1名支持同伴的结果（见图5-3）。阿希的基础线段任务范式只有1名真被试，其他都是实验者的同谋，结果得到了差不多三分之一的从众反应比。假如，研究者给真被试安排1名支持者（坐在第四个位置上，以保证先于关键被试回答问题），他每次都做正确的判断，那结果会怎样？从图5-3中可以看出，有一个人破坏了群体一致性，给真被试以支持，就会使从众比例大幅地下降（阿希统计的数据是5.5%的从众比）。这如同耶稣派遣门徒时往往成对地派遣，摩门教效仿耶稣，也成对地派遣传教士到邻国传教，同伴的支持会极大地增强一个人闯荡社会的勇气（迈尔斯，2006，第169页）。

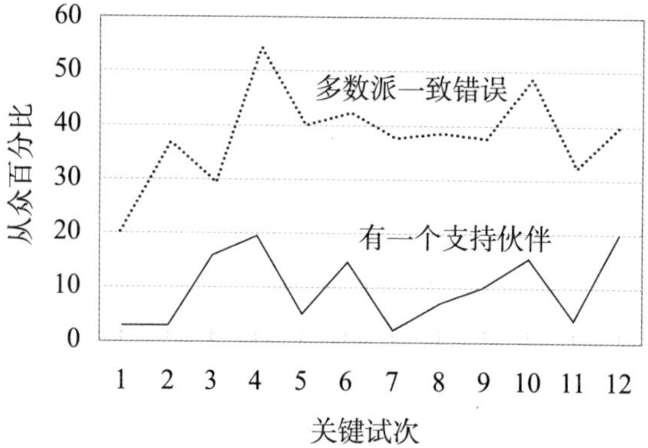

图5-3　多数派一致和有一个异议者的从众率比较

注：关键试次指总共18个试次中有12个试次多数派一致地选择错误答案。

资料来源：迈尔斯，D. G.（2006）. 社会心理学（第八版）（侯玉波等译）. 北京：人民邮电出版社，第169页。

再回到"'真实同伴'撤走"的实验。实验一开始，真被试就不是孤独的，有一个能给出正确答案的"同伴"，之所以在真实同伴上加引号，是因为这个同伴其实是多数派的一员，即实验者的同谋。主试要求他先要正确回答，然后在实验中途放弃正确的答案，回到多数人阵营，作错误回答。阿希想从不同实验情境的转换来观察关键被试的反应。同伴的反悔产生的结果非常耐人寻味。一般人们会预测，关键被试在失去支持者后，会保持自己独立判断，原因是他们有过正确判断的经历，有了线段判断能力的增长。但实际情况却与预测相反，实验中，经历了有同伴又失去同伴的被试，多数人效应又回到他们身上，与有支持者的5.5%的比例相比，错误率反弹回了28.5%。

阿希对此没有作分析，我们认为，这是关键被试对周围环境感知与适应的表现，有一位支持者时，给他增加了胆量，至少，他感到自己的判断不孤独。而没有支持者时，他感受到了群体一致的压力：若不与群体保持一致会显得自己太出格，会招致群体排挤，丧失群体的认同和接纳。个人在表现、表达自己时，是参照周围社会群体有选择、有调整的表现与表达，而不是一味地按照自己需求与意愿行事。可见，人类在与社会中的人相处和交往时，时刻保持着对自己的印象管理，以便在自己周围构建一个和谐的人际关系状态。这些结果和事实再一次有力地证明了阿希的"必须将社会行为放置在它所处社会背景中去理解和解释"的著名论断（Asch，1952，p.61）。

（二）从众可以减缓群体压力

美国加州大学经济学家伊渥·韦奇说：“即使你已有了主见，但有10个朋友的看法与你相反，你就很难不动摇”，这就是韦奇定理(Vech Theory)。想想我们前面提到的阿希实验中那个始终报错的假被试的遭遇，他遭到了群体中16个真被试的嘲笑，如果他跟多数派的选择一样，他便不会受到群体成员的嘲笑和异样目光了。正因为此，现实中个人为了免受群体其他成员的非议和孤立，往往随大流，以避免承受同伴压力（peer pressure）和嘲讽压力（jeer pressure）。也就是说，从众实际上是人们在群体一致性的压力下，寻求的一种试图解除自身与群体之间冲突、增强安全感的手段。个人根据群体规范、领导意见或群体中大多数人的意向制定行动策略、规范自身行为。人云亦云总是安全的、不担风险的，并且得以求得心理上的平衡及减少内心的冲突。想必很多人或多或少地都有过遭致群体的拒绝、排斥、孤立的经历，于是在心理上产生了对偏离的恐惧，减缓偏离恐惧的权宜之计便是回到群体的队伍中。

越轨者总是容易受到嘲讽、拒绝和惩罚的。斯坦利·沙赫特（Schachter，1951）曾经做过一个有趣的实验，要求一群大学生被试讨论一名叫“约翰尼·罗科”少年犯的案例，大部分人认为罗科应该得到恩威并施的裁决，团体中有位实验者的同谋，被授意始终持反对意见，坚持罗科应该受到严厉的惩罚。结果异议者得到这样的“待遇”——真被试先是对他不断地抨击和质问，发现不奏效后便不再与他交流，开始不搭理他了，而且一有机会还惩罚他。后续实验者要求被试填写问卷，问及如果缩小讨论规模，谁将被剔除？当然，这位异议者没有悬念地被推选出来。在后续分配讨论任务时，这位持异议者被安排做无聊的不重要的工作。你是不是要说，实际生活中确实这样，现实中团体对付异端分子很有一套。

（三）与大多数保持一致不涉及原则性问题

也许你会想，在阿希的线段判断任务中，被试之所以从众，因为这是无关紧要的事，犯不上在这样的小事上较真，非得和大家不一样。是的，阿希的一些被试也是这么想的，阿希把这类归入“行为扭曲”（distortion of action）类。这类被试既没有修正自己感知的痛苦也没有觉得自己错了，他们从众是因为觉得这不是什么原则问题，或者以为实验就是这样设置的（Asch，1951）。

与信息性压力比起来，规范性压力更容易导致人们表面上顺从但私底下不接受。阿希曾让他的被试在纸上写下自己的判断而不公开地说出来，从众的比例立刻降到1%左右。这说明关键被试不是不知道正确答案，而是服从了多数派的选择。这种通过观察周围人言行来表达自己言行的公众从众（public conformity）与实际上通过感受和思考他人行为的个人接受（private acceptance）之间存在重要区别，表明我们在遵守社会规范的同时并没有改变自己的观点，公众从众也许是一种权宜之计。“白谎”（white lie）说的就是这个意思，是指表面上保持与群体或他人一致的现象。在阿希的实验中，尽管有几个关键被试说他们不相信大多数人的观点，但都倾向于不把自己不同的意见表达出来。

三、维护一个统一的自我

阿希在他的基本线段实验范式的基础上设计了很多变式，以深入探究被试从众的原因（Asch，1951）。除了前面提到的"'真实同伴'撤走"，还有"'真实同伴'迟到"（late arrival of true partner）。与前一个刚好相反，在这种情境下，关键被试一开始是孤立无援的少数派，在实验进行到一半的时候，当多数派中的一人开始背离多数派作出正确回答时，可以观察真被试从独自一人到有支持后的反应。当然这里只考查前段时间表现出从众反应的被试，原因是只有他们才可能有转变的表现，独立的被试不管有无支持者都应该有同样的表现。与"'真实同伴'撤走"的情况一样，结果也没有证实通常的预期，即突然有了支持者的关键被试在行为表现上来了个180度大转弯。尽管迟来的同伴给关键被试带来了从众率的陡峭下降，降到8.7%，之前从众的被试明显变得更加独立，但这个比例还是明显高于那些独立性特质的被试。阿希认为，一旦人们表现出对团体的屈从，根本改变他先前的决定是纠结的和难办的，他们内心会有冲突和挣扎，觉得这样做等于公开承认他前面的回答错了。因此，被试会继续在一定程度上跟随自己已有的选择，以保持判断的前后一致，以增强说服力。这些被试为了维护一个统一的自我，保全自我的面子，只做了适度的调整——既向正确的方向明显迈进了，又维持了自我的一致性和统一性。在人类社会中，善变毕竟不是一个为人称道的个性品质。

社会心理学对事前承诺的研究为维护自我统一的从众提供了支持证据。个体一旦在公众面前对自己的立场作出承诺，就会坚持到底，很少屈服于社会压力。最多也是在以后的情境中改变自己的判断（Salzstein & Sandberg，1979）。现实中也不乏这样的例子，仲裁者和裁判员很少推翻自己最初的决定，哪怕这个决定错了，当然有时也许会在稍后的成绩评定中作一些调整。

此外，遵从大多数还有一个好处：即便这样做真的错了，要受惩罚，也要承担责任，但是有相互支持和依赖的同伴或同盟，更何况还有法不责众的机会。正是这种考虑，个体的自我概念、自我意识、自我利益便有了更好的保护。

第三节　阿希整体观的人际关系思想

在阿希学习心理学和从事心理学研究早期，心理学领域由结构主义和行为主义思潮占主导，韦特海默本着整体论的思想而反对结构主义的元素论和行为主义的简约论（reductionism），将复杂的人类行为简化为“刺激—反应”的简单联结的主张。受格式塔心理学的影响，阿希笃信“整体大于部分之和”的观点，主张我们周围世界的每一部分，只有在与其他部分或刺激的相互关联中才能被解释和理解，人类的很多行为必须放在社会背景中去理解。

需要强调的是，阿希的这些设计实际上是对人与环境相互作用的关心。与当时很多知觉心理学家不同，阿希绝不把知觉孤立出来单独研究，而将人的知觉、社会行为置于所处环境，尤其是社会环境之中，在社会环境中研究人的心理与行为。他认为任何脱离环境的行为探究和考察，不论技术手段多么先进，实验控制多么严格，都毫无意义。这是格式塔整体观思想在他一系列研究中的具体体现，阿希自始至终秉承和坚持整体思想的宗旨和精髓。

一、从众研究中的整体观

阿希在他的《社会心理学》（1952）著作中开宗明义地提出，社会存在依赖于两个普遍的公理：第一，物理环境对所有的人都是开放供检验的；第二，心理功能，如知觉和记忆，对所有的人都以同样的方式进行操作。这两个公理说的是每个人都与日常现象有接触，故而人们能够通过彼此帮助来理解人们共处共享的世界。这样，人们就可以形成可分享的思维、感觉和行为。这种理解他人和自己共享情境的能力是群体生活赖以正常运行的基础，是形成社会领域和心理水平的群体关系的首要条件（Asch，1952，p.162）。

为创造一个彼此共享的领域，人类就要有知觉的相似性，但并不是说知觉的差异性就不重要。差异性可以帮助人们发现自己观点与他人观点的不同，例如，我们对同一刺激有着不同的知觉。由此便产生了这样的结果，由于人们是在相互合作中理解世界的，人们有责任坚持己见，保持独立性，也有责任关注他人，理解他人的观点，所以就产生了从众的基础和可能。因此，阿希宁愿把从众看作人的基本的理性反应，而不是非理性表现。因为个体在以往的经验里常有他人会提供有价值信息的体验，而且每个人在当下情境中在共同的群体里是对相同的刺激进行反应，由此达成共识是自然而然、水到渠成的——阿希称为“对情境的动态需求”（dynamic requirement of the situation）。而且这种一致性反应只有在每个人坚持自己的观点和保持自己个性的背景下才有效（Asch, 1952, pp.484–494）。换句话说，只有在独立性的基础上，从众才具有社会意义。相信从众发生的必然性并不是说从众带来的结果就一定是有效和正确，这一点阿希同样也认可，从众可能带来积极结果和正确反应，也可能带来消极结果和错误反应，这取决于当时情境和所欲遵从的行为，而不是从众现象本身。

阿希主张，从众依赖于人们彼此之间的社会交互活动，而社会交互的作用依赖于个体表征他人位置、立场的能力。个体把自己视为群体的一分子，依据群体规范和价值观来调节自身行为。所以，对从众行为的整体认识既包括将该行为置于所属环境和情境中进行分析和解释，也包括将从众行为与独立行为综合起来分析，以探究其内外作用机制。独立性和从众性不是依据单一心理过程或单一维度来解释的简单镜像。

二、印象形成中的整体观

阿希人性主张的核心观点是，人的社会知觉与其一般（ordinary）知觉一样，是理性的。比如，在印象形成的研究中，阿希相信人们对他人印象的形成遵循结构整体原则。

阿希在研究中把中心特质“热情”和“冷淡”放到不同特质的形容词列表中，发现尽管存在中心特质，但是中心特质具有相对性。因此他认为存在一个特质相互影响的网络，尽管每个特质都与其他特质相关联，但当人们了解到一种特质时，就会推断这个人更可能拥有某类特质，而不是另一类特质。例如，如果一个人是热情的，他更可能是慷慨大方的；而如果一个人是冷淡的，他就不太可能是慷慨大方的。同时，这个相互影响的网络为我们如何获得更多的信息以迅速形成对他人的整体印象提供了答案：即使一个简单的特质列表都暗含着一个丰富的对他人预期的网络，那些没有提到的特质，因相似或不同的刺激特质而变得更可能或更不可能。这种特质间相互作用的网络就是“内隐人格理论”（implicit personality theory）。当人们对社会世界的真实面貌不太确定时，就会运用自己的图式来填补这些空缺。图式是一种心理捷径，在我们掌握信息较少时，提供额外的信息来填补空白（Fiske & Taylor, 1991; Markus & Zajonc, 1985)。当我们试图了解他人时，便调用对此人的图式进行更完整的、更充分的理解（Dweck, Chiu, & Hong, 1995; Kim & Rosenberg, 1980）。图式使我们迅速地形成印象，而无须花几天甚至几周的时间与人相处后才能了解其特质，这一类图式就是内隐人格理论。比如，如果一个人很善良，内隐人格理论就会告诉我们，他/她很可能也慷慨大方；类似地，如果一个人很吝啬，我们可能会觉得他也暴躁易怒。图式让我们知觉他人更快速，但依靠图式也会使我们误入歧途，出现认识偏颇和偏见。目前，该领域得到许多研究者的关注：探究这些特质在现实经验中的相互联系及与人们头脑中内隐联系的相似程度。

三、声望暗示研究中的整体观

阿希关于声望暗示（prestige suggestion）的研究受欧文·罗杰（Irving Lorge）研究（1936）的启发。罗杰的研究发现，人们在评价一个观点时，更多地依据观点的提出者，而不是观点的内容进行判断。罗杰让美国大学生被试看一些观点陈述句，每一种观点都是一位著名政治人物提出的。例如，

> 政治世界的叛乱就像自然界的暴风雨一样，是有必要的。
>
> ——托马斯·杰弗逊

对于这句话，要求被试进行赞同或不赞同的评价，然后统计大学生对各个政治人物的尊敬程度。几个月后，当被试已经忘了这些观点和他们当时的评价时，再重复实验，但改变了观点的提出者，把上述关于“叛乱”的陈述句作者改为俄国革命的领导者弗拉基米尔·列宁。

欧文·罗杰的结果显示，美国大学生对政治人物的尊敬程度极大地影响了他们对该观点的赞同程度。当被试看到关于“叛乱”的观点是托马斯·杰弗逊说的时，相较于由列宁所言，给予了更多的赞同。总之，对观点提出者的尊敬程度的差异越大，赞同程度的差异也就越大。罗杰认为美国大学生更关注观点来源而不是观点内容是非理性表现，其判断来自将观点和来源的盲目联系。罗杰通过对结果的进一步分析认为，作者声望的变化引起了观点评价的改变，声望的高低决定了评价改变的程度，而所评价的材料内容在评价中没有发挥任何作用。

阿希认为，不存在“一个固定的，无视背景如何变化的”的观点，因此阿希对罗杰的研究结果有不同看法：其一，对一种行为或论断的评价依赖于该行为或论断的最初来源，内容对评价是非常重要的；其二，一般来讲，既定行为或论断内容性质并不是一成不变的实体（entities），而是广泛背景中的一部分，会涉及先前做过什么，后来要做什么。一件事或一段话的特定内容一定与其所处的背景有密切关联。特定背景中的某一主张，会被视为背景的一部分，即依据背景来理解其基本性质，进而再作评价。他认为，观点作为一个“部分”，和它所处“背景”之间发生了相互作用，并导致了观点本身内容和功能的变化。

阿希对被试的能力和表现提出了一种不同的、更为积极的主张。他认为，美国大学生之所以改变对观点的态度，是由于观点的含义随观点提出者的不同而发生了改变，因此，当他们对不同来源的观点进行评价时，这个观点也发生了变化。也就是说，他们灵活地对不同观点进行了不同的评价。阿希提出了两个强有力的证据支持他的主张：其一，他重新分析了罗杰的实验数据，发现在那些模棱两可的观点上差异更显著。例如，对“叛乱”（rebellion）一词的理解，既可以是和平抗议，也可以是暴力动乱；其二，阿希采用更加模棱两可的观点重复了罗杰的实验，结果支持了自己的假设。阿希的实验增加了一个任务要求，让被试写下他们是如何理解每个观点的。结果发现，当关于“叛乱”的观点被告知是由杰弗逊或列宁提出时，大学生对“叛乱”的理解完全不同。

在罗杰看来，在观点不变的情况下，仅仅因作者身份的变化，对观点的评价就发生了变化，也就是说，对某个观点的偏好，既不取决于它说什么，也不取决于其价值，而是取决于观点作者的“偏好”。这表明“偏好”这种感性力量与认知过程是分离的，并迫使评价发生了改变，且潜在的含义是社会评价过程是非理性的。阿希对此提出了质疑，他并不否认认知过程中存在偏好因素，但他认为，即使评价这一特定过程存在偏好，并不意味着评价就毫无意义，而且也并不全然是盲目的。他认为，情感通常由认知过程产生的内容和方式决定，并且这二者的关系可能蕴含了这个关联的一些特性。实际上，被试是理性的，在解释某一观点的内容时，会将它与变化的情境相联系，而不是像罗杰说的那样，用情绪性偏见（emotional basis）来解释，而是“评价随情境的变化而变化”。

总之，在阿希看来，依据来源而对观点作不同解释，并不意味着“非理性”和“盲目”。相反，被试是在尽力将观点与其来源整合为一体，以此对所获得的信息进行整体解释。美国大学生对“叛乱”观点的不同理解并不意味着他们完成任务的推理能力有问题，而是体现了他们对当下信息的不同理解，这是他们创造性的体现。

纵观阿希的多个实验设计，他似乎对在实验中设计冲突情境情有独钟，实验的关键基本上都是将知觉任务作为问题解决的焦点。在每个实验情境中，他都试图让被试产生冲突。在印象形成实验中描述某人特质时，体现的是积极特质和消极特质的冲突；在声望暗示研究中，是话语内容和提出者之间的冲突（先呈现真正的作者，再把错误的作者宣称为真正的作者）；在棒框实验中，是实验者在判断中间直棒时究竟参照周围的斜框还是参照自身的体感之间的冲突；在从众研究中，对于线段长度的估计是依赖个体知觉还是依赖群体知觉的冲突。甚至在他研究生期间改编桑代克关于效果律的线段判断的尝试性实验中，也将被试置于是相信自己的估计还是相信实验者的纠正的冲突中。这些实验揭示，输入信息之间的冲突越强烈，个体整合这些输入信息的判断的创造性就越高。这是对人的创造性的关心，是对人类知觉的创造性的坚定信心。而且冲突的情境其实是互动的情境，是相互影响的整合情境，是对行为环境相互作用的整体性思考。阿希用自己的研究有力地证明和支持了他的上述主张。

在整体观上，阿希一再申明，研究者一定要明确，无论心理事件怎样发展，都离不开人类个体，也都需要与其他个体发生联系，这是问题的核心（Asch，1952，p. 163）。阿希是将格式塔心理学原理应用到对社会现象进行研究的最成功的心理学家（没有之一），格式塔整体大于部分之和的基本原理与阿希对人类理性的基本信念相结合，对科学社会心理学的研究产生了极大的推动作用。

第六章　阿希人际关系理论应用案例分析

本章主要介绍了阿希人际关系理论的应用案例：启发阿希从众研究的谢里夫的规范形成实验、阿希的系列从众实验（各种条件下个体的从众行为）和国内研究者岑国桢及其同事的儿童道德判断从众研究。印象形成是阿希对社会心理学的另一重要贡献。尽管印象形成和从众看上去似乎是完全不同的人际关系现象，但在作为整体论者的阿希那里，其背后的深层思想都是格式塔心理学的完形理念。本章通过分析阿希人际关系思想的应用价值，全面呈现了阿希的整体观思想和人本主义思想。

第一节　谢里夫关于规范形成的光点游动实验

一、基本资料

说实话，把社会心理学家穆扎弗·谢里夫（Muzafer Sherif，1906—1988，见图6-1）关于从众的实验称为“光点游动实验”（Sherif，1937）并不是很贴切，因为这个名称听上去像是关于知觉的实验，就像把阿希的从众实验叫成“线段判断实验”一样。在我们这本专门介绍阿希的著作中非常有必要单列一节介绍谢里夫，因为谢里夫的生活轨迹及其早期的研究内容很多与

图6-1　穆扎弗·谢里夫

阿希相似。可以说，阿希的从众研究是在谢里夫“光点游动实验”研究基础上的进一步拓展和延伸，甚至阿希原本预期他应该会发现如谢里夫报告中类似的结果。谢里夫发现，只有当情境不明确时，人们才会顺从于群体的判断。所以阿希一开始的假设是，如果情境明确的话，被试就会依据自己所见的事实进行判断。但众所周知，阿希的发现却是当情境明确时，个体也会表现出服从的行为（后文将详细介绍），因此，这里叫“屈从”可能更为恰当。

并且，许多社会心理学教科书在构架“从众”章节的内容时，都将谢里夫、阿希和米尔格拉姆的研究放在同一内容框架下，分别代表了个体在群体中的规范形成、群体压力下的从众和权威压力下的服从三个方面的经典从众研究。他们都是在实验室里设计了一些微型世界，创设一个实验室微观文化，简化并模拟日常生活中社会影响的主要特征。这三位社会心理学家在关于群体对个体影响的研究领域上的联系也非常紧密——阿希想知道在确定情境下个体是否存在谢里夫所发现的“趋同于大多数”的表现，而米尔格拉姆为阿希工作时，是想给阿希基于“线段判断实验”的从众研究注入更多的现实应用意义。米尔格拉姆的“权威服从实验”比“线段判断实验”与实际生活的距离也确实近了许多，它引发了对第二次世界大战时期虐待犹太人的阿道夫·艾希曼（Adolf

Eichmann）表现出的“平庸之恶”的解释、讨论与争鸣[1]。这应该也是阿希的从众研究对后续心理学理论和实验研究及对现实生活的意义。

谢里夫和阿希都是移民，阿希出生于波兰华沙，谢里夫出生于土耳其。他们的年龄相当，谢里夫长阿希一岁，来美国的原因之一也是自己的国家发生了政治事件。两人都在哥伦比亚大学获得了博士学位，年轻时都深受格式塔心理学的影响，是格式塔学派的拥护者，也是格式塔心理学的发展者与变革者。谢里夫在他

[1] 阿道夫·艾希曼，纳粹德国中校，是在犹太人大屠杀中执行“最终方案”的主要负责人，被称为“死刑执行者”。战后，在阿根廷逃亡中被捕，于1961年2月11日在耶路撒冷受审，被以人道罪名等15条罪状起诉和处以绞刑。对艾希曼的审判引起了国际社会的广泛注意，犹太裔著名政治思想家汉娜·阿伦特（Hannah Arendt，1906—1975）以《纽约客》特约撰稿人的身份，现场报道了这场审判，并于1963年出版了《艾希曼在耶路撒冷——关于艾希曼审判的报告》（*Eichmann in Jerusalem: A Report on the Banality of Evil*）（1963），提出了著名的“平庸之恶”（evil of banality）概念。阿伦特把罪恶分为两种：一种是极权主义统治者本身的“极端之恶”（radical evil），它残忍、冷血、无情、泯灭人性；另一种是被统治者或参与者的“平庸之恶”，因不思考、无判断、盲目服从权威而犯下的罪恶，是在意识形态机器下无思想、无责任的犯罪。“平庸之恶”比“极端之恶”造成的恶果有过之而无不及。比如：赵高指鹿为马，群臣点头称是，人们对纳粹建集中营的竞相应聘，都是典型的“平庸之恶”。阿伦特在报告中这样描述审判席上的艾希曼：不阴险，也不凶横，完全不像一个恶贯满盈的刽子手，彬彬有礼地坐在审判席上，接受绞刑。艾希曼宣称：“他的一生都是依据康德的道德律令而活，他所有行动都来自康德对于责任的界定。”他的辩解词反复强调“自己是齿轮系统中的一环，只是起了传动作用罢了”。作为一名公民，他相信自己所做的都是当时国家法律所允许的；作为一名军人，他只是在服从和执行上级的命令。“平庸之恶”提出的最重要的作用就是，让人们看到这样的恶可以发生在每一个人身上，一个平凡普通的人在不加思考地执行权威命令时也会成为害人的恶棍。而这样服从权威指令的普通人可以在米尔格拉姆的实验中看到。

1935年关于团体规范形成的报告中明确主张，团体不是个体的简单组合，团体大于个体之和（Sherif，1936）。在研究内容方面，他们二人都对导致群体认同和合作行为的从众的心理学根源兴趣浓厚。尽管谢里夫的学术声誉来自为阐述群际冲突过程中的群体内部动力而构建的模拟世界，证实了群体冲突来源于对不充足资源的竞争并会导致一些重要的心理现象，如群际偏见和对外群体成员的敌对的刻板印象，这就是著名的“罗伯洞穴实验”（Sherif, et al., 1961）。但谢里夫早期的工作与阿希的从众实验相类似，并且谢里夫本人也在社会心理学的社会影响领域中占据一席之地。

二、问题分析

谢里夫想知道，在实验室情境下是否有可能观察到社会规范的形成，他试图将社会规范从社会情境中剥离出来，以便规避掉其他社会性因素的影响，从而相对单纯地研究社会规范的形成，这就是他用“似动现象”开展其实验研究的原因。在这个研究中，可以探究个体从事某项工作时受他人影响的情况。他证实，当三人处于一个小组的情境下，他们对自己经历的、先前已经确定的特殊方式的报告会逐渐规范统一、达成共识。

三、基本过程

蒙着眼睛的被试被领到一间完全黑暗的屋子里坐下。被试不知道房间有多大，也不知道自己身处什么样的空间。这时，在被试对面15英尺[1]远的地方出现一个光点（见图6-2）。几秒钟后，这个光点看上去不规则地移动起来。谢里夫让被试估计，光点移动了多长的距离。实际上，光点一直是静止不动的，是谢里夫巧妙运用了知觉错觉的一个现象——“自主运动”（autokinetic movement），即游动效应或游动错觉（autokinetic effect）（见第七章第一节）。这种现象发生时，静止的光点在身处黑暗房间的观察者眼里，似乎是运动的。游动错觉之所以产生，是因为周围缺乏其他客观参照框架。

图6-2　谢里夫的光点游动实验材料示意图

谢里夫的研究基于两个条件：一是每个人都可能产生游动错觉；二是观察者要精确地估计光点游动的距离是相当困难的。既然黑暗的屋子里没有任何参照，那么这种估计就有很大的猜测成分，估计的距离也就长短不一。实验发现，独自一人时有的被试估计为几英寸[2]，有的被试估计为10英寸。在没有可供参照的

[1]　1英尺 = 0.304 8米。

[2]　1英寸 = 2.54厘米。

背景下，经过几轮的实验，被试便开始形成自己的标准，用来对自己的估计进行比较。谢里夫描述到：“每个人都建立了自己所特有的移动范围及这个范围中的点。”（Sherif，1936，p. 324）比如，最初实验时，被试报告光点移动了20英寸，在后续的实验试次中，开始逐渐建立一个确定的范围，比如报告12英寸、13英寸、15英寸等。此时，被试确立的范围就是12—15英寸，而且这个结果是被试单独一人时作出的估计。

第一天是被试单独进行估计，这一天多个试次实验下来，他们已经形成了自己的估计范围，而且被试不知道别人的估计范围，后来分到一个小组里的被试的估计范围也不相同。实验进行到第Ⅱ阶段，差不多一个星期以后，谢里夫把2—3个人安排在同一间黑屋子里要求他们进行游动距离估计，并大声说出光点游动的距离以便其他在场的被试都能听到。尽管每个人还是报告自己的估计，但他们都能听到其他人的报告。然后，有趣的现象发生了：被试之间开始互相影响，最后形成一个相近的估计范围，一个接近于假被试的估计范围（见图6-3）。显然，被试的估计受到了他人的影响，开始以他人估计的距离作为自己判断的参考依据，而后逐渐建立起共同的参照系统和规范。尽管没有谁把自己在群体中的判断看成是与他人的合作，但是，彼此趋于一致的行为还是发生了。更有趣的是，一旦群体规范形成后，即便后来（一年后）再单独测量被试的估计，其估计值仍与已经形成的群体规范保持一致（见图6-4）（Rohrer, Baron, Hoffman, & Swander, 1954）。

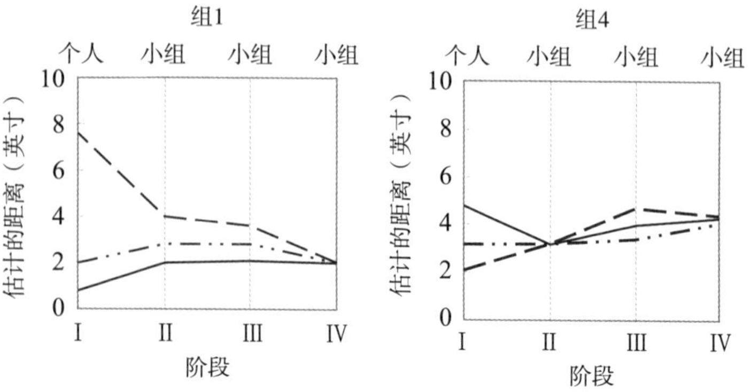

图6-3　光点游动实验中两组的判断会聚趋势

在第Ⅰ阶段中被试独自作出判断，第Ⅱ、第Ⅲ阶段他们能够听到团体内其他成员的判断，第Ⅳ阶段他们自己作出判断。结果显示，被试的判断遵从团体准则，并且即使被试在第Ⅳ阶段恢复了单独判断，这种遵从仍然存在。

资料来源：上图最初来自Muzafer Sherif和Caolyn W. Sherif所著的《社会心理学》（1969，p. 209），数据为三组被试的中值，Worchel, S., Cooper, J., & Goethals, G. R. 1988 *Understanding social psychology*. Chicargo, US: The Dorsey Press，p. 557.

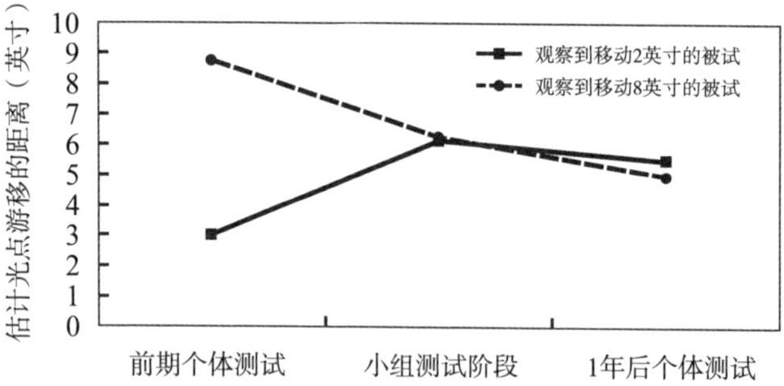

图6-4　规范效应的持续（Rohrer, et al., 1954）

四、实验结果

谢里夫关于规范形成的研究实际上回答的是个体易受暗示性

的问题，个体因为受到暗示而导致从众行为。漆黑的屋子让被试找不到任何参照物来帮助他进行光点游动距离的判断，因而只能参考或听从其他在场者的意见。他人的判断便会影响被试对光点游动距离的错觉估计，就这样形成了“正确”答案的规范；并且该规范在很长时间里一直发生作用（Rohrer，et al., 1954）。谢里夫认为，到了第Ⅳ阶段单独判断时，个体依然遵从群体的判断，说明这时候团体规范已经形成，并且这种规范对每个人的行为和信念都起着约束作用。有研究甚至发现，在最初已经建立了规范的小组中，若有新成员加入，他们也会很快采用现有的规范，表现出与其他成员一样的反应（Weick & Gifillan，1971）。这种实验室中的暗示尽管与现实生活中的暗示有不同之处，但所反映的心理现象的暗示与受暗示的规律是一样的。

暗示（suggestion）是用间接的方法诱使人按照一定方式行动或接受某种信念与意见的心理过程。暗示效应说的是在无对抗的条件下，用含蓄、间接的方法对人们的心理和行为产生影响，从而诱导人们按照一定的方式去行动或接受某种意见。这种诱导可能是有意的（有意暗示），也可能是无意的（无意暗示）。尽管受暗示性反映出不同个体或人群受暗示的程度或能力差异，但正如我们在第五章讨论的那样，暗示是普遍存在的。至于个体为什么会有暗示性，什么情况下容易接受暗示，则受人格、性别、情境、地位等诸多因素的影响。个体不明情境，又有似乎很明白情境的其他人在场时，就会增强个体的受暗示性，导致遵从行为的发生。

试想，如果你驾车独自行驶在一条自己不熟悉的路段上，前面的车在一个路口左转，你是不是很有可能也跟着左转？有这样一个幽默故事：一个人在茫茫白雪中驾车缓慢前行，他看不清前面的状况，便一直跟着前面的车行进。突然，前面的车停了下来，没有防备的他没能及时刹车而撞到前车的后备箱。他很恼怒，下车冲着前面停车的司机咆哮："这种天气你为什么停车？"前面的司机调侃地讥讽："我走我的道儿，我不明白你跟到我的车库干什么！"

众所周知，我们通过别人获得了许多关于世界的信息，甚至许多关于我们自己的信息也来自他人。这是因为我们相信别人的知识和信息（言语信息和动作信息）对我们有帮助，尤其是在我们自己信息不明的时候。在谢里夫的研究中，被试缺乏作出判断所依据的参考构架，便有可能发自内心地遵从他人的意见，这样形成的规范相对稳定持久。有意思的是，在研究结束时，谢里夫问参加实验的被试，他们的判断是否受到其他人的影响，结果被试都否认他人对自己产生过影响（侯玉波，第160页）。这也说明个体接受暗示时不自觉的特点。

五、评价

谢里夫的研究反映了个体在缺乏现实参考的情况下对他人的附和与趋同，这还不一定是真正的盲目遵从现象。被试估计的刺激毕竟非常含糊，而且也没有光点游动距离的基本概念，所作的估计只是一种猜测。而且每个人的知觉能力确实有很大差别，实验中有个被试甚至认为光点游动了80英尺，显然他以为他在一个巨大的体育场内了（弗里德曼，西尔斯，卡尔史密斯，1984，第438页）。由于没有任何环境信息和个人经验供参考，在小组情境中，被试只能参照他人反应，也许他们认为他人在暗室中判断光点游动距离的能力就是比自己强。在这种情况下，附和他人的意见，或者用他人的估计作为自己判断的参考依据，也是合情合理的。也就是说，被试虽然看上去似乎在盲目遵从，但这是他们不得已的权宜选择，他们有理由这样做。

谢里夫的从众实验是针对模糊情境中个体的趋同行为。尽管被试在实验中没有涉及任何明显的从众压力，即使个体不从众、不趋同、始终保持自己的判断也不会给他带来任何损失，但是，从众趋同行为还是发生了。尽管观点阐述者并没有要求听者接受自己的观点，他不过是按主试的要求公开自己的观点而已，可听者还是受其影响改变了自己的判断。谢里夫的实验程序引发了接纳——个体没有矛盾和冲突的自然而然地接纳，这是个体在无对抗下的主动选择。这时，群体中的个体会面临信息性影响和规范性影响。信息性影响可以导致私下接纳（private acceptance），也就是说，人们由于真心相信其他人言行的正确性，所以顺应他人的行为。信息不明便容易遵从他人，自愿无对抗地遵从他人。游动效应实验研究的是群体社会规范的形成与变化，这种社会规范就是群体特有的并为其成员认同的价值取向和行为方式，它自然而然地成为群体成员行为的参照标准，即群体的规范或者说是群体成员期望的规范。规范在形成过程中，群体成员可能由于希望被接纳、被喜欢、被认为自己是正确的之类的动机，而表现出公开顺从（public compliance）；或者是为了获得对世界的准确认识（Deutsch & Gerard，1955），而表现出私下接纳，与大多数人保持一致。在被试再次单独判断的第Ⅳ阶段中，被试依然遵从已形成的群体判断标准，这便是规范压力在无形中发挥作用的结果。

谢里夫及其同事在后续的研究中还发现，团体判断对个体判断的作用越强大，团体规范被团体接受和传递的可能性就越小（Macneil & Sherif，1976）。也就是说，规范的压制性力量越大，它以后被修改的可能性就越大。阿希的线段判断的从众研究可以为此提供支持依据，仅仅是变换一个简单情境或是一个很小的条件，就足以导致从众比例大幅下降。

第二节　阿希的系列从众实验

一、基本资料

阿希与谢里夫一样，都是在实验室里创设了一个微型的社会世界——实验室微观文化，通过简化和模拟日常社会影响的主要特征，来考查个体在群体中的从众现象。在谢里夫的模糊情境下的团体规范研究的基础上，阿希创设了清晰的情境探查个体的独立性与从众的表现，并且预期自己的这个从众研究会得到与谢里夫相似的结果。谢里夫发现，在观察一个视错觉时，只有当情境不明确时，人们才会顺从于所属群体的判断（Sherif，1936）。而阿希是从相反的一面进行推测：如果个体在信息不明的模糊情境中会有遵从表现，那么在信息明确的情况下，这种行为就该极少发生。阿希之所以这样预期，是因为他想依据自己的研究，探索人们如何互相了解、探测群体中的个体心理。作为格式塔心理学的坚定拥护者，阿希相信，人们并非简单地通过体验他人而推断他人心理状态的存在，若要如此，必须以在遗传方面的心理倾向为基础（希伊，2012，第197页），这无疑是一种先天论的立场。阿希当时对谢里夫研究的思考是：一旦情境中那个参考依据的作用被取消，就很少或者根本不出现从众现象。他认为，当有真实信息能够清晰地支持这些被试的时候，个体便会有足够的理由和理智相信自己的知觉、坚持自己的信念和判断，即使面对群体一致的反对意见，个体也会保持独立见解。

二、问题分析

我们其实非常关心阿希怎么会想到进行这样的群体压力研究，不光是上面提及的来自谢里夫实验的启发——他想探究相对于模糊情境的清晰条件下人们是不是遵从大多数。我们尝试推测一下阿希使用线段判断这样简单直观任务的目的：一是满足客观情境清晰可辨的要求（这是因为谢里夫的实验条件是模棱两可的）；二是阿希熟悉线段判断任务，对被试在其中的表现是敏感的。在本书第二章第二节对阿希学习情况的介绍中提到，当桑代克的被试对线段长度估计有误时，桑代克并不予以纠正。阿希则更进一步，不管被试估计得对不对，主试都要给予或多一点或少一点的“纠正”，即1厘米的“纠正”。这或许可以解释为什么多年以后阿希敢于大胆使用线段对比这种看上去非常简单的任务。只不过阿希一开始的预期是在明确条件下被试不会出现从众行为。

这样分析阿希的研究目的未免低估了阿希从众研究的复杂性和实际意义。毕竟在研究目的上，阿希试图探究的是当群体一致做出违背事实的行为时，个体对抗或屈从于群体压力的表现，因此，阿希更多地把自己的从众研究称为群体压力研究。这又牵扯到了另一个事件——阿希童年经历的“先知小啜”事件。阿希曾提到，每当他想起或谈起群体压力实验时，“先知小啜”的经历就会浮现出来，甚至有时他都想把它叫作“‘先知’实验”。如果阿希对清晰情境下个体不会受群体压力的影响而坚持自己的判断这一预期结果有十足确信的话，他可能就不会煞费苦心地做这个实验了。在阿希看来，谢里夫的实验并没有明确的答案，光点游动多少全凭被试的主观感受，这样就不能确定被试是否确实在从众。阿希想知道，在十分明确的群体一致错误的压力下，个体是否会屈从于大多数？如果会，个体的屈从程度究竟有多大？阿希真正的意图其实是社会影响如何并且在多大程度上影响个体的思想和行为。可见，该研究的现实意义是非常明确的，个人或小众群体面对或身处大众群体情境时该怎样抉择，是生活中常有的情形。现实中，个体受群体影响，表现出与群体一致的行为，不管是心甘情愿地还是无可奈何地，都是经常发生的现象。正如阿希所言，社会对个人行为、判断和信念的影响是众所周知、毋庸置疑的，就像一个孩子跟着成人说地道的家乡话、食人族部落成员把嗜食同类视为理所当然一样，无一不是社会影响使然。所以，心理学家应该将探究群体压力影响这一社会普遍现象的真谛视为已任（Asch，1955）。

三、基本过程

假设你是阿希招募的被试，招募的时候你被告知参加一项有关“视觉测验”（vision test）的心理学实验，你一直对心理学和心理学实验抱有好奇，所以你欣然前往。按照约定好的时间，你来到实验室，尽管你没有迟到，可发现其他人已经全部到齐并且坐在座位上等待实验了，你只好坐在唯一的空座位上，即6号位（见图6-5）。

图6-5　阿希从众实验场景

这是在哈佛大学社会关系实验室重复的一次研究留下的照片资料。只有6号被试（右起第三人）是不知情的。前面5个和最后1个都是实验者的助手，即“同谋”，右一是实验者。所有被试均为男性大学生，他们来自斯沃斯莫尔学院。

资料来源：Asch, S. E. (1955). Opinions and social pressure. *Scientific American*, 193, 31–35.

实验开始了，主试拿出一些成对的白色卡片固定在黑板上，每对卡片中的一张上画有3条不同长度的垂直线（即比较线段），另一张卡片上有1条垂直线（即标准线段，在不同试次中这条线段的长度在1—9英寸内变化），其长度与配对卡片上的3条线中的1条等长（Asch，1951）（见图6-6）。实验任务很简单，就是判断3条比较线段中的哪一条与标准线段等长，要求被试大声说出自己的答案。每次都从距离被试最远的左边第一个人开始，依次回答。

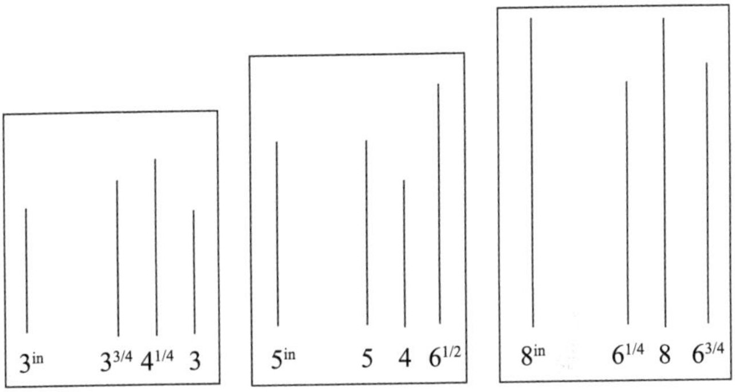

图6-6　阿希群体压力实验中的线段判断材料举例

实验要求被试判断右边的三条线哪一条与左边的标准线段等长。

资料来源：Asch, S. E. (1956). Studies of independence and conformity: I. A minority of one against a unanimous majority. *Psychological Monographs*, 70, 1–70.

前两轮中同谋者都给出了正确判断，因为正确答案总是显而易见的。但随后奇怪的事情发生了。在接下来的第三轮测试中，主试给大家呈现卡片后，相信你可以立刻毫不费力地得到自己的判断。但这次从第一个人开始所有的人不约而同地给出了错误答案（即与标准线段有明显差别的一个，差异最小0.5英寸，最大1.75英寸。当然，差异的大小随标准线段的长短而变化，标准线段短，绝对差异就小，标准线段长，绝对差异就大。这倒符合韦伯定律[1]），而且大家竟然都选择了同一条错误的线段。后续的每轮测试中，你都会感到其他人的答案似乎都错了，而且是一致性错误。轮到你了，你该怎么办？是和群体保持一致、重复明显错误的答案，还是选择站在多数人的对立面坚持自己的判断？不论你怎么选择，你的感觉轻松吗？你是不是陷入了进退两难的境地？

到这里不难猜到，实验室中的其他6位“被试”并不是真正的被试，而是实验者的助手，或者叫作“同谋”更恰当。他们事先就受到实验者的刻意安排：坐在哪里，什么时候做出正确判断，什么时候做出全体一致的错误判断。实验中的具体操作是：坐在最前面的第一个报告答案的学生有一张卡片，上面写着什么时候正确回答、什么时候选哪条线段进行错误回答，其余同谋者听从他的“指挥”。整个实验过程中的18个试次里有12个试次要求同谋者做出错误的选择。

这时，真正的被试——阿希称为关键被试（critical subject）明显会表现出困惑，因为他面临着两个相互冲突的愿望：第一，不犯错误，力求正确；第二，通过遵从团体中判断一致的大多数人的期望行事以得到团体成员的认同。

---

[1] 1834年，德国生理学家韦伯发现：两个较重的物体比两个较轻的物体具有更大的差异时，才能被感受为重量不等的两个物体。也就是说，感觉的差别阈限随原来刺激量的变化而变化，且表现为一定的规律性。同一刺激差别量必须达到一定比例，才能引起差别感觉。这个比例是个常数，用公式表示为，$\Delta\Phi/\Phi=C$，其中Φ为原刺激量，$\Delta\Phi$为当下的差别阈限，C为常数。这就是韦伯定律。

四、实验结果

如果你身处阿希实验的情境中，你是否确信在这种情境下自己会如何抉择？你可确信自己会坚持己见？因为你可能觉得随大流会显得自己没有主见，甚至有被耍弄的感觉。那么，阿希的被试是怎么反应的？阿希主要记录了两类结果：一是所有被试所有反应中的屈从反应（yielding responses）和独立反应（independent responses）的比例；二是从众与保持独立的两类被试的比例。结果发现：被试的所有反应中有将近三分之二（63.2%）是独立反应，而与判断错误的大多数成员保持一致的从众反应的比例在三分之一（36.8%）左右，而控制组（要求写出而不是说出）被试从众反应的比例仅为1%。123名男性大学生被试里有76%的人至少有一次接受了群体选择的错误答案，有24%的被试自始至终保持独立的判断，而总是表现出从众的被试比例为5%（具体从众次数比例见图6-7）。由于阿希在其一系列的从众研究中报告的从众比例存在细微的变化，上述结果主要来自他在1956年的研究报告。这篇报告长达70页，阿希在其中总结了自己1951年和1955年关于群体压力的研究，非常详尽地报告了自己多项群体压力研究的结果（Asch，1956）。

无论国内还是国外都存在着对阿希从众研究的曲解，弗兰德等人（Friend，Rafferty，& Bramel，1990）曾撰文记录了后续研究者对阿希从众研究存在的普遍误解。他们通过对1953—1984年出版的99本社会心理学教材进行分析发现，这些教材的

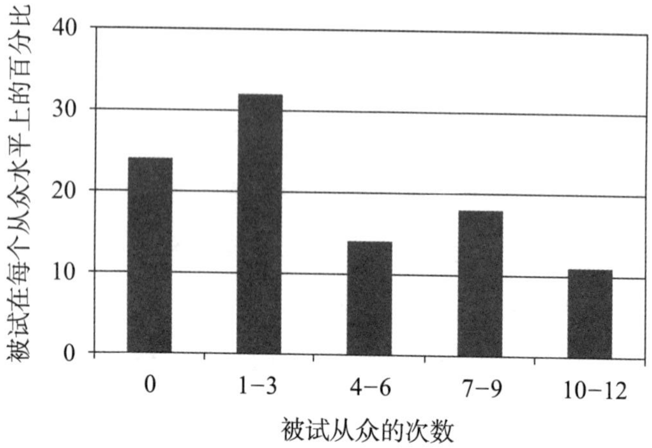

图6-7　阿希线段判断实验中被试从众水平的比例

阿希线段判断研究被试从众的结果。76%的被试至少在一次测验中表现出从众行为；只有24%的被试自始至终没有从众（见标为0的直方柱）。多数被试在团体给出错误答案的12个试次中从众次数在1—3次。不过，仍有相当比例的被试几乎每次多数人给出错误答案时都出现从众行为（见最右边的两条直方柱）。

资料来源：转引自阿伦森，E.，威尔逊，T. D.，埃克特，L. M.（2014）. 社会心理学——阿伦森眼中的社会性动物（第八版）（侯玉波，朱颖等译）北京：机械工业出版社，第185页。

作者具有明显高估阿希研究中的从众现象且低估独立性现象的趋向和观点。比如，在影响广泛的巴伦和伯恩《社会心理学》（第十版）中译本中就提到：

> 结果很明显：在阿希的实验中，大多数被试选择了从众。在7项不同的研究中有76%的人至少有一次是根据群体所选的错误答案进行判断的。有37%的人每次都选择了群体所选的错误答案，而在控制组（独立回答问题），仅有5%的人犯了这类选择的错误（巴伦和伯恩，2004，第450页）。

这里显然与阿希的原意不同，误把上面提到的所有被试所有反应的36.8%的从众反应比例当成了从众被试的比例。美国匹兹堡大学学术研究与发展中心高级研究员、实验社会心理学家约翰·勒温（John M. Levine）1999年也撰文对阿希的研究和核心观点作了进一步的澄清，试图让心理学研究者意识到，相对于从众性，阿希更感兴趣的是人类的独立性。在清晰情境中，独立性远高于从众性，哪怕个体面临着巨大的有形或无形的群体压力。当然，阿希的被试在群体压力下即便坚持己见，保持了独立判断，也确实会感到困惑、焦躁和压力（见图6-8）。

图6-8　阿希从众实验中“真被试”在群体压力下的表现

最上面的图中被试（中）在第一次听实验规则；第二张图是进行第一对卡片的判断，他不同意其他人的一致的判断；第三张图是他探过身看另一对卡片；第四张图显示他再次不同意多数人时的紧张；第五张图，12对卡片都呈现完毕，他解释道：“我看到什么就说什么，先生。”这个被试在所有12个试次中都不认同多数人的判断。

资料来源：Asch, S. E. (1955). Opinions and social pressure. *Scientific American*, 193, 31–35.

在上一章对信息性影响和规范性影响的分析中，阿希的被试在很大程度上受到了规范性的影响。例如，一位迟疑的被试回忆，“回答之前感觉到其他人可能错了，或者他们中的有些人在盲目跟从，但轮到自己时，还是选择了其他人所选的那个答案”。通常，一个团体对其成员的行为有着不成文的约束和规定，这就是社会规范，并且大多数人在大多数时候都会遵循这些规范，就像我们都自觉不自觉地受潮流和时尚的影响那样。个体是否以及多大程度上受社会规范的影响还取决于很多因素。

阿希的基础从众实验中发现被试间明显的差异（有人始终独立，而有人轻易屈从），激发了他进一步探究其背后原因的兴趣，为什么有从众和独立的两种极端的表现，为什么有人半进半退，时而从众，时而不从众，在什么条件下个体容易服从大多数。关于从众的外在影响（包括团体规模、团体中的社会支持、情境的清晰度等）与内在机制（包括个体的暗示性、权威性、自我意识等）的分析，由于涉及阿希对人类本性和个人与群体、个人与社会关系的思想和主张，我们在阿希人际关系思想一章中（第五章）已作单独的阐述。

五、评价

从众是社会生活中的普遍现象，但这一普遍存在的社会现象直到20世纪50年代才引起社会心理学家的注意。阿希的系列从众实验因其精巧性和开拓性开启了从众研究的先河，并对社会心理学中的社会影响领域产生了深远的影响。他的实验范式成为后来许多从众实验研究的标准范式。尽管有研究者认为这种实验室微观文化的设计确有“实验现实性”（experimental realism），但缺乏“世俗现实性”（mundane realism）（迈尔斯，2016，第192页）。然而，团体压力对个体从众行为的有力影响在阿希的实验中毕竟得到了清楚的体现和可靠的证实。正如阿希研究所示，无论是实验室情境还是现实生活情境，许多人确实都会接受来自与群体保持一致的社会压力。阿希的发现在心理学领域至少有两方面的意义：一是他首次清楚而科学地证明了社会压力对从众行为的影响；更为重要的是，这些关于从众的早期研究引发了大量后续有关社会影响的研究，众多研究者进一步探究从众的本质，确定了影响从众的因素和局限性。

由于阿希的一系列研究中报告的从众和独立性的比例有细微

出入，各种引用和介绍阿希研究的文章、著作、教材中所报告的比例也不尽相同，但有一点是共同的，那就是研究者解读阿希的研究时几乎一边倒地强调群体压力下个体的从众表现。对这一点阿希很不赞同，因为阿希强调的是总有一定比例的人在群体强烈的、完全一致的压力下仍会坚定地保持独立性。从众与否，更多地取决于面临什么样的刺激条件或者处于什么样的背景情境（Asch, 1956）。

阿希的研究还发现，即使被试知道选择是错误的，他们依旧还会同意多数人的意见。从众貌似缺乏主见和独立性，甚至容易使人进入去个性化状态，带有消极否定的含义。但毋庸置疑，从众是社会适应的必然现象，它使社会生活简单且运转正常，人们得以有预见地准确表达情绪、解释他人行为，进而轻松地进行相互交往。因此，从人际交往的角度考虑从众的意义，就会认可这种群体中的相似行为、相似态度和信仰是出自人们的需要和学习，是有合理解释理由的。儿童的社会化过程大体上就是他们依照与社会的需要、法律、道德规范相一致的各种行为方式去活动的过程。例如，上课起立向老师问好、上课时不要随便离开座位等。这正是阿希对三分之一从众反应比例的解释，阿希不认为从众的被试是“失去判断力的”“毫无理性的”，相反，他相信这是个体适应环境、协调社会影响的权宜策略。

在现实生活中，从众经常涉及观念和认识方面的笼统模糊的心理现象，如态度、伦理、道德和信仰体系等。但阿希另辟蹊径，没有立足复杂的社会现象和社会情境去研究从众，而是从简单的知觉判断这种清晰的现象和形式入手，通过非常简单的视觉比较判断任务来检验个体的从众行为。这一设计巧妙地控制了被试以往的生活经验、观点态度等难以控制的变量，以实验室实验的设计研究从众的社会影响。阿希对从众的研究在被广泛支持认可和不断重复的同时，也在实用性方面遭遇质疑：一方面，被试在实验室里对一些线条的回答与现实生活中的从众行为是否相关；另一方面，被试在线段长短这种无关紧要的小事上与团体成员保持一致，那么在实际生活中，对其他物理刺激、观点态度、事实陈述、逻辑推理，乃至伦理道德这样相对重要的事情上，或在大是大非等核心价值取向上，是否也会轻易表现出从众行为，也就是说，阿希的发现和结论有多大程度的外部效度和推广力。

不管阿希愿不愿意，他的线段判断实验中的从众反应比例和对被试从众表现的描述（哪怕阿希反复强调独立性的比例更高，人们更多地还是在坚定地维护自己的判断），确实更能激发人们对人类从众现象的兴趣。毕竟，人类对自身表现出的非理性行为、盲从行为和幼稚行为更感兴趣、更津津乐道。因此，谢里夫实验中的从众者不及阿希实验中的从众者那样看上去更好玩儿、更有趣。就像我们事后冷眼看待因盲信谣言而疯狂购买碘盐的市民，调侃中国式过马路，给小孩子讲“咕咚来了”故事等一样，这样就很容易理解“从众效应”为什么又叫“羊群效应”（herd behavior）（见图6-9）了，从众——这确实不像个褒义词。可以说，谢里夫的被试的服从是有理由的服从，而阿希的被试更像是

图6-9　羊群效应

羊群是一种很散乱的组织，平时在一起也是盲目地左冲右撞。一旦有一只头羊动起来，其他的羊也会不假思索地一哄而上，全然不顾前面可能有狼群或者不远处就有鲜草。因此，以“羊群效应”比喻从众心理。

没头脑的服从（尽管实际上这种选择是一种相对安全的规避风险的策略）。我们斗胆推测，如果阿希从社会现象和社会情境入手研究人的独立性与从众性，未必有现在这样广泛且深远的影响。从阿希的被试身上，人们可以推论，既然如此简单清晰的线段比较情境中都会出现从众行为，那么但凡稍微复杂一点的情境中，还有什么境况不会发生从众现象呢？从这个意义上说，阿希的从众实验当之无愧是心理学的经典研究！

有研究者运用元分析法检验了涉及阿希的线段判断任务的大量研究（Bond & Smith, 1996），试图回答人的从众倾向是否随时间而变化，以及从众行为是否存在文化效应等问题。结果发现，自20世纪50年代初，即阿希开始他著名的从众实验以来，美国人的从众行为已经大幅度地下降。研究还发现，文化会影响个体从众的程度，在集体主义文化的国度（如日本、印度），社会群体的目标高于个人目标，从众行为也远多于个人主义文化的国度（如美国）。

第三节　印象形成

一、基本资料

印象（impression）是人们在最初遇到新的社会情境时，主观上以自己的过往经验为基础对当下情境产生的理解，将情境中的人或事物进行归类所形成的对有关人或事物的概念。这种对于他人或事物进行归类，明确其对我们的意义，使自己的行为获得明确定向的过程，就是印象形成（金盛华，1995，第37页）。

阿希很早就注意到，对一个人形成印象可以很迅速、很容易，匆匆一瞥或只言片语就足以让人们提取出非常复杂的信息。当人们执行毫无联系的数字或词汇任务时，尽管任务简单却常常会摇摆不定；但如果评价一个人的多种特质时，却不需要反复观察和揣摩，哪怕只知觉到一部分特质也不会妨碍人们观察和考量其他特质，当然，不排斥某些特征是相互支持和相互印证的。同时，个体也不会轻易把两个人的特质混为一谈，况且想要改变对另一个人已经形成的印象也不是那么容易。洞察人的特性——这一看似十分复杂的任务对人类来讲似乎非常简单。为什么会这样呢？对他人的快速印象形成究竟是怎样完成的？这些问题引起了阿希的极大兴趣。

阿希总结了以往关于印象形成的主要观点，认为主要有两种主张：一种是相信人们是通过对他人各种特质的印象总和形成对他人的整体印象（见图6-10，模式Ⅰa）；另一种是由于模式Ⅰa不能很好解释现实中的印象形成过程，便有了其变式（见图6-10，模式Ⅰb）。这个变式尽管添加了一个起调节具体特质印象作用的一般印象（G），但将这一变式应用到实际的印象形成与评估时依然显得十分牵强。一般印象从何而来，一般印象如何与具体特征印象相区别，一般印象如何对具体特征进行调节，为什么对有些特质起加深强化的作用，而对有些特质却起着减弱降低的作用，诸如这些问题都没有也不易被阐述清楚。阿希认为，我们对一个人形成最初印象是通过整体式的加工而非对单个特质之和进行简单的总和。各个特质之间是互相联系的、共同对统一的人格形成贡献力量（见图6-11，模式Ⅱ）。为了证实这一观点，阿希进行了下述“形成整体印象”（forming a unified impression）实验；而为了探究整体印象形成背后的深层机制，阿希又开展了著名的印象形成的“中心特质”（central characteristics）系列实验，前一个实验无疑是后续一系列实验的基础。

模式Ⅰa：总体印象= a + b + c + d + e

模式Ⅰb：总体印象= a + b + c + d + e + G

图6-10　印象形成的模式Ⅰ

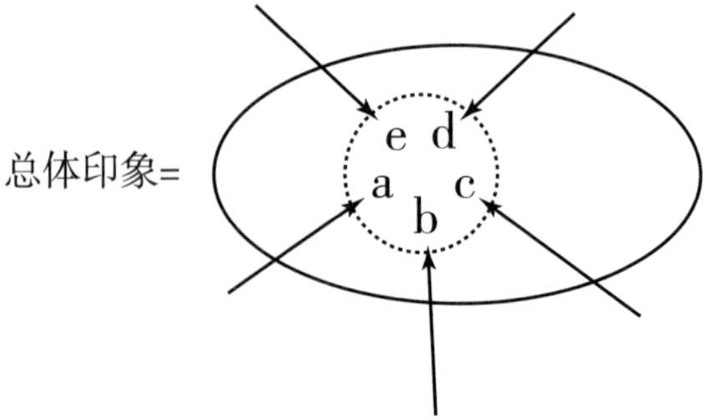

图6-11　印象形成的模式Ⅱ

二、问题分析

阿希认为，我们并不是通过从他人身上观察到所有特质后进行简单地相加来形成对他人的初步印象，而是以一种相互联系的方式知觉这些特质。特质不是单独存在的，而是成为整合的、动态的融于整体的一部分。为了证明这一观点，阿希先行做了一个构思巧妙的调查以证实印象的整体形成现象。

研究程序是这样的：给被试读一些零散的、毫无关系的描述人格特征的形容词，称为“零散特征”（discrete characteristics）。告诉被试这些特征属于某一个人，以引导被试根据这些形容词来描述对此人的印象。阿希调查了1000多名大学生，女性被试居多数且大多为心理学初学者，她们对心理学实验感兴趣，但并不知道实验的真实目的。举个例子，给被试读这样7个形容词：精力充沛的、自信的、健谈的、冷淡的、爱戏弄人的、好奇的、有鼓动性的，要求他们用几句话简短地描述一下这个人的特征。

下面是被试的描述举例：

> 他看起来像是这样的人：人们对他会有很好的第一印象，感觉他与众不同，但随着时间的推移，就会容易看清他的真面目，会发现他是那种傲慢、自私的人。
>
> 他是那种很常见的人：老是喋喋不休的，总试图让别人顺着他的思路走，常常忽视别人的感受。
>
> 他给人留下的印象总比真实的他更能干。他有点儿小名气、身体健康。他很容易成为聚会的焦点，但却是那种所谓的“万金油式”的人物。虽然他兴趣广泛，但都浅尝辄止，并不精通。他很幽默，能煽动起人们的热情，因此，他常常能得到某个重要的位置。

通过对被试的描述进行整理，阿希发现，成人只获得零星的词汇信息就可以形成对某人的总体印象，他们以特有的加工方式将这些零星的、彼此分离的品质描述整合为一个单独的、一致的观点。没有哪个被试在描述时是以机械记忆的方式重复先前听到的词汇，也没有哪个被试只使用先前听到的词汇的同义词来描述。可见，被试仅通过这几个零星的词就能形成关于某人的完整的、全面的印象结论，而且，虽然这些特征还不是刚刚直接给定的描述人格的形容词，但被试却根据这些词进行了推断。研究还发现，不是所有的形容词具有同等权重的作用，被试新近听到的词的作用更大。更有意思的是，不同被试依据哪些重要方面形成总体结论是有差别的，面对同样的形容词，不同的被试会产生不同的推论，显然被试在解释和权衡这些特质时有着很大程度的自主性。

尽管实验程序与日常生活中的真实情境明显不同，阿希的研究也只是初步地探究了对一个人的简单描述如何促使他人形成对这个人的最初的一般性印象。但这个研究的意义在于：它首先证实了印象的整体形成现象，一定程度上解释了印象系统构建的规律，为上述模式Ⅱ提供了实证支持依据。而且，研究初步发现，在一系列的特征描述中，被试对不同形容词的加工和重视程度不同，这与人们一贯的朴素认识是不同的。阿希在后续的实验进一步揭示了这个现象，提出了中心特质的概念及相关理论。这就是阿希著名的“印象形成”实验，这个研究开辟了社会心理学关于印象形成的一系列研究。

三、基本过程

印象形成的中心特质的含义是指有些品质比另一些品质包含了更多有关个人内容的特征，这些特征的变化会对整体印象产生广泛的影响。例如，“热情—冷淡”这一对特征就具有这样的特性，它和许多其他特性有关，而“礼貌—粗鲁”这一对特征与其他特性的联系就比较少。这种与许多其他特性有较多联系的特征叫作“中心特质”或“中心品质”，与此相对的那些就是“次要特质”（peripheral characteristics）。阿希用实验证明了这一点。

阿希将大学生被试分为A、B两组，在教室里施测，以缓慢的速度给被试读一张词汇表，上面有描写某人特质的7个形容词，假定某个陌生人（即目标人物）具有这些特质。

下面是两组被试各拿到的一张描述目标人物的词表：

A组（90人）：聪明、灵巧、勤奋、热情、果断、实际、谨慎

B组（76人）：聪明、灵巧、勤奋、冷淡、果断、实际、谨慎

不难看出，这两个词表中有1个不同的描述个性特质的形容词，其余6个形容词一样。要求各组被试听完这7个词汇后对词表中所述特征的目标人物作一简单描述，在纸上写出对此人的印象，然后在另一张包含18对描述个人特质的形容词表（见表6-1）中挑选出能够最恰当地描述目标人物的形容词。

表6-1　备选形容词表

1. 慷慨的—吝啬的	10. 冷淡的—仁慈的
2. 狡猾的—聪明的	11. 有吸引力的—没有吸引力的
3. 不快乐的—快乐的	12. 执着的—易变的
4. 暴躁的—温和的	13. 轻佻的—庄重的
5. 幽默的—呆板的	14. 拘谨的—健谈的
6. 善交际的—孤僻的	15. 利己的—无私的
7. 受欢迎的—不受欢迎的	16. 有想象力的—精明现实的
8. 不可靠的—可靠的	17. 强壮的—虚弱的
9. 有地位的—无足轻重的	18. 不诚实的—诚实的

四、实验结果

阿希通过这一实验发现，在对“热情”（warm）和“冷淡”（cold）[1] 目标人物的评价上，18对形容词中有10对达到统计上的显著水平，A组被试比B组被试更倾向于认为该目标人物是慷慨的、聪明的、仁慈的、快乐的、幽默的、温和的、善交际的、有想象力的、受欢迎的和无私的，而B组被试的描述则认为此人斤斤计较、无同情心、势利十足。为了进一步证明“热情—冷淡”的核心意义，阿希又进行了补充实验，他将词表中“热情”和“冷淡”这两个词放到每个词列的最后，再增加一列没有这两个词的第三条词列，分别给三组被试呈现。结果发现，被试对省略了“热情”或“冷淡”形容词的反应更趋中性，介于对“热情”词列的正向反应和对“冷淡”词列的负向反应之间。由此，阿希相信，“热情—冷淡”对整体印象特征形成具有特殊意义。

在接下来的另一个实验里，阿希在其他词汇不变的情况下分别用“礼貌”（polite）和“粗鲁”（blunt）代替“热情”和“冷淡”，以同样的程序和要求考察被试对此目标人物的印象形成。结果发现这时两组被试的评价相差不大。因此，阿希认为“热情—冷淡”是人的中心特质，而“礼貌—粗鲁”这类对印象形成

[1] “cold”，国内研究者有译成“冷酷的”，也有译为“冷漠的”，我们译为“冷淡的”。一则因“冷漠”和“冷酷”在中文的意思里都有偏消极个性品质的含义，而“冷淡”则更倾向于一种中性的个性特征的描述；二则也是为了与“热情的”（warm）相对应，我们说某人热情，更多的含义也是指向于某种中性的性格特点，而不是积极的个性品质。

不起核心作用的特征则是次要特质。

凯利（Kelley，1950）后续通过现场实验这种更具现实性的情境进一步证明了“热情—冷淡”的核心特质的作用。研究者对心理学课堂上的大学生说，要请一位教师来主持本次课堂的专题讨论，并描述了这位特邀教师的特点，包括类似阿希使用的那7对形容词。其中，一半学生得到含有“热情”这个词的描述，而另一半学生得到含有“冷淡”这个词的描述，其他方面相同。然后特邀教师走进教室，并主持了20分钟的讨论。结束后，研究者让学生说出对这位特邀教师的印象，结果见表6-2：

表6-2 “热情”与“冷淡”的描述对其他品质的影响

性 质	指 令	
	“热情”	“冷酷”
自以为是	6.3	9.6
不好交际	5.6	10.4
不得人心	4.0	7.4
刻 板	6.3	9.6
易 怒	9.4	12.0
一本正经	8.3	11.7
冷酷无情	8.6	11.0

表中的数值越高，表示目标人物被评定为更具有这种品质。

资料来源：Kelly, H. H. (1950).The warm-cold variable in first impressions of persons. *Journal of Personality*, 18(4), 431–439.

从表中可以看到，与阿希的结果一样，凯利实验中被告知“热情”和被告知“冷淡”的学生所形成的印象有很大的不同。并且得知特邀教师是“热情”的学生与该教师进行了很自由的相互来往，且相谈甚欢。这说明，不同特征的描述不仅会影响个体对他人的印象，还会影响他们与之的行为。

基于许多这样类似的研究，阿希得出结论：人们对他人形成印象的过程远比仅仅把单个特质相加更为复杂。他说：

> 我们尝试对整个人形成一个印象……一旦理解到两种或更多的特质属于某一个人，它们就不再是孤立存在的特质，而是立即……相互作用……被试不是知觉这个和那个特质，而是将其知觉纳入两种特质整合的特殊关系中。

在这种整合中，中心特质发挥了至关重要的作用。

也许你会质疑“热情”和“冷淡”是否真的是这么重要的中心特质。对一个人来讲，是“热情”品质重要，还是“大爱无私”重要，是“冷淡”是核心，还是“残酷自私”是核心，或者说“热情”和“冷淡”是否一直都是中心特质。是的，这些问题很重要，阿希对此也有同样的考虑。于是，他又开展了下面的实验。

阿希在其1946年发表的研究中介绍了四项实验，前三个上面已有介绍。为了探明中心特质是始终不变的，还是随情境变化的，阿希做了第四个实验。要知道，阿希是个整体论者，探究中心特质的最终目的，是要证明人们对他人的认识和看法是以中心特质为基础和参照、统合其他特质以形成对人的整体知觉。因此，阿希必然关心中心特质置于其他不同类型特质的情境中时会起到的作用。简单来说，就是更中心还是更边缘，更重要还是更次要。

阿希对材料任务做了以下变化，这一变化看似简单，却体现了不同的研究目的和理念。他把“热情”置于不同类的形容词列中，如下所示：

A（23人）：顺从的、软弱的、浅薄的、热情的、没有抱负的、自负的

B（21人）：虚荣的、精明的、不择手段的、热情的、肤浅的、嫉妒的

尽管都是偏负向的形容词，但A和B描述的是两种不同类型的人。这时被试的评价表现出明显的差异，“热情”一词与前期实验中表现出的重要地位相比有了明显的下降。我们分别来看被试对热情A和热情B的评价：

我觉得此人的热情不过是一种下属对领导的热情。（A）

“热情”这个词并没有让人觉得这个人有坦率的友好，而是那种类似狗的忠实，那种被动的、没有力量的绝对顺从。（A）

他的服从也许会让人以为他和蔼、热情。（A）

我觉得这个人是装出来的热情，而不是真热情。（B）

他的热情只是针对和他有共同利益的人，不是真诚的热情。（B）

结果证明了特质的价值可变性。说明某种特质是某个人的中心特质还是边缘特质，与该特质所置于的多个特质的情境密切关联。为了进一步证明这个观点，阿希又对词列进行了改变：两组形容词列，前三个不一样，后两个一样，要求被试听到这些形容

词后换个同义词或近义词来描述这些形容词。

A（38人）：仁慈的、聪明的、忠诚的、平静的、强壮的

B（41人）：残酷的、精明的、不择手段的、平静的、强壮的

其实，阿希真正关心的是两组被试对最后两个一致的形容词的近义词表述。很显然，这是一个更直接地探查词列情境对其他特质词产生影响的任务。表6-3中的结果清晰地展示了两组被试的差异。

表6-3　实验中“平静”的同义词

同义词	“仁慈”词列	“无情”词列
沉静的	18	3
冷淡的、冷漠的、凉薄的、冷静的、有心计的、精明的、神经质的、狡诈的、不择手段的	0	20
镇静的、平静的、温和的、宽容的、温情的、温文尔雅的	11	0
沉着的、矜持的、悠闲的、淡定的、坚定的	18	7
慎重的、沉默的、自若的、专横的、无情的、镇定的、自信的、自在的、理性的、稳定的、冷淡的、沉着的	11	26

从上表中明显可见，同样是针对“平静”的同义词，被试给“仁慈”词列的正向褒义词汇显然多一些，而给“无情”词列的负向贬义词汇多一些，显示出明显的方向性。对于“强壮”一词也同样表现出类似的两极性，尽管两个词列有相同的词，但结果

却显示有些词只出现在其中一列：

词列A中的“强壮”的同义词：无畏的、能帮助的、正直的、强健的、勇敢的、可靠的

词列B中的“强壮”的同义词：无情的、专横的、压制的、强硬的、固执的、顽固的、统治的

尽管上述褒义、贬义趋势的强度难以估计，但方向性趋势是显而易见的。阿希还发现，一些核心的同义词在两个词列中频繁出现，但并不代表它们有相同的内部含义。例如，“安静的”一词常常出现在两组被试给出的“平静的”的同义词中，但两组借该词所要表达的意义却有所不同。

上述结果表明，形成印象的基本特征并不是相互独立、固定不变的，其含义明显受到环境和其他特征及相互关系的影响。由于某种人格特质的性质会受情境影响而发生变化，因此它们是中心特质还是次要特质并不是绝对的。所以，撇开具体情境去说中心特质比次要特质更重要，或中心特质比次要特质更多地影响对人的总体印象，这样的结论是站不住脚的，是忽略了特质共同决定印象形成的定性过程。例如，把“热情”置于不同的词列中，上述A词列中，“热情”非但没有控制“软弱”的含义，反而受到“软弱”的控制，这时，“软弱的”比“热情的”更核心。阿希进一步推论，还有另外一种情况：某种特质对这个人来说是中心特质，而对另一个人可能变成次要特质，这取决于个人其他特质的褒贬方向及程度。

阿希有关印象形成的开创性的研究影响了许多研究者。他给

予被试特定“刺激”特质，由被试推断给出另一个“反应”特质的范式也在后来的研究中不断变化和深入。然而，在印象形成过程中，如何对中心特质的作用进行解释也是一个核心问题。

在阿希的研究报告《人格的印象形成》(*Forming impressions of personality*)中，提出了两个重要问题：一是被试用什么方式来确定某个体不同于他人的品质特质并作出评价；二是被试对某人的印象的形成过程。后续众多心理学家也在此基础上进行了大量研究，以探讨印象形成的影响因素及其特点等问题。对于阿希提出的基于“热情”和“冷淡”的中心特质理论，后续研究提出了两类解释：一种解释是“评估理论”(evaluative theory)(Brown，1986)，该理论认为，在针对某种“S”特质进行推断并形成“R”特质的印象时，两种不同特质之间最重要的一个因素是评估的一致性，即好的“S”特质带来好的“R”特质。“热情”是“好的”，而“冷淡”是“坏的”，“热情”能够带来更讨人喜欢的印象，相对于冷淡者，人们往往对热情者抱有更多正性的社会情感评价（如友善、信任、合作等）。评估理论的核心观点是，在印象形成过程中，主要的或决定性的因素就是对“S”特质的评估。如，给被试呈现好的“S”特质会使其作出好的“R”特质的推断，而坏的“S”特质则带来坏的“R”特质评估。正如阿希（1952）强调的那样，心理学理论更多揭示和解释的是关于人类本性的问题。如果评估理论是正确的，那么人们就是单纯且非理性的。但皮博迪（Peabody，1967）却不这样认为，他提出与评估理论不同的观点——认为“描述—评估理论”（descriptive-evaluative theory）能更好地解释印象形成中表现出的各种效应。由于这一理论是对评估理论的修正与完善，所以研究者也称为“替代理论（alternative theory）”。该理论包括四个基本原则：

1. 特质判断是对评估和描述（descriptive aspects）的联合。比如对“X是吝啬的”判断，包括评估部分“X是坏的”和描述方面“X不太愿意花钱”两个方面。因此，特质判断存在评估和描述方面的逻辑混淆。一些形容词，如“好”和“坏”，或“可爱”和“不可爱”更多是评估性的。但是，少量的中性特质形容词并没有明确的评估方向，因而它们更多是描述性的。皮博迪（1985）的研究中对571个一般特质形容词进行了分类，结果发现，只有3%的形容词是中性的，余下的97%都有明确的评估性或描述的方向性。他主张，由于以往研究中对特质词评估和描述部分的混淆，便不能将可能由描述性部分导致的任何效应简单应用于评估理论。

为了验证上述观点，皮博迪（1967）给出了分类清晰的描述性特征的两组特质形容词。表6-4是这些集合的两个例子，每个集合包括两对相反的特质词，每对（a或b）包含评估性对比（+ vs. −）和描述性对比（X vs. Un-X）。这样，每对形容词都包含对评估和描述性对比的混淆。但是，每个集合中两对词之间则特征清晰，不易混淆。

表6-4　对特质评估性和描述性方面的分离：两组例子

描述性对比	
X	Un-X
a. 慷慨的（+）	vs. 吝啬的（—）
b. 奢侈的（—）	vs. 节俭的（+）
X	Un-X
a. 愉悦的（+）	vs. 冷淡的（—）
b. 草率的（—）	vs. 严谨的（+）

能够像表6-4中这样分类的特质可称为评估可逆性特质（reversible traits），有些特质词不能被这样分类，因此是不可逆的（nonreversible）。皮博迪（1967）最初的研究意图是为了对评估和描述进行区分，因此没有考虑不可逆特质词，但他在后续研究（1984）中对此进行了补充。

由此看来，几乎所有的特质词都兼具评估和描述特性，但可逆特质词能够对评估和描述的清晰分离提供更为直接的逻辑区分，能够显示出评估在其中是占据首要地位还是次要地位。

2. 个体需要对以下两种情况进行区分：（1）所有特殊特质判断的决定因素；（2）这些判断间的关系，包括能够对这些关系进行总结的所有因素。试想，假设特质判断类似斯皮尔曼（Charles E. Spearman）的智力理论：所有的特殊特质判断包括一个一般（评估）成分和一个特殊（描述）成分，那么，特殊（描述）成分在所有判断中便起到决定方向的作用。如此看来，评估理论所强调的评估是决定性因素的观点明显是不对的。相比之下，假如考虑到判断间的相关并总结这些相关的公因子，这里只可能有一个因子涉及一般（评估）成分。这时，评估可能是唯一的因素，但并非是首要决定的因素。

那么，该模型是如何应用到特质判断中的呢？证据显示，评估方面更倾向于模型中的一般成分，因此，任何特殊方面的特征都是描述性的。但事实上，有些描述性特质并不完全是特殊的，而是起对一般性特质的中介作用，它与多个特质判断有关——这又有些类似于瑟斯顿的“智力群因素论”。例如，表6-4中的描述性对比（X对比Un-X）中在“X”或“Un-X”里，则隐约包含了一种一般意义的、泛泛的或“宽松”的冲动表达或“收紧”的冲动控制。

3. 特质推断的决定因素：（1）评估具有渗透效应；（2）描述具有广泛效应。评估是一般性的，对任意两个特质间的推断都具有渗透作用。诺曼·安德森（Norman Anderson）的平均模型（averaging model，1965）和加权平均模型（weighted averaging model，1981，1985）可以证实这一点。安德森早期主张，人们是把所获得的他人信息先进行积极特质加分、消极特质减分的操作，然后再加以平均来获得对他人的总体评价。后来他发现，确实存在有些特质更重要、更具中心性的现象，因此，便在平均观念的基础上补充了加权的思想，即人们在特质平均前会对那些重要特质赋予更大的权重。他用权数与特征的明显度相乘再平均来表达印象形成的过程，用公式表示为：（a特质A + b特质B + …… n特质N）/N = 对某人的印象。这里，安德森首先是对多个描述性的“S”特质的合并产生了兴趣，基于对阿希的中心特质理论的认同，他提出两类特质信息会被赋予更大的权重：一种是消极否性信息（这有些类似于中国俗语所说的“一百个好有时顶不上一个恼”）；另一种是先行信息（这体现了首因效应的规则）。安德森对印象形成进行了分数量化研究，体现了评估的渗透性和描述的广泛性的影响。

但安德森并未就描述性特质进行更深入的探究。皮博迪（1967）选择了一些符合表6-4的特质词，要求被试在这些特质之间做出推断，其中的关键点是在评估一致性和描述一致性之间的选择。一系列的完全评估逆转词（正如表6-4所呈现的那样），每一个都有4个关键属性（+ vs. − 和 X vs. Un-X），即每一个被挑选出来作为“S”特质的形容词均具有4个特性。将表6-4中的a行的两个词作为“S”特质，b行的两个特质词作为可替换的“R”特质。之后被试需要在评估一致性和描述一致性中进行选择。例如：要求被试对“一个奢侈的（extravagant）人更容易表现得吝啬还是慷慨？”作出判断。如果按照评估一致性原则，坏的“S”特质会带来坏的“R”特质，那么奢侈的（−）人就应该是吝啬的（−）；而如果按照描述一致性原则，那么奢侈的人则该是慷慨的。结果显示，在总体70个项目的选择上，推断的平均值更倾向于描述一致性。这一结果对评估理论提供了最直接的支持，即评估方面在特质推断上起着温和但渗透性的作用。皮博迪假设，描述性部分是所有特质判断中的决定性因素，这一假设只有在描述性与评估性两方面相对的情况下才能够被证实。在上述这些情况下，所有的关键性项目的结果均不支持评估理论。

4. 因子（factors）：是对评估性和描述性方面的合并。“因子”就是对多个特质共性的总结。表6-4呈现了对特质的评估性（+对比–）和描述性（X对比Un-X）方面的混淆。从理论上来讲，可以将评估和描述成分的未混淆因素进行分离，即“宽松”的冲动表达或“收紧”的冲动控制。实际上，这种未混淆的因子可以通过类似因子分析旋转方法（例如：Peabody, 1984；Peabody & Goldberg, 1989）提取公因子后获得。然而，这些通过方差极大旋转所产生的因子并非评估和描述的完全分离，而是对二者成分的合并（正如表6-4所呈现的形式）。因此，这些普通因子代表了对一般评估性和一般描述性部分的合并。已有证据表明，有5—6个类似的相关因子与人的印象形成有关（Peabody, 1984；Peabody & Goldberg, 1989）。然而，阿希实验中所采用的“R”特质中，只有其中的两个因子扮演了主要角色，而另一个扮演了次要角色，这两个主要因子包括来自表6-4两行的特质——用a和b标记。如果要对a和b进行概括性的解释，则可以称为a类型和b类型，它们代表了两个相反的描述性方向。这些因子同样也包括其他（不可逆）特质。

在表6-4中，两对标识了a的特质词：“慷慨的”对比“吝啬的”和“愉悦的”对比“冷淡的”，这些特质属于人际特质因子，该因子被称为宜人性（agreeableness）。另外两对标识了b的特质词：“节俭的”对比“奢侈的”和“严谨的”对比“草率的”，这些特质词与认真尽责的表现有关（例如：“可靠的”对比“不可靠的”），因此这一因子通常被称为尽责性（conscientiousness）。除了这两个因子外，阿希所采用的特质词中还有另一些词不能归属于这两个主要因子，因此它们扮演了次要角色，这些词与判断智慧（judged intelligence）有关，被称为“智力因子”。

由此可以看出，两个主要因子a（宜人性）和b（尽责性）均涉及了评估。根据评估理论，这两个类型有相似的评估性，应该带来相似的特质推论。然而，在这两类特质间的描述性部分却是截然相反的，如果评估理论的观点是错误的，那么这两类特质词就会带来不同的特质推断。

也正是以上原因，皮博迪在综合了布朗的评估理论的基础上对其进行了修正，提出了“描述—评估理论”，他认为，评估性与描述性相比是次级决定因素。阿希（1946）在“热情—冷淡”维度的研究中曾要求被试对18对“R”特质词进行判断（见表6-1中的18对形容词），皮博迪根据自己的研究主张将这18对形容词进行了类别划分（见表6-5）。

评估理论的预测是直截了当的，在“S”特质中，将热情看作“好的”而冷淡是“坏的”。在表6-5中，连接符左侧的“R”特质词更受欢迎。如果按照评估理论的观点，选择热情维度的特质词应该具有较高的百分比，因此“热情”与“冷淡”的差别应该是显著的。但表6-5的结果却并非如此，事实证明，前8对词确实表现出了较大的差异，超过了50%，而后8对词的差异却很小，第9和第10对词呈现出中等差异。

表6-5　阿希（1946）：“热情”—“冷淡”维度选择的百分比（左侧特质词）

R特质的配对词	热情（$n=90$）	冷淡（$n=90$）	差别
A类特质（宜人性）			
慷慨的——吝啬的	91	8	83
温和的——暴躁的	94	17	77
幽默的——呆板的	77	13	64
快乐的——不快乐的	90	34	56
受欢迎的——不受欢迎的	84	28	56
仁慈的——冷淡的	86	31	55
善交际的——孤僻的	91	38	53
无私的——利己的	69	18	51
智力特质			
聪明的——狡猾的	65	25	40
有想象力的——精明现实的	51	19	32
B类特质（尽责性）			
拘谨的——健谈的	77	89	−12
有地位的——无足轻重的*	88	99	−11
可靠的——不可靠的	94	99	−5
庄重的——轻佻的	100	99	1
执着的——易变的	100	97	3
强壮的——虚弱的*	98	95	3
诚实的——不诚实的	98	94	4
有吸引力的——没有吸引力的*	77	69	8

续表

R特质的配对词	热情（$n=90$）	冷淡（$n=90$）	差别
平均数：**A类特质**	85	23	62
B类特质	92	93	−1

注：* 争议性特质

就评估理论无法对这一结果作出很好的解释，罗森伯格等人（Rosenberg，Nelson，& Vivekananthan，1968）给出的解释理由是：有两种主要的特质类型a和b，而“热情”与“冷淡”属于a特质（宜人性），因此产生了较为明显的效应；但是“热情”和“冷淡”与其他“R”特质却并无相互联系，即b类特质（尽责性）。然而，后来添加的一些“R”特质词又与其他一些“S”特质相关，如智力、技能、勤勉、决断、实际和谨慎。因此，所有与此类“R”特质相关的结果均超过了50%。

实际上，已有大量证据表明，评估理论在解释印象形成过程中存在着错误。既然这样，为什么它仍然如此流行？（布朗1986，第389页）认为，评估理论在对人格特质进行解释时是最为简单的，这便是它最主要的吸引力所在，考虑普遍且一般的评估方面要比考虑多变的描述性方面更为简单。但是，现实生活中人与人之间的印象形成却并非评估理论所认为的那样简单。

五、评价

尽管印象形成的研究自阿希早期的工作以后已经变得更加复

杂，但阿希关于印象形成的许多基本观点的确经受住了时间的考验。他的研究对这一领域产生了持久深远的影响，甚至直到今天，这些观点仍然值得深入关注。

自阿希肯定了印象形成过程中“中心特质”的重要意义后，尤其是在凯利对此观点进一步实证的支持下（Kelley，1950），“中心特质”理论更是影响深远。但是，很多教科书对此的介绍却是蜻蜓点水，只提到了阿希的“中心特质”理论，而忽略了更核心、更重要、更能体现他的整体性思想的实验和理念。事实上，阿希关于印象形成的系列研究相当丰富和完善，也非常难能可贵，既体现了他特有的深邃和敏锐，又奉行和支持了他一贯的格式塔思想主张。一方面，阿希相信，一些特质的确能够决定其他特质的性质和功能，即有中心特质和边缘特质之分。并且，中心特质决定边缘特质并影响了总体印象的形成，中心特质的改变可能会导致对一个人印象的完全改变，而边缘特质的改变造成的影响则小得多。另一方面，他以相当细致和完善的实验设计进一步阐释，一个特殊品质的重要性，一定程度上依赖于各种特质形容词的前后关系和价值分量。当把某人说成是顺从的、软弱的、浅薄的、没有抱负的和自负的时候，他到底是热情的还是冷淡的就不太重要了，热情和冷淡与上述这些更不好的特质关系也就不大了。或者说，是热情或冷淡的影响力变弱了，不会对这些强特征产生影响。同样，尽管礼貌和粗鲁通常不是很重要，但对其他某些特质可能会有很大的作用，这一特定范围的重要性在某种程度上也依赖于评价者所要评估的特性。如果要被试从一张其他形容词特性表格中判断一个人如何善于交际或如何深得人心，热情维度就显得很重要了，这是因为热情与社会活动能力和亲和性密不可分。但是，如果要求评价者据此评定这个人的品质，“热情”相对其他特质来说就没有什么太大的作用，更谈不上是“中心特质”了。所以，“热情—冷淡”的重要性取决于它们处于褒、贬哪个趋势的特质中，新的特质置于不同情境中往往会发生意义转移（shift of meaning）。这一观点非常符合阿希一贯强调的所有行为都必须放在社会背景中去考虑的整体论思想。

既然如此，那么“中心特质”的提法是否就不恰当，或者说“热情—冷淡”的核心地位就要被动摇。阿希在探讨了中心特质的相对性后，又对“热情—冷淡”的中心作用进行了探查。他先准备了一个包含18个描述个人特质的形容词表，要求一组被试挑选出“热情”人的特点，另一组被试选出“冷淡”人的特点。结果除了发现两组被试的选择明显不同外，更重要的是被试仅以“热情”或“冷淡”一个词就能判断目标人物的多种特征，且这一核心特质具有把它们自己的正/负方向强加于总体印象的作用（见表6-6）。

为了进一步证实该结果，阿希又用12对两极形容词作了检验。实验同样要求两组被试给“热情人”和“冷淡人”找恰当的特征词，结果更为清晰（见表6-7）。阿希特别提到，没有一个特征词是被试不选的，也就是说，被试觉得这些特征都能符合一个“热情人”或“冷淡人”的人格特点。结果再次证明，“热情”和“冷淡”确实带有相当程度的中心意义。

表6-6　被试为“热情人”和“冷淡人”所选的合适的特征词（%）

	智慧、技巧、热情（$n=34$）	热情（$n=22$）	冷淡（$n=33$）
1. 慷慨的	100	100	12
2. 聪明的	97	95	11
3. 快乐的	100	100	10
4. 温和的	100	100	8
5. 幽默的	100	100	12
6. 善交际的	100	100	9
7. 受欢迎的	100	100	6
8. 可靠的	100	100	87
9. 有地位的	84	68	54
10. 仁慈的	97	100	17
11. 有吸引力的	72	95	57
12. 执着的	100	78	97
13. 庄重的	100	68	97
14. 拘谨的	66	41	97
15. 无私的	97	91	3
16. 有想象力的	82	95	9
17. 强壮的	97	74	87
18. 诚实的	100	100	81

表6-7　被试在两极形容词中为“热情人”和“冷淡人”所选的合适的特征词（%）

	热情（n=22）	冷淡（n=33）		热情（n=22）	冷淡（n=33）
1.感情丰富的	100	12	13.感情贫乏的	0	88
2.实际的	40	73	14.理论的	60	27
3.乐观的	95	17	15.悲观的	5	83
4.不拘小节的	95	0	16.循规蹈矩的	5	100
5.愉快的	100	18	17.阴郁的	0	82
6.矮的	91	8	18.高的	9	92
7.谦虚的	86	9	19.骄傲的	14	91
8.有想象力的	95	28	20.想象贫乏的	5	72
9.瘦的	15	93	21.高大的	85	7
10.智慧的	81	96	22.缺乏才智的	19	4
11.勇敢的	91	74	23.懦弱的	9	26
12.苍白的	15	97	24.红润的	85	3

阿希收集的被试的文字描述对上述发现有了更可靠的证明。

我不知道为什么（选了好的特征），我当时就是这么想的。

我并没有意识到我选了积极的特质。

这些特征是其他特征的根源。一个热情的人往往是友好、快乐的。如果他有智慧，那么他会表现出忠诚。

这些特征虽然很常见，但都是一些优秀的特征。因此其他的优秀特质看起来从属于它们。例如我觉得一个热情的人不会是相貌丑陋的。

我自然而然地选择了最好的特质，因为我希望此人是好人。

我选择了积极的方向，因为我希望具备所有这些优秀的品质。

阿希的研究对某种特质在不同情境中的功能价值和正负方向的探讨为后续研究提供了重要启示。可以确信，“热情—冷淡”特质依然被认为具有中心性，因为在评价某人的人格特点时确实有些特质比其他特质看上去更为重要。例如，那些褒贬方向明显的且程度大的特征就具有对其他特征，尤其是中性特征的掩盖作用。这一点在后续的研究（见图6-12）中也得以再次证实。人们对他人的价值性信息比对能力性信息更为关注，当价值性信息是定性的时候更是如此，因此，价值性信息就更有可能成为中心特质。

但是需要我们更深入地认识到，向心性依赖前后关系和需要状态。当确定一类特征范围（个性特质具有两级性，可以看作是一个特征轴）是中心性时，应该将其理解为：它在众多复杂的前后关系中对评估者的多样反应具有不可忽视的作用（弗里德曼，1984，第86页）。

继阿希之后，许多心理学家继续对印象形成的过程和机制进行探究，并直接明确探查了印象形成中的首因效应（第一印象）、晕轮效应和刻板印象等有趣现象，以及关乎整体印象形成中的平均模型、累加模型和加权平均模型等机制（Anderson，1965，

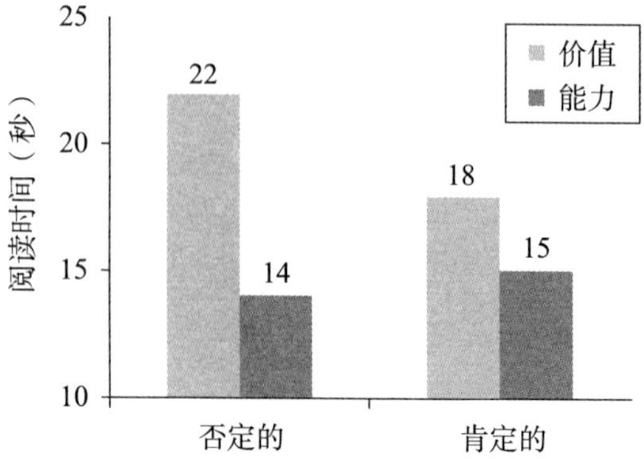

图6-12　对他人价值性信息和能力性信息的关注度比较

形成对他人的第一印象：什么样的信息对我们最有用？被试阅读关于他人价值方面的时间比阅读关于他人能力方面的信息所花的时间要多。如果关于价值的信息属于否定性质的，阅读的时间更长。这些结果表明我们在对他人形成印象时，确实先注意某些类型的信息。

资料来源：De Bruin, E. N., & Van Lange, P. A. (2000). What people look for in others: Influences of the perceiver and the perceived on information selection. *Personality and Social Psychology Bulletin*, 26, 206–219.

1968）。我们之所以说阿希是印象形成研究的开创者，除了他对中心特质，尤其是对中心特质在不同情境中的意义转移的全面探究外，他也是最早涉猎印象形成中首因效应（primary effects）和近因效应（rescency effects）的研究者。对于近因效应，我们在本节"基本资料"的介绍中提到，阿希在研究印象快速形成时提到，发现新近的词对被试进行特征描述的影响会更大些，这应该是最早对近因效应的描述。对于首因效应，阿希在证明褒义、贬义方向影响印象形成的判断和证明印象形成的整体特性时，曾采用了社会称赞性由高到低和由低到高的两列形容词——A列（$n = 34$）是：智慧的、勤奋的、冲动的、批判的、固执的、妒忌的；B列（$n = 24$）倒过来，是：妒忌的、固执的、批判的、冲动的、勤奋的、智慧的。结果发现，大部分被试在描述对目标人物的印象时表现出了对此人的整体印象，并且表现出受最先出现词汇的影响现象：听到A列词汇的被试对此人的印象是瑕不掩瑜；而听到B列词汇的被试则认为这个人是“有问题”（problems）的，其才能被他的严重缺点束缚。并且中性词（批判和冲动）在条件A中得到了积极褒义的解释，但在条件B中却被给予贬义色彩的解释。阿希也明确提到，我们观察到了一个引导印象形成的“首位因素”（factor of primacy）现象。现在首因效应和近因效应已被证明是印象形成中的普遍现象，前者的定义是人们比较重视最先得到的信息并据此对他人作出印象判断，后者的定义是最新得到的信息对他人的印象形成起较强作用。最早直接使用这两个概念的研究应该是在1957年，卢钦斯以实验方法证实了两种效应在印象形成过程中的普遍存在（Luchins，1957）。

总之，作为整体论者的阿希，在格式塔理论框架下构造的规则涉及不同结构中多个部分的特性，相信某种特质在一个人身上是核心特质，可能在另一个人身上是次要特质。也可能一种与人有关的特性在另一个情境中却与环境有关，在一些极端情况下，甚至某一种特质可能还会被忽略，原因是它对这个人来讲已不重要。毕竟，中心特质不是绝对的，中心特质和次要特质是相对的。无论我们什么时候遇到某个人，都会根据自己认为最重要的特性形成对他人的印象。我们对他人的知觉是社会性知觉，带有很大的主观性。

第四节　儿童道德判断的从众研究

一、基本资料

谢里夫借助光点游动实验探查了模糊情境中信息压力对个体从众的作用，在此基础上，阿希设计了线段判断实验以探究群体一致性压力对个体从众的影响。这两个经典的从众研究都是以感知觉方面的信息作为刺激材料来探究人类（主要是成人）的社会行为。我们知道，个体的认知除了知觉层面，还包括许多社会层面的内容，如社会性评价、道德判断等。受阿希和谢里夫实验的启发，我国研究者岑国桢及其同事（岑国桢，刘京海，盛逸民，许绍裘，1992；岑国桢，1994）探查了个体道德判断的从众问题，尤其是儿童道德判断的形成与发展中群体一致性的影响，即道德判断中从众的表现及影响因素问题。岑国桢主张，儿童在道德判断中表现出明显的从众倾向，并且由于道德认知发展中社会影响的多元化和复杂性，儿童道德判断从众行为的原因也呈现出多样化和差异性的特点。在对8—12岁小学儿童道德判断的从众现象（1992）和随后的对8—16岁儿童和少年认同从众反应原因的两项研究（1994）中，上面提到的预测得到了证实。

二、问题分析

对8—12岁小学儿童道德判断从众现象的探究（岑国桢等，1992）是关于儿童心理发展的研究。研究者想知道：首先，对儿童来讲，其道德判断中的从众现象是否存在随年龄增长而变化的发展趋势；其次，处于不同类型的群体（微型群体、小型群体、成人权威群体和同龄权威群体）中时，小学儿童道德判断的从众性是否有不同表现，即群体类型是否影响小学儿童的从众行为；再次，儿童对不同内容的事件（如财物损坏、人身伤害、成人惩罚）进行道德判断时，其从众表现是否有所不同。另外，早期经典从众研究都是在知觉判断和知觉估计情境中进行的，那么，儿童在道德判断的社会认知中的表现与知觉判断中的表现是否一样。对这些问题的探讨，是对早期从众实验研究的拓展，包括对道德认知内容领域的拓展和对不同年龄群体的拓展。

研究者在前一项研究的基础上又进一步探讨了8—16岁儿童和青少年的从众反应，深入探究了儿童青少年道德从众的主要原因及各种原因的主次及先后顺序，同时希望明确中小学生对道德从众的解释是否存在年龄与性别差异，以及在不同情境下的具体表现，这是对道德从众背后原因的探析。

三、基本过程

（一）8—12岁儿童道德从众的研究

研究者选取了8岁、10岁、12岁小学生作为被试，将其划分为5组，4个实验组和1个控制组。其中，实验组Ⅰ是微型群体组，由被试和2名同龄陪试（所有陪试都是主试的同谋者）组成；实验组Ⅱ是小型群体组，由被试和4名同龄陪试组成；实验组Ⅲ是成人权威群体组，由被试和1名同龄陪试、1名成人陪试组成（成人即权威）；实验组Ⅳ是同龄权威群体组，由被试和1名同龄陪试、1名同龄权威陪试组成（同龄权威即“好人缘”同伴，他们是班里同学提名的深受喜欢的对象）。从上述分组可以看出，岑国桢将影响从众的两个因素——所处群体人数和群体权威性（及其交互影响因素）纳入实验设计中，这就使情境因素相对复杂，但与儿童的生活实际更加贴近。研究设计中，每个年龄段在每个施测情境下的被试均有24人，共有3（年龄组）×5（测验组）×24（人数）=360人，平衡各组男女比例。

研究者以自编故事为材料，共两套，每套包括两对关于“后果/意向”的对偶故事和一个“成人惩罚”的故事，表6-8是第一套故事的具体内容。

实验分两个阶段。

（1）前测。使用第一套故事，依次向所有组各个被试讲述故事材料，考查儿童当前道德判断倾向，作为其道德从众的最初表现。

（2）后测。一周后用第二套故事施测，将被试分置事先安排的各处理组中，被试不知道实验中的其他人是主试的同谋，主试安排陪试作出和被试在前测中相反的判断，考查被试是否改变观点服从他人。

表6-8　儿童道德判断故事

故事序号	类型	故事内容	任务要求
第1对故事	故事A（有意财物损坏–小）	老师规定值日生打扫教室后应关好门窗，以防震碎玻璃。一天，钱强（甲）想早点回家去玩，打扫好教室后没有把窗子都关上就走了。第二天，老师发现一块窗玻璃被震碎了。	要求回答：甲、乙哪一个更不好？为什么？
	故事B（无意财物损坏–大）	老师规定值日生打扫教室后应关好门窗，以防震碎玻璃。一天，范华（乙）打扫好教室，看到灰尘很大，想让风吹一下，过一会儿再关窗，但后来忘了。第二天，老师发现有4块窗玻璃被震碎了。	
第2对故事	故事A（有意财物损坏）	妈妈不允许罗斌（甲）在她不在时使用那把锋利的剪刀。一天，趁妈妈出去买东西的时候，罗斌拿了这把剪刀去剪一块旧布做件东西。后来他发现自己把哥哥的一件衬衫剪破了。	同上
	故事B（无意人身伤害）	妈妈不许方耘（乙）自己随便使用那把锋利的剪刀。一天，妈妈在缝新衣，方耘想帮妈妈剪点衣料。她叫哥哥拿住衣料的一端，自己一只手拿另一端，另一只手拿起剪刀剪了起来，但方耘拿剪刀的手一滑，剪刀把哥哥的手划破了。	

续表

故事序号	类型	故事内容	任务要求
第3个故事	后果不好，成人给以惩罚	舅舅领陆平逛大街时，在玩具商店买了一支冲锋枪给陆平。陆平高兴极了，拿着新枪回到家里。他不知道房间里有没有人，举着枪，喊着“杀！”冲进了房门，把坐在书桌前的爸爸吓了一跳。爸爸发火了，站起来批评了陆平，还生气地拿走了新枪，不许他再玩了。	要求回答：这样惩罚应该吗？为什么？

资料来源：岑国桢，李伯黍.(1982).训练对儿童道德判断的影响的实验研究.心理学报，15(4)，432–440.

结果发现，儿童道德判断中有明显的从众倾向及年龄发展趋势，低年级的从众表现更为明显，随年龄增长从众性有所降低。各年龄段始终从众的比例分别为54.7%（8岁）、39.4%（10岁）和32.6%（12岁），从众人数占总体的42.3%。群体类型的影响效应显示，成人权威群体影响最大，小群体和同龄权威群体次之，微型群体最次。小型群体和微型群体的区别仅在于陪试数量的不同（小型4名，微型2名），这反映了群体规模对个体从众的影响。但如果群体中有权威存在，也能引发儿童的从众行为，并且成人权威的影响力大于儿童权威的影响力。所以，成人权威组的从众效应最显著，儿童权威组尽管只有2名陪试，少于小型群体组，但因为有1名儿童权威，所以达到了与小型群体组（4名陪试）同样的从众效应。研究还发现，儿童在财物损坏（大、小）、人身伤害、成人惩罚等不同道德情境的判断中，无显著差别的从众反应占70%左右，独立性反应占30%左右。

在现实社会生活中，要对某个人直接而明确地说“不”，是一件困难的事，尤其是当这个人以权威身份出现时，因此，在上述成人权威群体和同龄权威群体内发生的从众更恰当地说应该是一种“服从”（obedience）现象。像从众一样，服从也是日常生活事件。例如，当父母命令孩子别看电视，孩子通常会照做；当老师要求教室里的学生保持安静时，学生也通常会安静下来。最为极端例子的就是斯坦利·米尔格拉姆（Milgram，1965）所做的一系列著名的“权威—服从”实验。米尔格拉姆认为，服从“可能是一种根深蒂固的倾向，它实际上是一种能够征服道德规范、同情心和社会操行的强大内驱力”（Milgram，1963，p. 371）。

（二）8—16岁少年儿童认同从众反应原因的实验研究

阿希最早的线段判断实验（Asch，1951）在考察从众性的同时也探究了从众的原因。岑国桢等人在其后续的研究中（岑国桢，1994）也分析了儿童青少年道德判断中从众的原因。他们选取了8岁、10岁、12岁、14岁、16岁各年龄组被试20人共100人参加了从众原因认同测验，又选取同年龄组400人（各年龄组80人）参与到原因主次排序的测验中，两个测验采用线段判断任务（Asch，1951；1956）和道德判断任务（岑国桢等，1982）。结果发现，8—16岁儿童认为从众的主要原因有：“多数人更正确”“表示归属群体”“表示友好”“免受责难”和“图省事不费心”，各类反应占总反应数的比例分别为：77.57%、

72.86%、69.12%、41.77%和38.68%。男女生关于道德从众的原因及排列次序没有差异，都认为主要的原因是“觉得多数人更正确”，末位原因都是“图省事不费心”。由此看来，“多数人更正确”被认为是从众最主要的原因，儿童的道德从众很可能是基于他人信息正确性考虑的理性决策行为。作者认为，“多数人更正确”“表示归属群体”和“表示友好”反映了社会文化传统的要求及个体的社会性需求，“免受责难”和“图省事不费心”是个体趋乐避苦基本需求倾向的反映，前者较后者的发展水平更高。

比较线段判断从众和道德判断从众发现，87%的被试认为“多数人更正确”是线段从众的首要原因，83%的被试认为“归属群体倾向”是道德判断的主要原因（见表6-9）。这说明在知觉判断中，儿童青少年更主要的需求倾向是寻求信息的正确性，道德判断中更强烈的趋向是与群体保持一致。

表6-9　线段判断和道德判断从众原因主次排序

任务	原因项	为了免受责难	为了表示友好	图省事不费心	表示归属群体	多数人更正确
线段判断	*M*（%）	2.33（46.5）	2.92（58.5）	2.27（45.5）	3.12（62.5）	4.37（87.5）
	主次等级	4	3	5	2	1
道德判断	*M*（%）	1.85（37.1）	3.99（79.8）	1.60（32）	4.17（83.5）	3.39（67.8）
	主次等级	4	2	5	1	3

其实，道德本身就是儿童在社会化的过程中习得的特定群体的准则、规范和要求，道德学习的终极目标就是影响和改变学习者的观念和行为，这正是知觉层面和社会认知层面（尤其是涉及核心价值观领域的道德）的不同之处。在道德从众中人们会更多地考虑从众的后果，因其与线段判断相比可能面临更重的奖惩（尤其是惩罚），波及面也会更广。正如在现实生活中评价一个人“道德败坏”远比评价一个人“不聪明”的后果更加严重一样，被评价者所面临的压力更大，受到谴责的可能性也更多。

四、实验结果

阿希在研究中统计了被试的两类反应结果，即所有被试所有反应中的从众反应（yielding responses）和独立反应（independent responses）的比例及始终从众和保持独立的人数比（Asch，1956）。岑国桢在其道德判断从众研究中（岑国桢，1992）统计了被试的从众比例。而阿希除了关心从众反应倾向外，更关心那些在群体一致的压力下始终保持独立的人数比例。后续许多关于从众的研究和介绍都与阿希的本意有出入，阿希对从众行为持有更积极的解释倾向。阿希的研究报告显示，所有反应中有36.8%的从众反应比例，有76%的大学生被试至少出现过1次从众反应，有5%的被试始终从众，有24%的被试始终没有发生从众判断。岑国桢的道德判断从众研究中报告了76.1%的2次和3次从众人数比（其中3次的有42.3%）与23.9%的0次和1

次的从众比，没有始终保持独立的数据报告。另一项对儿童线段判断从众研究（姚本先，1995），报告了5岁儿童32%的从众比例、30%的独立性比例及44%的部分从众比例（12次判断中至少有9次从众反应）。分析上述结果可见，儿童的从众比例显著高于成人，道德判断的从众比例也显著高于知觉判断。上述结果也许是成人与儿童间的差异，即相比成人，儿童更易屈从他人。但这也可能是东西方文化的差异，集体主义文化背景下人们从众倾向更高。

在人们普遍印象和以往研究中，相对于男性，当女性成为意见一致的多数派的唯一对立面时，更容易放弃自己的观点。但岑国帧在儿童道德判断从众研究中却没有发现这种性别差异，从众原因分析中也未见性别差异。可是，姚本先（1995）关于5岁儿童线段判断从众研究中却发现了男女幼儿从众比例（男21%，女43%）和独立性（男38%，女17%）的差异。我们认为原因可能在于任务情境的差异，相比较于线段判断任务，道德判断任务的答案唯一性不甚明显（似乎怎么选择都有一定的道理）。此外，女性易从众的现象也受其他因素的调节，例如对从众目标的熟悉性。有研究发现，当男女大学生对橄榄球用具和女性流行服饰的照片进行评价时，男性在流行服饰上表现出了更多的从众，而女性则在橄榄球用品上表现出更多的从众（Cacippo & Petty，1980）。这体现出从众受信息性影响而非规范性影响的特点。当从众限于行为的改变时，因行为改变涉及对群体规范的公开赞同——这种赞同主要是为了获得或保持群体对个体的接纳，这时规范性影响就会发生作用。但当个体向群体求助是为了从群体中获取有关正确性的必需信息（或者至少部分地是为了获取这种信息）时，赞同群体规范的行为就反映了行为与信念二者的变化，这时更多的便是信息性影响起作用了。当然在现实情境中，很多情况并不是非此即彼，而是信息性影响和规范性影响共同起作用。无论是为了获得接纳还是为了获取信息，从众可能涉及比行为“更深层次”的心理过程，而不仅是表现出来的从众行为。正如阿希所描述的，我们可能不仅改变了自己对某一对象的判断，可能还改变了自己对这一对象的认识。

上述可见，从众既是为了维持社会认可，又是为了增加人们对不确定情境中正确行事的机会。个人的这些动机越强烈，群体吸引力和凝聚力就越大，因而群体施加于个体的压力也就越大。由于这种压力取决于个体如何对群体作出反应，个体也许不能轻易抵制住这种压力，从众行为便在所难免地发生了。正如阿希的主张，从众在许多情况下有着非常重要的社会意义和现实价值。社会的稳定和发展要求人们遵从特定的规则，而从众恰恰增进了人们认同和习得社会规则与社会规范的速度和可靠性。同时，从众能够促使人们构建社会行为，并准确预测他人行为、增进人际和谐。因此，从众可以说是个体社会适应的策略和体现。

五、评价

岑国桢的系列研究揭示了道德判断的从众倾向，这是从众现象在道德判断领域的延伸和拓展，同时该研究也涉及了道德判断从众与被试年龄、群体类型（尤其是权威型群体）等变量的关系。

尽管阿希的从众研究在心理学领域影响巨大，国外也有众多在阿希之后开展的对从众现象的研究，但是对道德判断中的从众现象的系统实验研究相对较少。继阿希之后，只出现昆杜与卡明斯的研究、萨尔茨斯坦等人的研究这两项研究（如 Saltzstein，Diamond，& Belenky，1972；Kundu & Cummins，2013）及本书中所介绍的岑国桢的系列研究。昆杜和卡明斯的研究（Kundu & Cummins，2013）详见本书第三章第二节；另一个是萨尔茨斯坦等人的研究，考察的是不同道德认知水平儿童的从众现象。其研究思路是：首先根据科尔伯格道德发展阶段论中儿童道德发展的三水平六阶段的划分标准，将七年级被试划分为Ⅰ—Ⅴ五个阶段，然后合并成三个水平，分别为阶段Ⅰ—Ⅱ（25人）、阶段Ⅲ（17人）、阶段Ⅳ—Ⅴ（21人）。研究考察这三个道德发展水平的儿童在线段判断从众实验中的表现。该研究的线段判断任务范式是阿希范式的变式，在18英寸×24英寸的白板上，黑色标准刺激线条（始终是6.5英寸长）和3条灰色比较刺激线条（不同试次中分别随机以红色、黄色、蓝色的圆圈在下方标识），以上下方位呈现而不是左右方位呈现，被试通过按钮进行选择。在萨尔茨斯坦等人的研究中，5人组成的假被试组是虚拟的，通过点亮5个彩色灯泡向真被试呈现假被试的选择，所亮灯泡的颜色（红/黄/蓝）代表假被试选择了相应颜色标记（红圈/黄圈/蓝圈）的比较线段。当然，虚拟的5个假被试有始终一致选择明显错误线段的情况（即相互依赖条件），18个试次中有8次这种情况；被试也有选择正确的情况（即依赖条件），18次中有10次。结果显示，在人为安排的相互依赖条件下，处于三个道德发展水平的七年级儿童的从众人数比（conformer rate）分别为：阶段Ⅰ—Ⅱ为32%（8/25），阶段Ⅲ为58.8%（10/17），阶段Ⅳ—Ⅴ为14.3%（3/21），表现出了随道德水平变化而变化的"低—高—低"的曲线从众模式。科尔伯格的道德发展阶段Ⅲ是人际协调定向阶段，也称作"好孩子"道德定向阶段，该阶段儿童道德认识的表现是认为好的行为是让人喜欢或被人赞扬的行为。这说明这个阶段的儿童很在乎自己在他人心目中的印象，因此表现出更高程度的从众倾向。

国内研究者岑国桢及其同事的研究是不多的设计严密的道德从众实验研究，将阿希关于知觉判断从众研究拓展到儿童道德判断从众领域是一个新的视角和拓展，这既是从众在研究内容方面的拓展，也是在研究对象方面的拓展。岑国桢的这两项研究逻辑清晰、问题明确、设计合理，有一定创新，且实验结果富有意义，实验报告语言表达流畅自然，值得拜读和学习。另外，在8—12岁儿童道德判断从众研究中，前测和后测的间隔时间为一周，这样，被试在后测时的选择改变可能是由于从众的影响，也可能是随时间而发生的认识上的改变。比如儿童在前测中对选A还是选B不是特别坚持，因为两难任务本身就有两种选择各有利弊的特点。但是，该研究设置了一个控制组，且发现没有同谋者的控制组被试前后测选择的一致率为84.7%（61/72），也即改变率为15.3%，应该是对实验中历史因素和实验效应的控制。尽管阿希的线段判断研究的控制组的错误选择仅为1%，两个研究的控制组比例相差悬殊，但是这是道德从众判断任务本身的特点使然。相比较于各年龄组始终从众的人数比例，即改变比例（8岁为54.7%，10岁为39.4%，12岁为32.6%），15.3%也与之有显著差异。实验组的巧妙设置支持了实验结果的可靠性。

第七章　阿希与格式塔心理学

阿希是典型的格式塔心理学家。很多心理学者提及格式塔学派都知道它的代表人物“三巨头”韦特海默、克勒和考夫卡。实际上，从众和服从的三位研究者谢里夫、阿希、米尔格拉姆都是深受格式塔理论影响的心理学家。本章系统介绍了阿希人际关系思想的起源格式塔心理学的基本理论和发展，及其对阿希人际关系思想深刻而持久的影响。

阿希所属的心理学流派无疑是格式塔学派，在他还是研究生的时候，就从墨菲的《近代心理学历史导引》（1929）著作中对格式塔学派的理论思想有了初步的了解，但真正深刻地学习、体会和领悟格式塔心理学是从韦特海默那里。从那以后，他便始终如一地以格式塔原理来解释人的心理和行为。表面上，这和他与格式塔学派的创始人韦特海默相识、相见、相知有关，实际上，格式塔学派的基本主张与阿希对人的一贯认识不谋而合。下面就对格式塔学派作一简要介绍。

第一节　格式塔心理学的起源

一、格式塔心理学的哲学基础

格式塔心理学与行为主义诞生于同一个时代，但其理论观点却与行为主义理论背道而驰。尽管如此，格式塔主义的观点对后期的新行为主义产生了深远影响，而这一流派的产生及其理论观点的渊源与当时的社会历史背景及哲学根基密不可分。

20世纪初叶，心理学的重心开始由欧洲向美国转移。在格式塔主义的发源地德国，资本主义经济迅猛发展，已经超过了当时的英、法等老牌资本主义国家，并妄图使全世界都臣服于普鲁士统治的版图之中。此时，德国意识形态所强调的唯意志论、整体决定的动力观等日益重要。德国的政治、经济、文化等方面被迫适应这一背景和潮流，都开始倾向于整体研究，格式塔心理学也正是在这一历史背景下产生的。

德国哲学家、心理学家威廉·狄尔泰（Wilhelm Dilthey，1833—1911）于1894年在《描述与分析心理学》中提出，把个人“生活的体验”和对生命同情的“理解”作为认识心理生活整体性的准则与方法。德国哲学家和心理学家威廉·斯特恩

（William Stern，1871—1938）（他是众所周知的“比率智商”概念的提出者）于1906年在《人与物：世界观》一书中也提倡从整体观的角度进行人格心理学研究。在这一哲学思潮的背景下，强调意识的整体观的格式塔心理学因此而诞生，并以康德的先验论、厄恩斯特·马赫（Ernst Mach，1838—1916）的“中立要素”的经验批判论和埃德蒙德·胡塞尔（Edmund Husserl，1859—1938）的现象学等哲学思想为理论基础。

首先，康德将世界划分为“现象”的“此岸世界”和“本体”的“彼岸世界”。他认为“此岸”的“现象”与“彼岸”的“本体”之间存在着不可逾越的鸿沟，并认为独立于人们的意识之外存在“物自体”（things in themselves），人们只能够认识“现象”，而“物自体”是认识所不能到达的。他强调对“现象”的认识必须借助人的先验范畴，认识是知识的“形式”与“质料”的统一，其中“质料”（即感觉要素）来自经验，而知识的“形式”（即先验要素）则是先天的，包括感性先验要素（如时间和空间观念）和逻辑先验要素（知性先验要素和理性先验要素）。

在空间和时间“形式”是心理现象的存在方式这一观点上，格式塔心理学与康德的观点非常相似，“格式塔”（Gestalt）一词原意为“形式”“结构”“组织”等，此含义正是源自康德“先验范畴”的思想框架。苛勒也将世界划分为“现象”世界和“超现象”世界，并认为“现象世界”（即心理世界）是最为真实的世界，“现象世界包含着能够直接给予人的全部材料”（Köhler,

1938, pp. 140–141）。由此可以看出，康德关于人的经验是一种整体现象，不能分解为简单的各种元素，心理对材料的知觉是在赋予材料一定形式的基础上，并以组织的方式进行加工的相关思想，日后成为格式塔心理学的核心观点。

其次，马赫的观点对格式塔心理学也有着深远的影响。马赫认为，世界由人的感觉构成，感觉经验既不是心理也不是物理性质，而是一个“中性”东西。格式塔心理学将物理世界与心理世界等同起来的观点与马赫的这一思想极为相近。苛勒主张，被观察的东西与观察属于同一个系统，即指人们只能观察到自己对外部世界的知觉和表象，而不能直接观察到物理世界。

最后，胡塞尔的现象学观点也是格式塔心理学的重要哲学基础之一。胡塞尔在康德“现象”观的启发下创立了现象学，以“意识”本身为对象，用“直接认识”来对意识活动和本质结构进行精确描述，以揭示出意识活动和意识对象发生的先验根源。从一定层面上来说，现象学使哲学变成了“意识学”或“先验心理学”。在意识的结构上，胡塞尔认为，意识是一个由“自我”（ego）、“我思”（cogito）和“我思对象”（cogitata）三个概念构成的整体。“自我”是指先验的、现象学的或本原的“自我”，并不是从事经验活动的心理学的“自我”；“我思”是“自我”的（如感觉、理解、情绪等）意向活动；“我思对象”则是先验自我活动时所涉及的对象，这些对象可能是物体，也可能是概念或情感等。胡塞尔将心理活动看作一种主动的、有对象的、有目的的意向活动，是“自我”通过“我思”的意向活动赋予“质料”以意义的过程，这就构成了“我思对象”。而知识的材料是客观经验的积累，知识结构是主体自我的创造，经验对象的本质和意义是先验自我的给予（车文博，1998，第415页）。

实际上，格式塔心理学采用胡塞尔现象学的观点，把心理学研究视为现象的、一种非心非物的经验，把胡塞尔关于在保持现象本来面目的基础上对观察的经验现象进行研究或对纯粹意识结构进行描述的观点作为方法论基础。胡塞尔认为，现象学的方法就是观察者必须摆脱一切预先的假设，坚持现象就是本质，或者是对直接经验的呈现，强调运用自然观察并进行如实描述，使观察对象的本质展现出来。这一认识过程必须借助人的知觉，才能掌握对象的本质。这些观点被格式塔心理学引入并进行改造，主张用直接方法来研究直接经验，成为格式塔学派研究对象、理论建构和方法论的哲学根据与原则。

二、格式塔心理学的建立

（一）格式塔心理学的兴起

格式塔心理学（Gestalt psychology）根据其原意也被称为“完形心理学”，是西方现代心理学的主要流派之一，由德国心理学家马克斯·韦特海默（见图7-1）首创，代表人物有库尔特·考夫卡（Kurt Koffka，1886—1941）、沃尔夫冈·苛勒等。格式塔心理学强调经验和行为的整体性，反对构造主义和行为主义的“刺激—反应”公式，认为整体不等于部分之和。实际上，格式塔心理学家做过许许多多的知觉实验，但促成其学派创立的经典研究是对似动现象和小鸡视觉辨别能力的探查。

图7-1　马克斯·韦特海默（1880—1943）

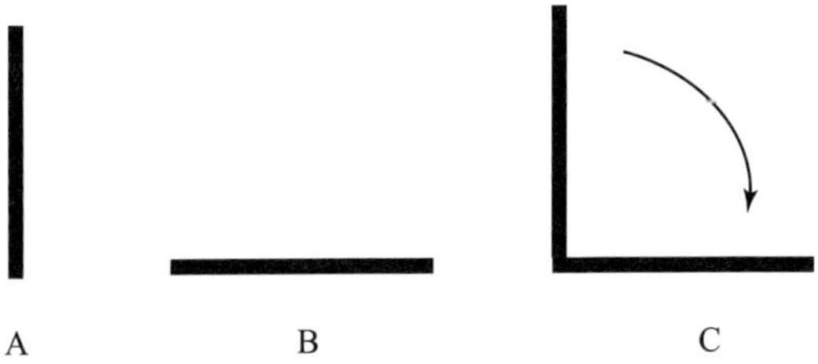

图7-2　韦特海默的频闪运动（Phi运动）实验材料

1. 似动现象

1910年夏，在从维也纳前往度假地莱茵兰的途中，韦特海默在火车上陷入沉思,他出神地望着窗外的景致，窗外原本静止的景物此时像是在与火车一起飞奔，突然，他领悟到解决似动知觉的灵感——似动现象。于是，他便在法兰克福下车，买了一只玩具动景器。这是一种说明似动现象的仪器，当以一定速度转动手轮时，观察者从窗口向内就能看到景盘上原本静止的卡通图片随之活动的景象。景盘转速在每秒16格左右时，动景效果最佳。动景器是普拉梯（Platean）1833年制造的，现在还是心理学演示似动现象的常用仪器。

在法兰克福的旅馆里，韦特海默开始着手设计对自己的想法进行验证的实验。韦特海默对动景器进行了改进，称其为速示器。他的似动现象实验是这样操作的（见图7-2），通过控制不同时间间隔的速示器来呈现两条角度不同的光线，先后投射到黑色背景上，一条是垂直线，另一条同这条垂直线成20度或30度角。让被试坐在暗室内，当两条线投射呈现的间隔超过200毫秒，被试会看到两条先后呈现的光线，两者均静止不动；当两条线出现的间隔很短时，如30毫秒，被试看到的则是两条同时出现的光线，它们也静止不动；当两条线出现之间有一个最适宜的时间间隔时，如60毫秒左右，被试则会看到光线是从一处向另一处移动。这种原本静止不动的两条光线能在一定条件下被知觉为单线移动的现象，即为似动现象。

似动现象一般译为“apparent movement phenomenon”，但韦特海默等人把这种现象称为“Phi现象”（Phi phenomenon），他们认为这种现象不是错觉，而是可观察的事实。“似动”的含义，指在一定时间和空间条件下，人们在静止的物体间看到了运动，或者在没有连续位移的地方看到了连续位移。它包括以下四种形式：（1）动景运动或频闪运动（stroboscopic motion），当两个刺激物（光点、直线或图片）按一定的空间间隔和时间间隔相继呈现时，会看到从一个刺激物向另一个刺激物的连续运动，这就是动景运动，也叫“最佳运动”或“Phi运动”。（2）诱发运动（induced movement），一个物体的运动使其相邻的一个静止的物体产生运动的印象，如看上去是月亮在云朵里穿梭，实际上却是云朵在移动。（3）自主运动（autokinetic movement），即游动效应或游动错觉（autokinetic effect），指在黑暗的环境中观察一个固定不动的光点，由于错觉的作用，这个光点看上去好像是在游动。（4）运动后效（motion aftereffect），长时间注视一个运动的物体，再看静止的物体，感觉原本静止的物体在向反方向运动。如注视瀑布久了，再看田野，会觉得田野向天空飞升。

关于这种运动知觉，以往研究者主要有三种解释：一是以威廉·冯特（Wilhelm Wundt，1832—1920）为代表的眼球运动说，二是以卡尔·马尔比（Karl Marbe）为代表的后象混合说，三是以克里斯蒂安·冯·艾伦菲尔斯（Christian von Ehrenfels）为代表的感觉综合说（认为先有一些感觉元素，这些元素综合起来构成了运动知觉）。但韦特海默不认可这些解释，他提出了自己的见解，他认为似动本身是一种完整的现象，而不是若干感觉元素的集合。运动知觉是一种新的现象，是一个整体，即是一个格式塔。整体是先于部分而又决定各个部分的。被试在事实上无运动的情境里觉察到明显的运动，说明光线的刺激引起了相互交叠的两个脑场，在皮层的不同区域之间产生了电流动力的交互作用，于是产生了运动感觉。

1911年，韦特海默赴法兰克福大学任教，便把似动研究转移至此，苛勒和考夫卡充当他的被试（因此，格式塔学派也被称为“法兰克福学派”）。他们以对似动现象所做的实验批驳了当时流行的知觉理论，共同阐释了格式塔心理学的原理。从这些实验成果出发，韦特海默首次提出了在一切心理现象中，整体并不是元素的综合，它先于部分并决定部分。格式塔的性质不存在于部分之中，而是附于整个心理物理场（psycho-physical field）中，因此，对部分的研究无法解释整体的性质。由此韦特海默进一步推论，人的一切心理现象，整体都不可分析为元素，都不是各部分的简单相加，整体先于部分且大于部分之和决定着部分的性质。他以此为核心思想形成论文《似动现象的实验研究》（Experimental studies of apparent movement）于1912年在《心理学杂志》上发表，这标志着格式塔心理学的诞生。而韦特海默、苛勒和考夫卡三人也成为格式塔学派的奠基人。

2. 小鸡视觉辨别实验

苛勒（1918）进行了小鸡视觉辨别实验，其研究结论被称为“转换律”（law of transposition）。实验中有明度较低的深灰色和明度较高的浅灰色两张纸。将谷物分别洒在两张纸上，当小鸡啄食浅灰色纸上的谷物时就让它继续吃，但当小鸡啄食了深灰色纸上的谷物时则拿走食物阻止它进食。如此反复400—600次，其间两张明度不同的纸不停地交换位置。最后，小鸡学会了挑选浅灰色的纸啄食。这种模式建立之后，如果将深灰色纸换成了比浅灰色纸更浅的纸，小鸡也并不会选原来的那张浅灰色纸，而是选择新的更浅灰色的纸去进食。因此苛勒认为，小鸡并不只是对某一个特殊刺激发生反应，而是对整个情境（完形）中的相对关系发生反应（见图7-3）。苛勒主张，关系知觉是智慧的一种标志，那种对有用的或者适当关系的突然知觉是顿悟（insight）。该结果为格式塔心理学理论提供了进一步的实证研究支持，而行为主义的“刺激—反应”理论对此无法予以合理解释。

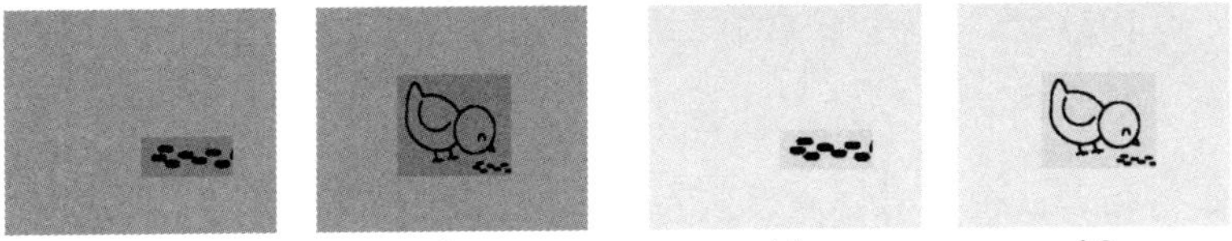

a1　　a2　　b1　　b2

图 7-3　小鸡视觉辨别实验示意图

（二）阿希与格式塔心理学主要代表人物的交往

除阿希之外，格式塔心理学的主要代表人物还有韦特海默、苛勒、考夫卡、勒温及沃勒奇，等等。

1. 韦特海默在格式塔学派“三巨头”创始人中位居首位，他的著作最少，却声名远扬，这不仅因为他是格式塔学派基本思想的首创者，也源于苛勒和考夫卡及其他格式塔人不断地验证并传播他的理论和思想。韦特海默出生于捷克斯洛伐克布拉格的犹太人之家，18 岁时进入布拉格大学学习法律，1901 年转入柏林大学，师从卡尔·斯顿夫（Carl Stumpf）学习哲学和心理学，1904 年他又转到符兹堡大学，在德国哲学家、意动心理学代表人物奥斯瓦尔德·屈尔佩（Oswald Külpe，1862—1915）的指导下，获得了哲学博士学位。1910 年以后在法兰克福大学和柏林大学等校任教。韦特海默最大的贡献是在似动现象研究的基础上创立了格式塔心理学。当他在符兹堡大学获得博士学位时，那里的一些心理学家不同意冯特的主张，而试图通过内省的方法来对思维进行探索。韦特海默在研究似动现象时认为，运动错觉的成因可能并不发生在视网膜上，而是在意识里，是某种高级的意识活动在连续的图片间提供了一种转接，从而形成了运动感知。

1933年，韦特海默因受到纳粹迫害而移民美国，在纽约城市大学布鲁克林学院新社会研究学院任兼职教授。就在这个时候，阿希认识了韦特海默，为其人格魅力和学术思想深深吸引，认识到自己找到了真正研究心理学的门派和取向。随后他开始给韦特海默做助手，整理其书稿《创造性思维》。格式塔学派在整体环境背景下分析人的心理行为的主张更强调人的社会性和人类行为的社会意义，与阿希一直以来所关心的人的本性一脉相通，从此，阿希成为格式塔学派的坚定支持者。韦特海默在美国期间，因社会活动繁多和语言上的障碍，发表的文章并不是很多。他的主要著作有《创造性思维》(1945),《格式塔心理学源考》(1967),《对抗：心理学与当今的问题》(1970),《心理学的基本问题》(1972)等。

2. 苛勒（见图7-4），德国著名的心理学家，格式塔心理学的创始人之一。1887年出生于爱沙尼亚，5岁时，全家搬到德国北部。他先后在德国杜平根大学、波恩大学和柏林大学就读。1909年，在著名的听觉心理学家卡尔·斯顿夫的指导下获得柏林大学哲学博士学位。1910年，苛勒在法兰克福大学任职，这期间，他与考夫卡共同参与了韦特海默的似动现象实验。1913年，格式塔心理学正式诞生，法兰克福大学成为当时格式塔心理学的研究基地。同年，苛勒接受了普鲁士科学院的邀请，到西班牙属地腾纳列夫岛研究黑猩猩的

图7-4　沃尔夫冈·苛勒（Wolfgang Köhler，1887—1967）

学习。由于第一次世界大战爆发，他在那里滞留了7年。后来证明,那段时间对心理学的作用和贡献非常深远。在腾纳列夫岛，苛勒以黑猩猩和小鸡为研究对象做了大量研究，并于1917年出版了著作《人猿的智慧》(*The Mentality of Apes*)。该书记录了许多对黑猩猩利用环境资源解决问题的能力的发现，并提出了学习的顿悟理论（insight theory）。这本书是格式塔心理学的经典之作，于1924年再版发行，随后又发行了英文译本（1925年）和法文译本（1928年）。2003年，浙江教育出版社出版了中文版。

对黑猩猩的研究使苛勒成为当时非常令人尊敬的心理学家，回到德国后，他出任柏林大学心理学研究所主任一职，并于1922年，受聘于柏林大学。柏林大学成了格式塔心理学研究的中心，所以格式塔学派也因此被称作“柏林学派”。这期间直到1935年，苛勒往来于欧洲和美国讲学，受到广泛欢迎。1933年，德国著名物理学家、诺贝尔奖得主詹姆斯·弗兰克（James Franck）因自己的同事和学生中非雅利安人或所谓政治上有问题的人都被免职或开除一事，愤而辞掉了教授职位。疾恶如仇的苛勒也愤怒至极，在1934年4月28日的报纸上发表公开抗议，指责纳粹的独裁。此后，他的学术工作不断受到干涉。在不得已的情况下，1935年苛勒去了美国，并执教于斯沃斯莫尔学院和达特茅斯大学，直至退休。加之于1924年移居美国的考夫卡，格式塔学派的三位奠基者都在美国，格式塔学派的阵营也从德国转到了美国。那时，斯沃斯莫尔学院汇聚了一批很有学术影响的格式塔心理学家，苛勒、瓦拉赫奇、阿希……阿希在1947年去了斯沃斯莫尔学院，意气相投与志同道合使他们结下了亲密的友谊。相较于苛勒卓著的学术成就，阿希和斯沃斯莫尔学院的同事们更敬仰苛勒人见人赞的高尚品格。苛勒去世时（1967年）的讣告是阿希撰写的，对苛勒的一生作了极高的评价。

格式塔学派的基本思想大多数由韦特海默提出，但这些理论真正发扬光大则是苛勒的功劳。苛勒一生著作颇丰，除了上面提到的《人猿的智慧》(1917)，还有《完形心理学》(1929)、《价值在事实世界中的地位》(1938)、《心理学的动力学》(1940)、《图形后效》(1944)、《完形心理学的任务》(1969)等，尤其是1929年用英文撰写的《格式塔心理学》，对格式塔运动及理念作了最权威性和最透彻的阐述，促进了格式塔心理学在美国乃至后来全世界范围的发展。

3. 库尔特·考夫卡（见图7-5），德国心理学家，格式塔心理学的主要代表人物之一，因心理物理场和同型论的格式塔理论而独树一帜。1886年出生于德国柏林，1903—1904年就读于爱丁堡大学。他对科学和哲学兴趣浓厚，1905年转学就读于柏林大学。考夫卡、韦特海默和苛勒都受业于德国著名心理学家斯顿夫。1909年以《节奏理论的实验研究》获哲学博士学位，1910年在法兰克福大学与韦特海默和苛勒共事，开始了三人长期的合作研究，并成为格式塔学派先驱代表人物之一。1911—1924年，考夫卡在

图7-5　库尔特·考夫卡（Kurt Koffka，1886—1941）格式塔心理学的代表人物之一。

德国吉森大学工作，进行了题为“对格式塔心理学的贡献”的系列研究，其成果于1913—1921年分为5辑发表在《心理学研究》(*Psychologische Forschung*)上。《心理学研究》由韦特海默、苛勒和考夫卡联合精神病理学家库特·戈尔茨坦和汉斯·格鲁尔创刊，共发行了22卷，被认为是格式塔学派的喉舌，代表了德国心理学强大阵营的研究水平。

第一次世界大战期间，考夫卡在精神病医院从事大脑损伤和失语症患者的研究。1921年，他出版了儿童发展心理学著作《心之生长》(*The Growth of the Mind*)(或译为《心理的发展》，高觉敷的中译本书名为《儿童心理学新论》)，介绍了苛勒关于黑猩猩的顿悟学习实验，该书在德国和美国的发展心理学界被誉为成功之作。第一次世界大战结束后，美国心理学界开始慢慢关注正在德国兴起的这一新学派，因而1922年邀请考夫卡为美国《心理学公报》(*Psychological Bulletin*)撰写了题为《知觉：格式塔学说引论》(Perception: An Introduction to Gestalt-Theorie)的论文。1924年，考夫卡移居美国，从事知觉的实验研究。作为格式塔学派的主要发言人，考夫卡最早向美国心理学界介绍了格式塔心理学的研究对象、原理和方法，使格式塔心理学系统化。1932年，他开始撰写《格式塔心理学原理》(*Principles of Gestalt Psychology*)，于1935年出版。这是一部格式塔心理学集大成的著作。考夫卡在美国与阿希分别任职和访问于不同的学校（如康奈尔大学、威斯康星大学和史密斯学院），二人并无实质性的交往。

第二节　格式塔心理学的基本观点

“格式塔”的意思是“形式”或“形状”，“完形”或“整体”的意思。斯皮尔曼曾把它称作“形的心理学”（shape psychology，1925），铁钦纳称它为“完形主义”（configurationism，1925）（波林，1981，第670页）。这两种叫法的含义不同，前者表示空间的结构，后者则代表着各部分的排列。结构心理学（structural psychology）似乎比较贴切，这是因为构造就是整体，但铁钦纳的构造心理学是对意识各元素的描述性的剖析，这恰恰是格式塔心理学所反对的。实际上，格式塔心理学所研究的是整体（wholes），而其资料就是现象（phenomena）。格式塔心理学家认为，“格式塔”一词应兼具“整体”和“现象”这两部分含义（波林，1981，第671页），因而强调经验和行为的整体性。他们反对当时流行的构造主义元素学说和行为主义的“刺激—反应”理论，而提出整体不等于部分之和、意识不等于感觉元素的集合、行为不等于反射弧的循环等主张。1912年，行为主义在美国对构造主义发起了猛烈抨击，同时，格式塔心理学在德国对构造主义进行讨伐。开始时，这两种运动都反对构造主义的元素学说，后来，两者逐渐互相对立起来，其根本分歧在于，行为主义完全拒绝讨论意识，甚至不承认意识的存在，而格式塔学派承认意识的价值，只不过不同意把意识分解为元素，格式塔心理学把构造主义的元素说讥称为“水泥和砖头心理学”，说它用联想过程的水泥把元素的砖头黏合起来，借以垒成构造主义的大厦。他们说，当一个人向窗外观望时，看到的是树木、天空、建筑，还是组成这些物体的各种感觉元素（例如亮度、色调、线条、形状等）。如果是前者，那么构造主义的大厦必定倒塌。

一、格式塔心理学的研究对象、任务和方法

格式塔心理学尽管在诸多方面与构造主义和行为主义存在分歧，但关于心理学的研究对象等方面，与这些流派的观点相似。它既不反对行为主义将行为作为研究对象和主题的主张，也不反对构造主义将直接经验作为心理学研究对象的观点。格式塔学派认为可以将心理学分为作为科学的心理学、作为心理科学的心理学和作为行为科学的心理学三种（Koffka, 1962, p. 25）。韦特海默认为，格式塔心理学虽然是作为前两种科学逐渐发展起来的，但仍将行为作为研究的基本对象。这并不意味着格式塔对心理学的界定是错误的，而是说，如果从行为开始，则比较容易为意识和心理找到一个位置，若从心理或意识开始，就没那么容易为行为找到位置了。

（一）研究对象

1. 直接经验

格式塔心理学家认为，心理学应该研究意识，但为了与构造主义心理学有所区别，苛勒以“经验”作为意识的同义词，而把心理学研究对象命名为直接经验。所谓直接经验，苛勒认为是主体当时所感受或体验到的一切，即主体对现象认识的过程中所把握到的经验。实际上，这里的经验是一个有意义的整体，它与外界直接的、客观的刺激并非完全一致。格式塔心理学认为，客观刺激只有几何或物理属性，这些属性只有被人以完整的方式感知后才会成为直接经验。

格式塔心理学家认为，直接经验不仅是心理学，还是一切科学研究的基本材料。苛勒在对这一观点进行论述时，将物理学和心理学进行了比较。他认为，与物理学相比，心理学更倾向于通过内省法与直接经验打交道，物理学家观察客观事物，只通过使用客观的量的方法对客观的直接经验进行研究以把握客观经验的量的属性，而心理学家研究心理现象，既研究客观的直接经验也研究主观的直接经验，可见，他们都离不开直接经验，但却又有一定区别。例如，在某一情境中对一个人进行观察，看他在讲话时声音是否“颤抖”，而这种观察仅仅是一种质的判断（Köhler, 1929，pp. 38–39）。即使存在某种能够测量声音稳定性的方法，但也有一个前提条件，即在我们的直接经验中，知道声音的不稳定性的特点是什么。因此，心理学在研究人的行为时，需要将客观经验和主观经验相结合。

2. 行为和行为场

除直接经验外，行为也是格式塔心理学的主要研究对象。考夫卡指出："心理学虽可成为意识或心灵的科学，但我们将把行为作为研究的中心点。"（Koffka, 1936, p. 26）他强调，心理学不对华生的S-R公式所推导出的肌肉收缩与腺体分泌等细微行为进行研究，而是对有意义的外显行为进行研究。

考夫卡和苛勒一样，也坚持将基于直接经验的行为作为心理学的研究对象，主张研究整体行为，而非分子行为。由于分子行为产生于机体内部，而整体行为产生于一种环境之中，因此将环境区分为地理环境（geographical environment）和行为环境（behavioral environment），前者是外界的现实环境，后者是个体所意识到的环境。人的行为既产生于行为环境，又受行为环境的制约与调节。他用一个生动的例子说明了这一观点。在一个大雪纷飞的冬夜，一人骑马来到一个旅店，庆幸自己奔波了几个小时终于找到了一个安身之所。旅店主人出门迎接，惊奇地问客人从何处来。客人指向他前来的方向，主人惊愕万状，说："你知不知道，你骑马渡过了康士坦斯湖（位于瑞士、奥地利和德国三国交界处，面积536平方千米）啊！"客人听后立刻惊骇而死（Koffka, 1962, pp. 27–28）。考夫卡分析，湖是客观存在的地理环境，客人心目中所渡过的是一片被冰雪覆盖的平原，这是行为环境。很明显，如果客人知道前面是一个湖泊而非平原时，他的行为一定会有所不同。因此，行为是受到行为环境的决定和调节的。

考夫卡认为，行为环境要小于苛勒的"直接经验"。行为环境只是引起个体行为的环境，而直接经验则包括行为环境、自我及主观经验等。为了使行为环境与意识有同等意义，必须要加上一类知识，“包括我的意欲、志向、成功失败、欢喜忧愁、爱恶及我之所以这样做而不那样做的缘故”（Koffka, 1936, p. 26）。

考夫卡从完形的角度出发，根据场的概念，又演化出了一系列所谓“心理学的场”，如物理场（地理环境方面的场）、环境场（行为环境方面的场）、行为场（意识或直接经验方面的场）、生理场（生理过程方面的场）、心理物理场（总结行为场和生理场的场），等等。他提出，心理学的任务就是研究行为与心理物理场的因果关系，即，不仅要对行为进行研究，还要对自我或人格和环境在内的心理物理场进行研究。它是具有自我和环境两极性的同型，两级各有自己的结构。他认为，经验世界与物理世界不一样，观察者知觉显示的观念称为心理场，被知觉的现实称为物理场。

图 7-6　螺旋线效应图

在图7-6中，若对图片进行观察，可以看到线条几乎都是向内盘旋直至中心。这种视觉上的螺旋效应是观察者的知觉产物，属于心理场。但是，如果观察者从A点开始，随着曲线前进360度，就又会回到A点，图中看似螺旋的线都是圆周，这就是物理场。从这个例子可知，心理场和物理场之间并不存在一一对应的关系，但是人类的心理活动却是二者的结合——心物场。

（二）研究方法

格式塔心理学家在研究方法上既不反对构造主义的内省法，也不反对行为主义所依靠的客观观察法。由于格式塔心理学以直接经验为研究对象，而直接经验是自然观察到的完整现象，因而他们主张采用直接观察法。这种观察离不开直接经验，并不否定内省法，他们认为任何实验都不能与直接经验脱离关系，应在客观观察的基础上以内省法作为补充。格式塔心理学家对这些研究方法还是进行了一些改进和修正，他们反对构造主义排斥事物的对象和意义，而只强调对心理进行元素分析的内省分析法，认为这种人为的分析很容易破坏自己的经验。

格式塔心理学家主张采用现象学的方法，主要是一种纯粹的经验的观察。运用现象学方法的原则是：（1）把直接经验作为心理学的研究对象，并采用自然观察法对其进行描述和研究；（2）坚持对经验进行朴素而如实的描述，而非对其进行推测和解释；（3）这是因经验很难用数量来进行计算，对经验进行质的分析，不能盲目运用自然科学的量的分析方法；（4）强调经验和行为的整体性，按照整体性而不是元素分析法来研究经验。

此外，苛勒还指出了语言和口头报告在心理学研究中的作用和意义。他说："我的被试的语言既可以当作他直接经验的指标，也可作为他直接经验的基础的那些过程的指标。"（Köhler, 1929, p. 68）格式塔心理学家在以人类为被试的实验研究中强调采用广义的内省和口头法，但在动物实验中采用客观观察法。这种主张在阿希的从众实验中得到了很好的应用，阿希把对被试的访谈和告知被试研究目的均作为研究的一部分。

二、格式塔心理学的同型论

格式塔心理学家在对心理现象进行研究时，比较关注对其生理机制的探讨，这种意识与行为的生理说便是同型论（isomorphism）。他们主张在物理、生理和心理现象之间具有对应关系，它们都有同样的格式塔性质，因而三者彼此等同。这种理论否定了心理是客观现实的反映的观点，认为心理是脑的机能，并具有思辨和推论的性质。同型论说的是环境中的组织关系在体验这些关系的个体中产生了一个与之同型的脑场模型，心物场与脑场之间在功能上是同型的。

韦特海默1912年在对似动现象的生理机制进行探讨时，首先应用了同型论学说。他认为，皮层活动是一种定型的整体过程，因经验到的似动与真实动觉是同一的，那么实现真动和似动的大脑皮层过程也应该是类似的。为了证明似动现象，需要承认在意识或心理的经验和作为其经验的大脑经验间的必然联系。考夫卡在《格式塔心理学原理》一书中也对同型论进行了详细阐述，并维护了韦特海默的主张（考夫卡，1936，第36页）。他在书中提出了两个重要概念：心理场和同型论。他认为大脑并不是一个感觉运动的连接器，而是一个复杂的电场。在一个问题情境中，心物场的张力在大脑中表现为电场张力，顿悟解除脑场张力，导向于现实中的问题解决。

格式塔心理学家认为，无论是时间还是空间知觉，都与大脑皮层内的相同过程是对应的。苛勒指出，如果一个人感知到了灰色背景上的白色圆形，那么意味着在他的大脑内部存在着一个圆形的有限区域，一些强有力的电荷沿着这个区域的轮廓不断运动，环绕圆形区域的是一个较弱电荷的场，它与灰色背景相适应。这一解释就是格式塔心理学家解释心物和心身关系的同型论。该理论强调说明，心和物具有同样的格式塔性质，都是一个通体相关的有组织的整体，并非部分之和，而部分也不具有整体的特性。实际上，它是一种心身平行论的翻版。

三、格式塔的组织原则

以心物场和同型论为格式塔的总纲，由此派生出若干亚原则，称作知觉组织律（laws of perceptual organization）。这是格式塔学派提出的一系列由实验结果为佐证的知觉组织原则，用来说明知觉主体按照怎样的形式来将知觉到的经验材料组织成有意义的整体。苛勒认为行为主义的S-R公式中的反应依赖于组织作用，于是他提出了一个新的公式：刺激丛—组织作用—对组织结构的反应。格式塔心理学家认为，正是因为整体不是部分的简单相加和先于部分的特性，所以格式塔的组织原则意味着，人们在知觉的时候总会按照一定的形式把经验素材组织成有意义的整体。这些良好的组织原则主要包括：图形与背景、接近性原则与连续性原则、闭合原则、相似性原则等。

1. 图形与背景（figure-ground）

在一个视野内，并非所有对象都是同等重要的。有些对象比较突出，形成了一个相对鲜明的轮廓，从而形成了图形；而另一些对象则退居其后对图形起烘托作用，构成了背景。在一个知觉场中，邻接的单元与大小、形状或颜色相似的单元联合，而差异较大的单元则各自分离。若主观将他们强行组合在一起，也很难稳定。例如图7-7a中因黑白的转换，我们把不同的形状知觉为对象。

2. 接近性原则（law of proximity）与连续性原则（law of continuity）

当刺激在空间或时间上彼此邻近或接近时，倾向于被组织成一个整体被感知。如图7-7b所示，间隔较小的黑点被联系起来整体感知成为一个整体，整个图形被感知成为五条竖线。连续性原则是对线段的一种知觉倾向，指刺激中能彼此连续而组成的图形。即使图形中间有不连续或短缺处，也倾向于被组合在一起视为一个整体。例如，图7-7c中的图形，人们往往将其看作是一条曲线多次与直线相交，而并不会将其视为多个不连续的弧形与直线。

3. 闭合原则（law of closure）

在对不完满的图形或残缺图形进行知觉时有一种填补空缺使其完整的倾向。图形彼此相属的部分容易组合成一个整体，而不相属的部分则容易被隔离开来。例如，图7-7d中都有不完整的缺口或不封闭的现象，但我们却都倾向于把它们知觉成有意义的完整的图形。

4. 相似性原则（law of similarity）

如果距离相等，那么在如形状、颜色、大小、结构等方面相似的部分更容易被知觉为一个整体。如图7-7e所示，由不同颜色圆圈组成的图形更容易被看作竖线的排列，而不是横线排列。

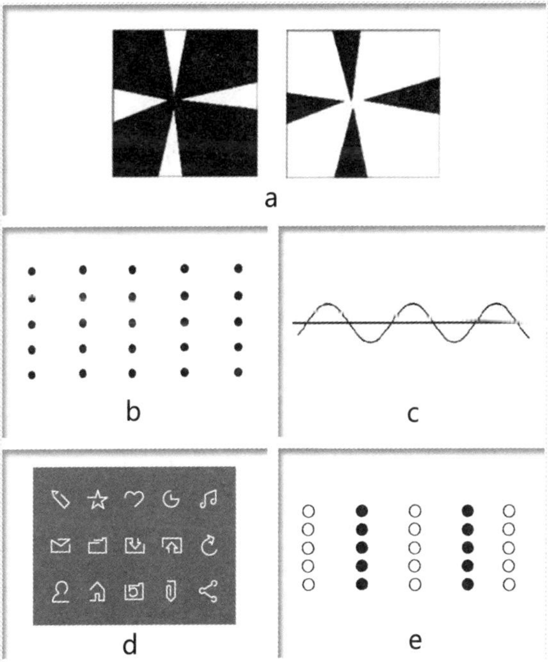

图7-7　知觉组织原则示意图

当然，这些理论并非由格式塔心理学家首创，有些原则早些时候便为人所知，有些已成为以往一些实验的基础。但格式塔心理学家从格式塔的角度出发，将他们进行了组织和整理，使之成为心理学知觉理论中重要的一部分。在这些原则中，有些适用于时间和空间，有些既适用于知觉也适用于其他心理现象。在格式塔心理学家看来，趋向于良好、完善或完形是组织完形的一条总的法则，而其他法则则是这一总则的不同表现形式。尽管格式塔原理不只是一种知觉的学说，但它却导源于对知觉的研究，而且一些重要的格式塔原理，大多也是由知觉研究提供并支撑，形成了一套完整的知觉心理学理论。

四、学习理论

格式塔心理学在向当时占主导地位的行为主义心理学提出批评和挑战的过程中，极大地推动和促进了心理学的发展，引发了人们对当时派别林立、观点对立的心理学思想和研究导向的深入思考，极大地影响了知觉领域的研究，为后来的认知心理学的发展奠定了重要基础。对知觉的研究也在一定程度上影响了学习理论的构建和发展，其“顿悟说”成了与当时风行的桑代克“试误说”相抗衡的学习理论。

以组织完形法则为基础的学习理论是格式塔理论的重要组成部分。格式塔心理学家认为，知觉原则不仅是知觉组织的服从，记忆与学习也遵从这些原则。格式塔学派的学习理论主要包括顿悟学习、学习迁移和创造性思维等方面。

（一）顿悟学习（insightful learning）

格式塔学派认为，人的心理意识活动都是先验的“完形”，即“具有内在规律的完整的历程”，是先于人的经验而存在的，是经验的先决条件。人所知觉的外界事物和运动都是完形的作用，人和动物的智慧行为是一种新完形的突然出现，叫作“顿悟”，实际上，它是一种学习模式。苛勒曾对黑猩猩进行了7年的实验研究以观察动物学习和解决问题的过程，试图揭示猿类是否具有和人一样的智慧活动，并提出顿悟学习的理论。苛勒认为桑代克的实验情境太复杂，动物很难观察到周围环境的全貌，只能够依靠一次次的尝试错误才能获得偶然的成功。而在苛勒的研究中，他尽量让动物看到实验环境的全貌，希望动物能够通过观察和学习而获得顿悟。苛勒的全部实验依据如下标准：在实验情境中，能够直接通向目的地的道路是堵塞的，但是另外一条迂回的路可以到达目的地，当动物进入实验情境时，它能够清楚地看到整个情境和道路的全貌。他设计了如下由简单到复杂的一系列实验，通过这些难易程度不同的任务判断动物的智慧。

（1）迂回实验

把黑猩猩带入一间有高百叶窗的房内，旁边有门可以通向外面的场地。让黑猩猩看见香蕉，并将香蕉从窗户扔出去并关上窗户，结果发现黑猩猩能很顺利地从门走向外面的场地捡回香蕉。这一简单的迂回实验在狗和鸡身上均得到证实。

（2）利用现成工具的迂回实验

此情境中，黑猩猩必须要利用绳子、手杖、木箱等其他工具来获得目的物——香蕉。将黑猩猩带入一个笼子内，香蕉放在笼子外面它手臂够不着的地方，笼内有几根手杖，观察黑猩猩能否利用工具来获得香蕉，结果几乎所有的黑猩猩都能使用手杖来获得目的物。另外一种情境中，笼内有一根短手杖，这根手杖够不到笼子外的香蕉，笼子外黑猩猩胳膊够不到的地方放着一根长手杖，只有用短手杖将长手杖拉过来，才能取到香蕉，这是比较聪明的黑猩猩才能做得到的。

（3）制造工具的迂回实验

这一情境中并没有现成的工具，动物必须要对现有的物体进行改造才能达到获取香蕉的目的。实验中，香蕉依旧放在笼外手臂够不到的地方，附近也没有可以利用的工具，仅在笼子的另一边有一棵放倒的枯树。大多数黑猩猩在这种情况下束手无策，但少数黑猩猩踌躇了一阵之后，能径直走向枯树，折下一根细长的树枝来够取笼外的香蕉。

（4）建筑或利用中介物的迂回实验

在“叠箱实验”中（见图7-8），把一只黑猩猩带入屋中，屋子天花板上悬挂着一串香蕉，地上放着大小不同的几个箱子，只利用一个箱子是无法够到香蕉的。最终，黑猩猩悟出了将多个箱子叠放并站在箱子上够香蕉的办法。另外一个实验则需要黑猩猩将两根口径不同的短竹竿连接起来组成一根长竹竿来够取笼外的香蕉。

图7-8　苛勒实验中黑猩猩的表现

左一中的黑猩猩试图把一粗一细两根竹竿接起来；左二、右一中的黑猩猩把箱子摞起来够香蕉；右二中黑猩猩借助接起来的竹竿够香蕉。

通过这些实验，苛勒发现，在实验过程中，黑猩猩常常会有很长时间的停顿，表现出迟疑。这种停顿则是行为的转折点，停顿前是一种盲目的行为，停顿后则是循序渐进、目的明确的行为。停顿之后出现了一个不间断的行为序列，是一个连续的顺利的过程，形成了一个连续的整体，最终正确解决问题，取得了目的物。从问题解决前到问题解决之间的过渡并不是渐变的过程，而是一个突然的质变过程。这些特点表明，黑猩猩在行动之前已经知道自己的动作及如何取得目的物的方法，能够领会自己的动作与情境，尤其是与要解决的问题之间的关系。在苛勒看来，黑猩猩对问题进行解决的过程并非盲目尝试，而是对问题产生了顿悟，指的是“从一开始就考虑到情境结构的行为”，这一问题解决看似是突然到来的，好像是包含着能达到预期目的的整个错综复杂的手段在内的一个新“完形”——在动物的意识中突然出现。

因此，苛勒认为，类人猿具有与人类相类似的智慧行为，这种行为的特征在于，它是在对整个问题情境进行完整概览的基础上产生的，是对试误学习理论的挑战。在格式塔心理学家看来，学习是一种顿悟的过程，需要理解、领会与思维等认知活动的参与，是一种突现、速变和飞跃的过程。因此，动物对问题的解决并不是对各个部分偶然碰巧的凑合。苛勒提到，在黑猩猩进入实验情境后，并没有表现出一种从事任何偶然性动作并导致偶然性解决的特征，也很少看到它试图从事任何看起来与问题解决毫无关系的事情（Köhler，1917，p. 191）。

除了认为桑代克的实验情境过于复杂外，格式塔学派对桑代克学习理论的另一批评指向了练习律和效果律。根据练习律，某一动作练习的次数越多，就越容易保存下来。考夫卡对此提出质疑，根据尝试错误理论，在取得成功的动作之前，失败的动作已经重复了很多次了，那么按照练习律，这些多次练习的失败动作就应该被保存下来，而成功的动作则应该被淘汰，但事实却并非如此。另外，根据效果律，成功的动作会引发快感并得以保留，但动物成功的动作不可能完全相同。既然成功的动作有差异，那么就无法证明第一次成功的动作会对下一次产生影响。因此，格式塔学派认为桑代克将学习看作一种量变过程是错误的，动物在解决问题时的动作是连贯而明确的，是一个快速的、质变的过程。

实际上，试误说与顿悟说二者间并非完全相互排斥，而是相互补充的关系。试误是一种分析性的对新经验的获得，而顿悟则是一种综合性的对以往经验的运用和升华。一般来说，学习的过程包括尝试，人们往往是经过尝试错误而得到顿悟的。

（二）学习迁移（learning transfer）

学习迁移是指一种学习对另一种学习的影响，也就是将已经学到的经验灵活地运用于另一情境中。关于迁移的原因，桑代克坚持共同要素说(identical element theory)，认为这是两种学习材料中相同的部分共同作用于神经通路的结果。当存在共同要素时，学习者从某一个情境中获得的心理机能的改进才能影响到其他情境中心理机能的改进。而格式塔心理学家却认为，迁移的原因是源于对情境中各个部分之间的关系及目的与手段之间关系的领悟。顿悟所产生的解决问题的方法能够印刻在大脑中，当以后面临类似的问题情境时，记忆痕迹会影响个体的心理活动，使之选择类似的方法解决问题。

格式塔心理学家指出，原先的学习与产生迁移的情境之间虽然存在着共同的东西，但这种共同并非零散的部分或要素，而是共同的模式、完形或关系。苛勒以小鸡视觉辨别实验及相关发现为支持依据批驳了共同要素说，证实学习的迁移是对整体结构的、关系的迁移，并非对共同要素的迁移。

（三）创造性思维

苛勒根据一系列迂回实验的结果，对黑猩猩学习行为的特点进行了总结，认为学习过程实际上是一个解决问题的思维过程，是顿悟式学习。动物之所以能解决新问题，就是因为他们能在新情境中发现新的格式塔，这就涉及了创造性思维。创造性思维（productive thinking）即在于通过顿悟来改造旧的格式塔而建立新的格式塔的过程。

韦特海默对创造性思维进行了长达7年的研究，他去世后，其《创造性思维》经阿希编撰整理出版（1945年）。该书对思维问题进行了系统的研究和阐释，特别是对儿童创造性思维进行了研究。他探究了从儿童解决简单几何问题到爱因斯坦提出相对论等各种思维过程，以不同年龄和难度的问题为依据，发现在各个解决问题的水平上都有创造性思维过程的例证。

韦特海默认为，传统的逻辑思维虽优势明显（如思维严密、重视规则、强调证明等），但同现实的、有意义的、创造性的思维过程相比，却显得空洞、乏味和没有生气。想要实现创造性思维必须要让整体支配部分，既要关注问题细节，也要关注整个问题的全貌，且必须把细节放在问题的整体中，与整体结构联系起来加以考虑。在他看来，对问题情境、目的和解决问题的途径等各方面相互关系的理解是创造性地解决问题的根本要素，以往经验只有在一个有组织的知识整体中才能获得意义和有效使用。因此，创造性思维是遵循旧的完形被打破、新的完形被构建的过程进行的。比如，要求被试将6根火柴搭成4个等边三角形，如果只从平面上去考虑问题，打不破原有的框框和定式，那问题便无法解决。如果在这里稍微提示一下，不要只在平面上思考问题，要冲破旧的格式塔，问题就会迎刃而解。

韦特海默还将格式塔学习理论用于分析和指导学校教育。他认为由试误说和条件反射说引发的盲目重复和死记硬背不是创造性思维。为了培养学生的创造性思维和提高学习效率，教师在课堂上的主要任务应该是帮助学生了解整个问题情境的全貌，使学生明白怎样去解决，为什么这样解决，并在理解问题的前提下产生顿悟。一旦掌握了问题解决的原则，就很容易将这种原则迁移到其他情境中去了。

第三节　格式塔心理学的影响

一、格式塔心理学的传播与影响

格式塔心理学在美国的发展可以划分为三个阶段：首先是初步接纳阶段（1921—1930年）。这一时期格式塔心理学观点及理论开始被美国心理学界接受。其次是迁移时期（1927—1945年）。因纳粹的统治，三位格式塔学派的创始人及其学生纷纷迁往美国，在美国的一些大学和研究机构担任职务并开展科研工作。由于三人所在的大学均没有学位授予权，因此无法培养自己的接班人，此外由于许多格式塔学派的经典著作用德文撰写，在一定程度上限制了其理论的影响与传播。即便如此，与苛勒、韦特海默和阿希等人共同工作的教职员工却仍然受到了格式塔思想的重要影响，并以格式塔理论为基础，指导设计了许多经典的实验研究。

格式塔心理学发展的第三个阶段是艰难的综合阶段（1945年至今）。尽管发展缓慢，但仍然吸引了不少追随者，这些心理学家将格式塔的理论观点应用到一些新的领域中，使格式塔学派逐渐在美国心理学界确立了自己的地位。例如，当苛勒还在柏林大学心理研究所工作时，就有一位非常得力的青年才俊为他做助手，从1920年苛勒从腾纳列夫岛回到德国之后直至1935年，他都在苛勒手下工作，这就是瓦拉赫。瓦拉赫是爱因斯坦的表弟，也是由于犹太人的身份而离开纳粹德国后来到美国。1935年，苛勒在斯沃斯莫尔学院获得教授职位后，便邀请瓦拉赫加入团队共同开展研究。阿希1947年从新社会研究学院去了斯沃斯莫尔学院，与沃勒克成为同事。那些年，斯沃斯莫尔学院的很多教师都在新社会研究学院受聘上课，阿希和瓦拉赫也在其列。1942年，瓦拉赫被聘为讲师（instructor），1953年被聘为全职教授，1957年出任斯沃斯莫尔学院心理学院的主任直到1966年，1975年从教学岗位退休，但仍然活跃在研究岗位直至1994年，1998年辞世。

瓦拉赫接受过完整的格式塔心理学的传统训练，他的许多后期工作探查了在知觉者经验的基础上知觉系统的适应性，以研究单色彩下的明度恒常而著称，最著名的莫过于对“黑白之谜”的探究（见图7-9）。在相同光照条件下，白色表面反射的光比黑色表面多很多，但阴影下的白色表面反射的光，却可能比阳光下的黑色表面反射的光更少。但是，人们肯定不会把阳光照射下的煤块知觉为白色，或者知觉为比粉笔更白。这就是颜色和/或亮度的恒常性。在意识到物体的反光本身无法提供足够的信息让大脑辨别黑白后，瓦拉赫于1948年提出了这样的猜想——大脑通过比较眼睛从邻近表面接收的光，来判断一个表面的灰度。就图7-9的错觉现象来看，如果人眼感觉到的颜色深浅完全取决于

图7-9　阿希的同事瓦拉赫设计的“黑白之谜”

方格A和方格B中的圆纸片，哪个颜色更深些？显然是A。不，其实图中所有的圆纸片的颜色都是一模一样的，甚至连A、B两个方格本身的颜色也是完全相同的。沃勒奇的研究对视觉与听觉感知理论有重要价值，他与阿希都是格式塔学派的代表人物。

眼睛接收到的光量，这两个方块看起来就应该一模一样，可事实却有差别。这说明大脑在判断颜色深浅时，并不是测量场景中每一个点的光线强度，而仅是测量场景中每一条边界处的亮度变化。瓦拉赫的研究成果表明，两个表面的相对亮度是解读视觉感受这个难题的重要环节。但相对亮度本身只能告诉人们两种色深间的差别有多大，不能告诉每一种色深的具体深浅。为了确定某一个表面的确切灰度，大脑需要一个可供比较的基准点来确定不同的色深。瓦拉赫对于基准点提出的理论是最大亮度理论，即场景中亮度最高的色彩被眼睛自动感受为白色。他通过实验演示证明，把一块色彩均匀的单色纸板放在被试面前，只需适当改变纸板周围光的亮度，就可以使被试觉得这块纸板呈现出由黑到白的任何一种色深，事实上，纸板本身并没有发生任何变化。瓦拉赫的一系列研究对当代视觉与听觉感知理论具有重大贡献。

关于从众和服从的三个研究者——谢里夫、阿希、米尔格拉姆，可以说都是受格式塔理论的影响而关注社会影响的心理学家，他们对研究的设计都采用实验室微观文化设计，考查个体在社会影响下的行为取向，将社会环境与个体心理表现紧密联系。阿希在谢里夫（1935）群体规范性形成研究的基础上，发展和设计简单精妙的实验考查群体压力下的从众与独立，包括之前对印象形成及机制探索、依赖于场的棒框实验等，无不体现了格式塔的完形论思想和兼顾现象与环境关系的基本主张。阿希于1952年完成了凝结他格式塔基本主张和人本思想的巨著《社会心理学》，奠定了格式塔理论在社会心理学领域的重要影响。

阿希生活工作在行为主义思潮大行其道的年代，他和他的导师韦特海默一样，在对行为主义基本原理及其要义进行深入分析后，认识到行为主义在对人类行为进行解释时的乏力与困难，尤其是以一些基本原理来解释（社会情境中的）人类复杂行为的牵强附会和勉为其难，这让阿希对之失望和沮丧。而格式塔心理学关注整合特性（emergent properties）和相互关系的核心价值观点让阿希看到了一个有前景的开端，他转而相信格式塔关于知觉的基本原理能够支持探究社会情境中作为整体的人的心理学的发展。而研究社会情境中完整的人，而非脱离社会情境的个人或个体单独的某种心理现象，才是阿希心目中的心理学。阿希从韦特海默那里学习并深刻领悟到了格式塔心理学的基本原理，并用来解释心理社会现象。实际上，对于阿希来说，与格式塔学派结缘并非一次偶然的相遇，而是他不停追寻的结果。早在他与韦特海默相见之前，已经完成了系统的格式塔训练，所以在他与韦特海默共事之前，就对韦特海默十分了解。当从《纽约时代》上看到韦特海默要来新社会研究学院时，可以想见阿希的兴奋和激动。从阿希的生平可以看出，正是他对某些领域的特殊兴趣成就了这次相识及始终不变的相随。阿希把他对人类本性的持久兴趣，以及对事件意义和事实真相的执着关切，融入、内化在了格式塔理论的框架内，并被不断地延伸和拓展。

阿希的知觉、隐喻、学习和记忆及对人的知觉等方面的研究对心理学也有重要影响，反映了他对众多心理现象的广泛兴趣和有创意的研究及设计。但在这里，不变的是在格式塔思想框架下的设计研究和运用格式塔的整体性原理对结果和现象进行的解释，以及始终将心理与行为置入社会环境中整体深入地探究人的心理现象的本质，以外，不变的还有始终站在人类理性思维的积极视角解释他一直关注的人的本性问题。众所周知，阿希在社会心理学领域的研究成果最为突出，从众研究激发了众多研究者后续对该现象的持续兴趣和探索，最为突出的是启发了米尔格拉姆的“权威—服从”实验的研究，而且在现实意义上也引发了公众、媒体、机构对这一普遍存在的社会现象的极大关注和深入探讨。他的众多研究有力证实了格式塔理论的原则，即不能将一些刺激物的组合解释为组成这一结构的单个元素的简单相加。毫不夸张地说，格式塔思想原理与理论框架逐渐被许多心理学家，尤其是一些社会心理学家们接受并不断拓展，阿希在其中起着举足轻重的作用。

除了阿希之外，拓扑心理学的创始人勒温也深受格式塔心理学思想的影响，其研究在社会心理学领域产生过重要影响。他有一句颇具格式塔观点的著名言论："所有的心理事件都取决于个体的状态，同时也取决于环境，尽管它们的相对影响依情况会有所不同。"（Lewin，1935）这一观点为当前许多社会心理学家赞同。勒温与韦特海默、苛勒和考夫卡等几乎是同时代人，也是格式塔学派的一员，但他的思想又不局限于格式塔的框架。他接受和使用了物理学中流行的"场论"（field theory）术语和概念（需要提醒，韦特海默最早借鉴了"场"的概念于格式塔原理中，考夫卡对之进行了丰富和完善，提出"心理—物理场"假说），并创造性地应用于他的心理学研究当中。勒温并不侧重于格式塔学派传统的知觉研究，而是关注在整个物理和社会关系中的人类行为，应用了一种特殊的"拓扑学"的概念与方法，建立了一支具有鲜明特征的独立体系。

实际上，众多心理学研究中的经典实验和理论都对格式塔理论的发展有积极贡献，例如，考夫卡的学生哈洛有关母爱和依恋对幼猴影响的研究（Harlow，1958），吉布森关于视知觉的生态学研究（Gibson，1979），等等。这些研究者及其对格式塔理论观点的应用和发展，也再次证实了格式塔心理学强大的影响力和生命力。

第四节　格式塔理论的贡献与局限

格式塔学派已成为当前心理学理论体系中举足轻重的一部分，20世纪30年代，格式塔心理学已经形成了一个比较完善的心理学理论体系，很多观点及问题根据格式塔的理解进行了重新定义和建构。格式塔的理论观点开始进入诸如精神病学、教育学等更多领域。

一、格式塔心理学的贡献

1. 实施实验研究、运用实验结果对元素主义心理学进行批评

格式塔和行为主义学派几乎在同一时间对冯特的元素主义和铁钦纳（Edward B. Titchener）的构造主义质难，但到了后期，二者又产生了分歧。行为主义对构造主义的批评主要集中在对内省心理学、以表象为分析材料及意识概念的质疑；而格式塔学派主要针对的是“元素主义”，反对冯特和铁钦纳将意识人为地分析为元素并且无视意义和价值在其中的作用，并将构造主义称为“砖泥心理学”，即元素是砖，由联想（泥）粘连起来，认为将人的心理分解为元素是人为的、无意义的，且并不能解释心理的

本质。由此，格式塔学派基于一系列实验研究取得了卓著的研究成果，促进了心理学相关领域的发展。

2. 促进了人本主义心理学的兴起

格式塔理论强调整体，主张应该以整体取代元素来进行分析，这一思想对人本主义心理学的发展有着重要影响。其实阿希在一定意义上也可以说是人本主义者（humanists），或者说人本主义思想始终植根于他的主张中。他从不将人的行为与环境分离开来单独探究行为的本质，而是在人与环境的相互影响、相互作用中整体地、全面地分析人类行为及心理表现。他最为鲜明的观点是："为了尽可能全部探究人类的活动，必须在观察研究时将个体置于社会环境之中，这就要求我们将观察范围扩大到整个社会过程的范畴。"（Asch，1952，p. 34）同时，阿希对人性的分析始终本着积极、理性的原则，即便对从众者的行为解释也相信从众是个体适应环境、维持人际和谐和保证社会正常秩序的策略。人本主义的创始人马斯洛（Abraham H. Maslow）曾在韦特海默的指导下研究整体论，形成了自己的整体分析的方法论，主张以此来研究人的经验，并最终形成了人本主义心理学的整体研究方法论原则。此外，卡尔·罗杰斯（Carl R. Rogers）也主张对人的心理或直接经验进行现象描述和整体研究，表明了格式塔心理学对人本主义的潜在影响。

3. 奠定了认知心理学的理论基础

格式塔心理学强调整体、模式和组织在研究知觉的认识过程及高级心理过程中的作用。受格式塔思想的影响，信息加工心理学重视研究心理的内部加工机制，强调从整体上对信息的输入、加工和输出进行模拟研究，而在传统的认知心理学领域，正是格式塔学派卓有成效的知觉研究才使知觉心理学脱离感觉心理学的藩篱成为独立的分支。

4. 为社会心理学提供了方法论基础

“场”的思想最早由格式塔学派研究者引入心理学，其概念和思想后来在社会心理学中得到广泛应用，许多社会心理学理论的建立都以此为出发点。如勒温基于场是一种分析关系的起因和建立科学体系的认识方法，提出了知觉场（知觉到的物质环境）和认知场（包括个人信念、感情和目的认知意义）理论，试图预测个体的动机行为。以一系列助人实验研究而著称的社会心理学家比布·拉特纳（Bibb Latané）受场论思想的影响，提出了“社会作用理论”（social impact theory）。该理论主张，由他人群体构成的社会情境，就是一个社会力场的观点，在此社会力场中，个人所受到的社会作用受作用源数量、作用力大小和影响直接性三个方面的影响（Latané，1981）（金盛华，张杰，2001，第347页）。

除此之外，格式塔心理学家所推崇的实验现象学为后来的社会心理学发展提供了方法论基础，成为当前社会心理学领域普遍采用的有效方法之一。

二、格式塔心理学的局限

1. 带有明显的唯心主义倾向

格式塔心理学的哲学基础是先验论，格式塔心理学排斥经验的作用，并将物理世界看作现象性的客观存在，它对世界的划分、组织原则的论述及其场论和同型论都带有明显的唯心主义倾向和先验论的色彩，其同型论思想尚缺乏生理学假设的支持。

2. 实验研究不够严谨、概念界定不明确

格式塔学派过分依赖现象学的方法，这使他们的研究结果受人为因素的影响很大，缺乏严格的控制条件和统计学依据。但这一点从阿希开始出现了重要改观，阿希是典型的实验设计的创造者，他关于印象形成和从众研究是纯粹的“实验设计”。通过这些实验性研究，证明了优秀的实验设计的意义和对抽象而严格控制的实验情境的充分利用的宝贵价值，这些实验研究是现代实验范式的引领和模式。必须说明的是，阿希并不是一个唯实验论者，他在自己的《社会心理学》著作的再版前言中特别指出（Asch，1987），当前心理学专业的学生通常为了追求自然科学的精确性、严谨性和控制性，忽略了他们自己的研究主题是否成熟到可以使用这种处理的程度。为了实验科学性他们更关注心理学领域新开发的技术、方法和范式而忽略了早期心理学家使用方法的宗旨，即真实描述现象以便为决策和应用提供指导，只有在通过系统观察和满足实验条件的情况下才进行实验研究。

另外，格式塔学派在自己的理论中采用了大量的数理概念，但却未对其进行特别说明，许多概念有被滥用的倾向，这导致格式塔心理学的理论过于晦涩和深奥，其引用的一些物理学概念模棱两可，定义不明。

第八章　结语

本章对阿希的思想进行了概括、凝练与升华——阿希的从众研究不单指向从众，而是意在揭示群体影响下的从众与独立和个体的积极人性。阿希的印象形成研究也不仅为了探查如何形成印象，而且关注印象形成过程中的整体性规则和“场”在其中不可忽视的作用。由此可见阿希展现出了一个社会心理学家的人格品质：人本关怀、责任尊重、积极理性、坚韧平和。

第一节 阿希的开创性研究

阿希为心理学成为自然科学做出了卓越贡献，他以敏锐的洞察力和卓越的实验创新天赋开创并领先了有助于理解人类社会本性的许多重要问题的科学研究，丰富了社会心理学的研究内容。

阿希对人类心理的探究有着广泛且独特的视角，在他的每一个研究中都能够看到其精巧缜密的实验设计和理性深刻的真知灼见。他是少有的实验心理学家中对多个分类明确的不同心理学领域具有卓著贡献的杰出学者。

一、群体影响下的从众与独立

当个体成为群体的一员时，其行为常追随团体的行为模式，而团体对其成员行为的不成文的约束和规定就是“社会规范”，这是个体在某种特定情境下该如何行动的准则。这样的群体可以是具有共同目标和活动内容的有凝聚性的团体，也可以是临时聚集在一起的松散群体。当个体不知如何行事时，会参照周围人的行为方式，或按照约定俗成的方式操纵自己的行为。生活中，我们的行为并非时时与自己的想法、态度、信仰和价值观保持同步或一致，有时由于个体自身的原因，觉得无关紧要的事情做不做或者如何做都无关大局；有时由于环境的原因，作为群体的成员，个体要与群体步调一致，于是，便出现了从众行为。从众性有时是左右个体行为的强大力量，甚至这种力量在某些特定的情境下会使人做出一些与自己态度、观点、道德准则相冲突的事情来。所以，从众性是行为科学家非常感兴趣的课题。20世纪50年代，阿希开始对从众进行系列实验研究，从此开创了从众研究的先河，他的研究对社会心理学的社会影响领域产生了深远的影响。

后人对阿希从众研究的意图和解读一直存在偏离——或是对从众比例高估的偏离，以为从众人数有三分之一之众；或是对阿希研究目的的偏离，即想当然地认为阿希关注人的从众性胜于独立性；或是对阿希关于人性基本主张的偏离，认为阿希一定如多数人一样不看好人类的从众行为。我们估计，这种偏离还将长期继续存在。许多人得知阿希的从众实验及其结果后，除了觉得从众者很幼稚可笑外，通常坚信自己一定是阿希实验中始终没有从众、始终保持独立的那24%中的一员（见第六章第二节），而且人们笃信那些不从众的人更优秀。

但事实并非如此。

首先，从阿希的研究目的来看，阿希关于独立性和从众的研究基于这样的背景——当时许多心理学家认为个体的认识由一系列刺激、奖励和惩罚这类在动物身上亦有体现的行为组成。阿希则认为，人类是通过对知觉到的全部领域主动探索来形成观点和认识的。阿希的意图是设计个人与社会现实间的冲突，并有意增加被试做出独立性反应可能的实验。毫无疑问，阿希应该更想看到一个百分之百的人保持独立、无人从众的结果。他从谢里夫模糊情境中个体服从于规范形成的实验中得到启发，意在表明清晰情境中的人即便面对压力也会坚持自己所见的正确判断。面对33%左右不低的从众反应比率，阿希用适应性和调节能力等积极品质进行解释，表现他一贯的“理性人”的主张。

其次，我们来看看阿希对独立性和从众性的本质分析。面对冲突性压力时，个体会采取各种策略在维护自我和应对冲突压力中努力保持平衡。不同特质的人群拥有不同的自我，基于各自不同的自我特征，因此，人们会采取不同的策略。就像阿希对从众者总结分析的那样，一部分人改变了知觉和判断，觉得和单个人相比，大多数人的决定可能更正确，这体现了“内在服从”（internalization），而大多数人仅仅是改变了行为，只不过是一种“表面服从”（compliance），他们只是不想显得太特别，不想被人嘲笑，是在冲突情境下的权宜之策。

阿希的想法正是如此，他郑重申明（Rock，1990，p. 54），对他人观点的敏感和不愿公开表达反对意见是一种积极的人类特质。没有这种敏感性，社会生活秩序将被破坏，为共同目标而进行的合作将变得不可能。所以，相对于后续许多强调从众者软弱和不理性特质的解释，阿希本人强调的是从众的被试努力地理解冲突的信息，并调整和协调自己的行为。所以，阿希的从众研究致力于探索处在情境中的个体在与大多数人表达的观点不一致时将如何表达，确切地讲，阿希的从众实验不是关于个体信念而是关于个体信念表达的探索。

最后，来看看从众反应的比例。既然阿希对从众行为的适应性进行了肯定，而且在他最开始的从众实验研究中设计了多种情境考查从众比例的变化，那么，基本实验中的33%左右的比例便不是阿希不愿认可的事实了。就是说，即便有如此高的从众反应比例，仍不能说从众者是软弱的、不动脑子的、不理性的，这是因为阿希对从众者的动机的分析已然能够维持甚至支持其“理性人”的主张了。如前面提到的，阿希在“真实同伴来晚了”的设计中发现，前半时段孤立无援，后半时段有了一个支持者的关键被试，尽管其从众表现有了明显下降，但仍有一定比例的从众表现（8.7%）。阿希对此的解释是一旦个体表现出屈从，转而立刻改变他的决定也是一件很不容易的事，这样做相当于公开承认他前面的回答都错了，因此，为了维护完整统一的自我他们便会尽量继续跟随已有的选择方向，以保持前后一致性并增强说服力。

利昂·费斯廷格等人的“认知失调理论”（Festinger, 1957, 1964）可以对此予以支持。得到20美元的被试虽然告诉后来者他们做的这份无聊的工作是有趣的，但在后续的调查中他们并不认为这个工作真的有趣，他们明白自己撒谎是由于拿了实验者的20美元；而得到1美元的被试告诉后来者这份工作挺有趣后，在后续的回答中更多地会认为前面的工作确实有趣，花半个小时的时间，把一些螺钉往木板里逐个地拧进去三分之一，再一个个地拧出来，再这么拧进拧出地反复，这样的工作很难说是有趣了。但拿了1美元的被试为了维持自己的认知协调统一，便认可这份工作还是比较有趣味性，这是因为他们觉得自己犯不上为了1美元而向后来者撒谎（Festinger & Carlsmith，1959）。所以，个体在群体情境中的行为表现，不管是成熟的还是幼稚的，都是试图与群体保持和谐、维护自己在群体中的自我协调、自我价值的策略和体现。从阿希的研究来看，通过对斯沃斯莫尔学院、哈佛大学和圣约瑟夫大学优秀学生的研究可见，从众者并不是不优秀的学生。参加实验的大学生被试和这些实验助手（即假被试）是朋友、同学、熟人，被试面对的不是一个陌生的群体。那么，他该如何抉择呢？很难想象少数派与有强大影响力的多数派之间会紧张对立、漠视不理，甚至针锋相对。有研究发现，被试如若期待以后与其他被试相遇，从众的比例就会增加（French Jr. & Raven, 1959）。更何况，阿希的实验设计严谨周密、节奏紧凑、环环相扣，看起来是那么的自然真实，容不得被试多想。

许多社会心理学教科书在介绍阿希的从众实验后，都会继续介绍有关从众影响机制及内外因素的相关研究。从本书第四章和第六章对阿希从众实验的回顾和分析中可见，后续提到的影响从众的众多变量中，很多变量阿希最开始都有过研究。其中包括多数人与少数人的相对数量、多数人一致反应的不同程度、少数人判断反应的公开或私下方式，以及刺激的客观特征等。所以，阿希不但激发了研究者对社会影响的广泛兴趣，而且开创了该领域未来的研究方向，激发了后续研究者探究个人在群体影响下的表现和少数人抗拒多数人的能力及机制等方面的研究兴趣（Allen, 1975; Latané & Wolf, 1981; Wilder, 1978）。

把“从众”倒过来叫“众从”，并非人为造词，而是常见的社会人际影响的现象。受阿希关注多数派影响少数派的从众现象研究的启发，关注少数派影响多数派的现象，称之为“少数派影响”（minority influence）或“众从”（时蓉华，2004，第391页）。欧洲的一些研究者在该领域有过许多研究，罗马尼亚犹太裔社会心理学家瑟奇·莫斯科维奇（Serge Moscovici）阐述了众从现象发生时少数派群体内部的诸多特征（Moscovici，Mucchi-Faina，& Maass，1994；Moscovici & Mugny，1983），包括：（1）少数派内部成员间的意见一致性和成员行为跨时间的一致性，这是一种“坚持到底”的坚定和坚韧；（2）少数派成员的自信与独立性的人格特质；（3）最重要的是少数派成员的权威性，少数派权威因其威望的作用和超凡的控制管理能力，积极主动和敢于担当的特质，增加了少数派意见的可信性，转而对多数派产生心理压力。

可见，多数派会对少数派产生压力和影响，少数派同样也会对多数派如此，所以才有“真理往往掌握在少数人手中”的说法。我们姑且不去证明这种说法的可靠度，单就上述提到的这些少数派成员的特质不难发现，若在情况不明的模糊情境下，权威性、独立性、自信心、坚持性这些特质的任何一个都可能对群体产生影响。

此外，莫斯科维奇还总结了多数派内部的种种表现与特点，这些状况使少数派的影响力得以发生作用，主要有多数派成员内部出现意见分歧、缺乏群体凝聚力、其成员对所遭遇的问题情况信息不明等。无论是众从还是从众，都是人际关系和社会影响的体现，只不过在不同的现实情境下，会有不同的体现。

二、印象形成

阿希不但是从众研究的开拓者，也是印象形成研究的先驱。关于我们如何形成对他人印象的解释机制中，阿希最早提出了印象形成的快速性和整体性规则。敏锐的阿希发现，人形成对他人的印象是一件非常快速和容易的事，不需要深思熟虑，不必有太多相关信息，只是匆匆一瞥或者寥寥数语就足以让人提取到丰富的信息，编织出非常复杂的故事。甚至年幼儿童都有这种悟性和洞察力，他们能快速辨识周围的人谁是亲和的、可信任的、安全的，谁是冷淡的、怀疑的、危险的。人们评价他人的多种特质不需要反复观察和揣摩，只需要知觉一少部分特质就自动推论其他特质。洞察人的特性——这一看似复杂的活动对人类来讲似乎非常简单容易。

有个“七秒钟理论”（seven seconds theory）或者“七秒定律”的概念，说的就是瞬间形成对他人印象的现象，这与我们在第六章提到的阿希发现人们无须太多信息就能快速推断他人特质的观点是一样的。也有称之为“头七秒钟理论”，意思是说人与人见面时，产生好恶亲疏的感觉取决于见面的头七秒钟。七秒钟即决定了第一印象，后续交往不过是潜意识地不断验证和加深这种印象。当然，也可以反过来看，七秒钟便能决定自己在他人眼中的印象和形象。这个倒不难解释，例如，在瞬间实现“一见钟情”。

营销学把这叫作“七秒钟色彩”理论，指对一件商品的认识，可以在七秒钟之内以色彩的形态留在人们的印象里。有研究表明，能瞬间进入消费者视野并留下印象的产品，所用时间是0.67秒，第一印象占决定购买过程的60%，而这60%便是由色彩带来的。这是20世纪80年代由美国卡洛尔·杰克逊女士创办的美丽本色公司（Color Me Beautiful）在企业营销实践中提炼和总结出来的。该理论的实质是根据消费者心理对色彩的需求，运用色彩营销组合来促进产品销售。她把上百种颜色按四季分为四大色彩系列，各系列的色彩形成和谐的搭配群，根据不同人的肤色、发色等自然生理特征及相貌、形体、性格、职业等外表特征选取最合理的色彩系列，从而最大限度地、最快速地发现美。根据国际流行色协会调查，在不增加成本的基础上，通过改变颜色可以给产品带来10%—25%的附加值，为企业和商家带来更多的利润。在当今“眼球经济”的时代，在产品同质化趋势日益加剧的今天，如何让产品特别是新面市的产品更吸引消费者的注意并唤醒他们的购买欲望，让产品凭借令人惊异的色彩，成功地在第一时间跳出来，快速锁定消费者的295

目光，是市场营销尤为关注的问题。品牌的营销强调色彩因素，而品牌的色彩营销需要借用心理学的“七秒钟理论”。由此可见，尽管阿希的观点和发现已经久远，但却持久。

在阿希的印象形成机制的探索中，最值得一提的是关于特质有重要与次要、中心与边缘之分的阐述。阿希最早发现了“热情”与“冷淡”的中心性特征。尽管后续的研究发现，如果存在事关个人价值的特征，尤其是否定性价值特征，那么“热情”与“冷淡”的中心性地位就会下降（De Bruin & Van Lange, 2000），即中心特质在比较中存在相对性，但是，中心性特质观点的提出对探究和揭示印象形成的加工机制依然有十分重要的启示意义。

阿希对印象形成的开创性研究激发了后续许多研究者对印象形成加工进程的关注与探索，形成了众多有关印象形成的模型和理论，尤其产生了关于印象形成过程中信息加工整合方式的探索，包括安德森的“平均模型”与“加权平均模型”（Anderson，1965，1968），布鲁尔（Brewer，1988）的“印象形成的双重加工模型”（dual process model of impression formation）等。此外，阿希也是最早对印象形成中的认知偏差进行探索的研究者，关于印象形成的首因效应、近因效应现象的最先描述者（见之于阿希1946年的研究报告），由此引发了卢钦斯对这两种效应的实证研究（Luchins，1957）。

三、棒框效应（rod and frame effect，RFE）

阿希第一个公开发表的系统实验研究就显示了他非凡的创造性。他和威特金合作研究了受框架影响的空间定向问题，即“棒框实验”。提起棒框实验及与此相关的“场依赖型”（field dependence）和“场独立型”（field independence）的相关成果，国内心理学学界大多数人知道这是威特金的代表性成就，却很少有人知道这是威特金和阿希的共同杰作。当时阿希还在斯沃斯莫尔学院工作，二人的合作研究是在布鲁克林学院实验室完成的。也许是因为从众实验太著名了，遮盖了阿希对视知觉研究领域的成就。当然，这也与阿希转而研究印象形成和群体压力下的从众，而威特金一直专注于认知风格的研究有关。毕竟，关于个人认知风格的“场独立型”和“场依赖型”是威特金等人后来提出的概念（Witkin, Lewis, Hertzman, Machover, Meissner, & Wapner, 1954）。

1948年，阿希和威特金在《实验心理学杂志》第38卷连续发表了4篇论文（即，Asch & Witkin, 1948a, 1948b; Witkin & Asch, 1948a, 1948b），报告了他们关于空间定向的一系列实验和发现。其代表性的棒框实验主要就用来研究当外在的视野线索（框）与内在线索（身体的垂直知觉）发生矛盾时，个体会以哪个线索为主进行垂直判断。主要依内在线索进行垂直判断的称为“场独立型”，这类人倾向于更多地利用内在参照，较易离析出知觉单元，而更多依照外在线索进行垂直判断的称为“场依存型”，他们更倾向于利用外在参照，较难离析出知觉单元。

“棒框实验”是这么做的，暗室里让测试者注视一个亮框，这个方框是倾斜的，框内有一个可独立于框平面转动的亮棒，亮棒和方框差不多同宽，要求受试者将亮棒调整到垂直于地面的方位。受试者不知道实验者操纵了倾斜方框的角度，从几度到三十几度不等，倾斜的方框对受试者调整亮棒到垂直角度有影响。该任务情境中，被试关于垂直的重力知觉与倾斜的视觉方框的影响发生着冲突，有些被试倾向于将环绕细棒的外框当作与地面垂直的参照线。阿希和威特金于是提出“依赖于场”（dependence upon the field）的主张，认为受影响较大者参考的是周围的外部场（outer field），而不太受影响者参考的是自身的内部场（inner field）。后来，威特金放弃了这种提法，提出了场依赖和场独立，并将其放入认知风格的领域下进行深入探究。很显然，在这些系列研究所关注的内在垂直线索与外在视野线索的比较中，所强调的框架的意义（importance of framing）或框架的理念（idea of framing）依据“场”来解释视知觉的个体差异，都无不显示着格式塔的整体知觉的思想，或者说，在框架下考查个人空间定向的研究和设计是基于格式塔原理而进行的。这些关于“场”和“框架”的提出和探究在50年后成了心理学的重要概念。

第二节　阿希的人本主义思想

一、阿希对研究结果的积极的人性化的解释

阿希始终坚持心理学研究既要用科学严谨的方法探究人的行为，又不能忽视人类行为的复杂性。若要探究人类心理的本质，就必须将社会环境的影响作用放到首要地位（Asch，1952，p. 61）。

当阿希步入心理学大门时，詹姆斯的时代已经过去，詹姆斯学派（机能主义学派）对复杂人性的研究大部分已被遗忘。机能主义心理学是19世纪末20世纪初美国的心理学流派，是美国第一个本土心理学流派。广义的机能主义心理学包括早期机能主义思潮、芝加哥机能主义学派和哥伦比亚机能主义学派，代表了美国心理学的根本倾向；狭义机能主义心理学则专指早期的芝加哥机能主义学派。机能主义心理学反对构造主义的元素论，主张意识是连续的整体，重视人的心理的整体性、活动性和适应性，强调心理的适应机能和心理学的实际应用意义。他们坚持应该把心理学的研究范围扩大到动物心理学、儿童心理学、教育心理学、变态心理学、差异心理学等多个领域。这种把人的心理视为有机体适应环境的活动过程或机能的思想，使心理学的研究重心从有

机体的内部结构转移到有机体与客观环境相适应的关系中，从而进行相对开放的、动态的和客观的研究。这比构造主义心理学把心理视为封闭的精神实体的观点是一个重要进步，它把心理学研究从主观主义向客观主义前进的道路上推进了一步。

詹姆斯的《心理学原理》（1890/1950）至今仍值得一读，不仅因为书中提到的种种研究，更因为那些指导詹姆斯提出并尝试回答的关于文化和人类思考的心理学问题。前面提到，阿希初涉心理学领域时，詹姆斯时代已经过去了，结构主义、行为主义占统治地位，精神分析理论也还有自己的市场。尽管，行为主义学派鲜明而坚定地反对精神分析和结构主义的主张，但在阿希看来，他们最根本的核心——简约论思想，是完全一样的，都试图用简单的公式和原则（如行为主义的刺激—反应的联结、结构主义的元素论、精神分析的“力比多”原动力）来解释复杂社会环境中的人类复杂心理。阿希坚持在背景与关系的格式塔心理学框架下对人类心理与行为及其背后的影响机制进行更深刻、更广泛的探究。而这些问题和现象，一直以来都是詹姆斯机能主义学派所关注和倡导的。

人文科学始终关注人类创造力及其成就所能企及的高峰，是詹姆斯将心理学引入这个领域。实验心理学一开始的起点其实并不高，只是在实验室里研究简单的感知觉问题，后来才发展成为研究人类和动物共有行为的心理学。而人本主义心理学则始于一个更高的起点，即研究那些由创造力和智力产生的问题，由此开始探索人类独特而复杂的行为。例如，人本主义者发现，几个世纪以来，宗教信仰都是人类经验的一个重要组成部分，詹姆斯在其《宗教经验种种》(1902)的著作中开辟了一条带领心理学家走进探索未知领域的道路。而自心理学从哲学中独立出来后，是阿希将这种人本主义视角再次引入心理学。阿希作为心理学家的身份和角色为所有心理学研究者所熟知和认可，他通过实验设计科学地研究知觉场、印象形成、从众等心理现象无疑确定了他作为科学家的身份和地位。在麦考利和罗赞介绍阿希的文章中(*Solomon Asch: Scientist and Humanist*)，开宗明义且恰如其分地指出了科学家和人文学家在阿希身上的完美统一(McCauley & Rozin，2003)。

尽管阿希在从众实验中发现了较高比例的从众反应(超过30%)，但他从未把有从众表现的被试，甚至非常典型的从众被试视为盲从者和不理性的人。

首先，通过与被试的访谈，阿希发现，大多数人对自己从众的解释是不想显得太特别，不想被嘲笑；少部分人觉得和单个个人相比，多数人更可能是对的。即多数人是表面服从，少数人是内在服从。表面服从并不是真正的赞同，在阿希看来这只是一种权宜之计。而内在服从者其实是本着群体的认识强于个人认识的信念；当然，也许他们是为了给自己前期的错误判断找个维护自我的托词，毕竟“觉得大家是对的”比“屈从了错误的大多数”对自我概念有更好地维护。这样看来，这也是一种权宜策略的选择。

其次，阿希的从众研究初衷并不是想证明人类盲目、可笑的屈从行为，而是因为当时许多心理学家（即行为主义者）认为个体的认识是由一系列刺激、奖励和惩罚这类在动物身上亦有体现的行为组成的，坚持格式塔心理学主张的阿希不能对此认同，他相信人类是通过对知觉到的全部领域主动探索来形成观点和认识的，因此便设计了社会压力与事实发生冲突的实验情境。阿希其实想表明的是（Rock，1990，p. 54），对他人观点的敏感和不愿公开表达反对意见是一种积极的人类特质，没有这种敏感性，社会生活秩序将被破坏，共同目标难以达成。相对于后续许多强调从众者软弱和不理性的解释，阿希强调的是从众的被试是在努力理解冲突的信息，即使内在服从的被试亦是如此。同样，对于女性更易从众的事实，阿希依然相信这并不是坏事，可能与女性敏感随和、善解人意、高依赖性有关。

关于声望暗示结果的解释也同样体现出阿希对人性积极而肯定的认识。在阿希看来，依据来源而对观点作不同解释，并不意味着个体的“非理性”和“盲目”。相反，人们在尽力将观点与其来源整合为一体，以此对所获信息进行整体性解释。大学生对“叛乱”观点的不同理解并不是他们完成任务的推理能力有问题，而是体现了对当下信息的不同理解，这是他们创造力的体现。

与韦特海默一样，阿希是个温和派。尽管他不同意行为主义的基本主张，认为行为主义对人类行为存在解释不足的缺陷，因为行为主义仅用几条初级的原理来解释人类复杂的行为，但他也承认行为主义有善于分析的优良特性。

二、对被试、学生、年轻人真正的尊重

我们都知道阿希从众实验的基本施测情境（见第六章第二节），在群体一致的压力下观察大学生被试的反应，是坚持自己所见还是屈从大多数。许多社会心理学教科书都没有提及阿希在实验刚结束时就对被试进行了访谈，以了解被试的感受、看法，而且访谈也是实验设计必不可少的环节。这对深入分析被试独立或从众的原因是非常有价值的，对于探究实验情境的心理学结构，尤其是探查个体差异的本质非常必要。许多人不知道的是，访谈结束后，实验者要告知被试全部的实验真相，包括这个研究的目的、被试本人在实验中的角色和小组中多数派成员的角色。阿希特别强调，被试得知实验目的后的反应也是整个研究的一部分。他坦陈，主试有义务消除被试的疑虑并解释为什么将其置于这种实验情境之中。我们认为，这是阿希一以贯之地对他人的尊重和对人性敬重的体现，体现了他的人本主义理念。

要知道，阿希的从众实验研究发生在20世纪50年代，那时关于心理学研究的伦理学原则和道德规范还没有作出规定。关于临床伦理的《赫尔辛基宣言》（*Helsinki Declaration*）是1964年6月在芬兰赫尔辛基举行的第18届世界医学协会（World Medical Association，WMA）联合大会上第一次被宣布。这是第一个把临床试验的相关伦理规范得清清楚楚的宣言，包含35项条款，主要内容有6点（雷雳，2017，第22页）。

第一，最重要的是病人的意愿；第二，通常我们希望可以让

受试者了解实验内容，越清楚越好，而不单单只是手术同意书、检查同意书；第三，我们实验时要想这个实验的目的是什么，请不要忘记是为了增进人类健康的福祉，而非个人的声誉；第四，特别强调一定要先做试管研究及动物研究；第五，保护受试者是最高指导原则，这是临床实验的精神，因此，当发现此实验可能对人体有害时，必须终止实验，不能因为实验快要结束而不去执行，我们永远要记得受试者的个人权益；第六，一定要有合法的机构，包括政府、医院的人体实验委员会，做好实验的补偿措施。

说到这里，不由得让人想起约翰·B. 华生（John B. Watson，1878—1958）和雷纳（Rosalind Rayner）的“小阿尔伯特”实验（Watson & Rayner，1920）。这个实验早于阿希的从众实验三十多年。实验为华生赢得了巨大的学术荣誉，被后来的许多心理学著作、教材和文章引用。当然，这大多是华生在1957年获美国心理学会的褒奖之后发生的（阎书昌，2013）。同时，人们对该实验对待来自孤儿院的小阿尔伯特的非人道方式（对一个11个月大的婴儿的粗暴惊吓）提出了广泛严厉的批评，被认为严重违反了学术道德。基于我们对阿希人本主义思想和人的理性特质信念的了解，以及他谦和文雅、彬彬有礼的个性，可以想见，阿希无论如何不会设计如此对待儿童的实验，如若这样，便和他一贯的人性主张和道德原则相违背了。由于对“小阿尔伯特”研究的批评和诟病，心理学领域开始提倡和要求心理学研究者必须执行道德伦理准则，以便保护参与心理学研究的被试，同时澄清研究者的职责。

尽管心理学没有临床医学领域类似《赫尔辛基宣言》那样的公告，但受其启发，美国心理学会（American Psychological Association）于1992年、儿童发展研究协会（Society for Research in Child Development）于1996年、加拿大心理学会（Canadian Psychological Association）于2000年分别提出了一些道德指南。指南中，置于首位的就是对被试的保护，强调被试的权利和健康高于研究的科学价值，强调被试参加实验的自由权力和知情决策权，要求研究者必须向被试解释研究的真实内容和预期结果（切卡莱丽，怀特，2014；第39页）。特别值得一提的是，阿希在这些条例出台前的四十多年前就这样做了，他表示“不告知实验目的对被试既不公平也不合理”（Asch，1951）；而且据阿希说，这样做以后，大部分被试都表示实验很有趣，而且很多人对自己经历了一次探究人类特质的、令人印象深刻的情境表示满意和认可。

第三节　阿希对当代心理学发展的贡献

作为社会心理学家阿希对社会心理学，尤其是对社会影响领域有许多贡献，他独辟蹊径的精巧实验和有魅力的研究发现——群体压力下的从众、社会影响下刺激意义的改变、印象形成中的中心特质、冲突知觉场中对场的依赖，等等。而且，他的《社会心理学》著作，为社会心理学的未来研究指明了发展方向（McCauley & Rozin, 2003），他开创了将社会现实及其发展过程放到中心地位的现象学心理学，而不是剥离掉认知成分的心理学，这样的社会心理学研究应该还包含对文化事实的表征。这一切归根结底是为了探究人类的本性，将面向人类的心理学在格式塔心理学的框架下进行（Asch，1952，1987，p. ⅸ）。

半个世纪过去了，阿希的社会心理学中属于自然科学的那部分，在现代社会心理学的实验研究中得到了长足的发展，但他关于人类社会本质和人类经验复杂性的主张，在很大程度上因我们急于模仿物理科学而被遗忘了（Rozin，2001）。

一、阿希对研究结果分析方式的贡献

当我们撰写心理学研究报告时，对结果的分析和讨论非常忠实于所发现的结果，而结果又来自严密的实验设计和严格的统计分析。我们严格地遵守$p<0.05$的原则对结果进行讨论，超出这个范围的内容通常不展开分析，最多在展望里提一提，例如，可能材料/程序/被试的某个特征或控制方面对结果会有不可预期的影响，未来的研究应该在这些方面进行设计并深入研究，等等。

我们在第五章介绍了阿希对罗杰关于声望暗示研究的再分析，谢里夫也曾对声望暗示做过研究（Sherif，1936），阿希在对谢里夫声望暗示研究的再分析中，基于他一贯的“行为需要放到情境背景中去分析”主张，以独特的基于被试心理过程的视角进行了深入探讨。谢里夫的研究主题是“声望因素影响对文学材料的评价”，基本程序和罗杰的一样，要求大学生对一组16个散文短篇（每篇3—4行）根据作品质量进行等级排序。给每个短篇安排一位知名作者，并事先以组为单位按作者在文学方面的知名度和美誉度进行等级排序。事实上，所有短篇材料均来自同一个作者——罗伯特·路易斯·史蒂文森（Robert Louis Stevenson），这是为了保证所选短篇的质量相同。就是说，短篇和实验者给定的作者没有关系，不过被试并不知道这一点。

谢里夫发现被试对短篇的等级排序和对短篇作者（安排给定的作者）的排序之间有显著的正相关（0.30—0.53），他们的解释是：作者等级高提高了与之匹配的短篇的等级，反之则降低了与之匹配的短篇的等级；不是短篇本身的（文学）价值而是对作者知名度的熟悉在其中起了作用。但阿希对此却有不同理解，因为只是中等相关而不是高相关，所以可能有作者声望之外的其他因素混淆其中。

阿希从情境和被试角度作了如下分析：被试实际上面临着一个相当困难的任务，即区分这些由实验者精心挑选的材料间的差别，而由于实验设计的需求材料的难度是进行了控制的。尽管程序本身公平客观，但被试如何处理当下任务是需要审慎考虑的。被试不可能当场拒绝完成任务，这样会被视为“挑剔的人”。而实际情况是被试不能良好胜任该任务，但又必须按照主试的要求去做。这就有了新问题，被试不拒绝任务可能是他们与实验者之间存在一种彼此认可的社会关系，被试唯有接受并认真完成任务才是最恰当的方式。在这种情形下，社会环境可能就有了决定性的意义，这成了当下实验非常重要的一个因素（也就是说，被试可能不是研究者期望的“忠实型”，而是“合作型”被试——本书作者）。还有一种可能，尽管被试知道自己不大能胜任任务，但并不知道周围的人是否也是这样。如果看到旁边的人貌似轻松地完成了任务，不想在实验者和周围人面前难堪的愿望会迫使他们硬着头皮完成。于是，被试便努力寻找一切所能找到的线索，当然，实验者还是体贴地提供了一些，就是那些不同作者的名字。这样，被试便利用了这些线索，然后产生了中等相关的结果。但此时被试的心理其实发生了变化，他们关注的不再是“这些材料之间有什么差异”，而是“这些短篇中哪一个是我该支持

（或反对）的”。这种变化使被试不再努力去作评价，也不再可能维护自己支持的观点。

因此，阿希认为，将“声望”概念应用到社会影响力的研究中实在有些牵强，从上述分析中可以推测存在这种可能性：被试缺乏行为的坚定性、对问题情境漠不关心、顶不住来自实验者和同伴群体的无形压力。这实际上是无所不在的、巨大的社会影响力的直接作用，而不是所谓的“声望暗示”作用。

除了对情境中的被试特点进行细致分析外，针对罗杰的具体实验程序，阿希还指出了实验材料和程序应该注意的问题。从罗杰的研究来看，观点材料的作者一般都是政治家，如果换成音乐家、诗人、运动员，结果会怎样？无论如何，要保证评价的材料不能是高深莫测的、晦涩难懂的，也不应是荒诞不经的，以避免测试材料成为对假设的干扰。善于设计冲突性创新研究范式的阿希还给罗杰的实验设计以独到的建议——变换顺序。在罗杰的实验程序中，第二次评价时将观点的真正作者告知被试，阿希建议，可以将这个顺序颠倒一下，第一次评价时首先告知被试真实作者的姓名，待再次评价时再将错误的作者宣称为正确的，有这样一个转换性冲突，以考查被试反应，并进一步探究是声望在起作用，还是情境在起作用。

阿希这种依据整体视角、考虑被试所处环境和所属关系的解释是有理由的。阿希认为即便这种推论可能是错的，但可以是一种备选解释，对改善实验程序和研究设计是有帮助的。阿希想说的是，如果研究方法本身缺乏严密性，即便做了规范的量化统计分析，其结果对说明和揭示现象本质也没有价值。有时甚至会走进这样的误区，当实验结果不支持假设时，刻意使实验程序依据所得结果去修订假设。这在研究中并不少见。正如阿希批评和担忧的社会心理学的研究潮流，不去追求坚实确凿的想法，而是对实验设计和程序抱有极高的期望。从上面的分析我们深切地体会到，阿希对实验设计及其相关背景的分析一语中的、入木三分，对于完整解释实验结果的有效性和扩大实证研究、实验设计研究的生态效度具有非常有意义的启发性，这也是当今心理学极尽追求严谨科学的实验设计所忽视的。心理学毕竟与物理学不同，它的研究对象是处在复杂社会情境和复杂社会关系中的复杂的人，设计控制越严格会使它离真实社会和真实人的距离越远，这不应该是心理学朝向科学道路发展、增进人类福祉的目的。

总之，在针对罗杰和谢里夫所进行的声望研究的讨论中，阿希依然坚持他一贯的立场：根据格式塔的整体观视角和理性人性的主张，被试是在尽其所能地、积极地将观点和所属情境进行联系，对观点进行理性的解释。阿希认为，罗杰等人的研究实际上并没能确定盲目的暗示或声望的效应，它所涉及的其实是社会理解过程。

二、阿希对心理学科学实验研究范式的贡献

尽管阿希一再强调，心理学研究必须要为真实描述社会现象服务，为决策和应用提供指导，社会心理学若要为人类知识做出

自己真正的贡献，一定要能对社会现象及其产生基础提供概括而简明的描述和解释（Asch，1952，p. ix）。阿希极其反对行为主义仅用几条来自动物实验的初级原则解释人类复杂行为。但同时又申明，他所进行的社会心理学研究是通过系统观察和保证满足实验条件的情况下进行的实验，以便构建社会心理学的框架体系和内容 (Asch，1952，p. viii) 。

尽管阿希把探究社会情境中的人的本质问题视为社会心理学的最核心问题和最高研究目的，但阿希的的确确是经典实验设计的创造者，他关于印象形成和从众的实验研究也证明了严谨精妙的实验设计及其对抽象而严格控制的实验情境的充分利用的非凡意义和独特价值，这些实验研究是现代实验范式的先驱和模范。所以阿希一方面，强调心理学研究要用科学严谨的实证方法探究人类行为；但另一方面，面对当时心理学研究，尤其是心理学专业的学生在研究中为获得精准性而竭力效仿自然科学对精确数量的追求，模仿心理学家最新开发和使用的统计手段和研究范式，牺牲对环境的关注和分析、牺牲探究日常心理现象的潮流趋势，阿希深感担忧。他一再呼吁，不要为了追求实验的严密设计而失去对现象意义的解释。实验设计中，除了一个或几个少数变量外其他变量都保持不变，一定是脱离现实的，是对人类行为复杂性的忽视。需要特别强调的是，阿希并不是排斥严谨的实验设计，他毕竟是实验社会心理学研究的先驱，他强调的是两者的结合，更确切地说，强调用控制变量的实验范式研究人类行为及发生机制的恰当与有效，强调实验范式对社会现象的完整分析和深入阐释，强调来自严谨实验但又不拘泥于严谨实验的结果推论与因果机制的探寻。

事实上，实验艺术的运用与从一个现象中剥离情境后还能获得一些真正有用的东西有关，只有这样的实验才是真正有效的。早期心理学家采用传统的方法对现象事实进行观察只是心理学研究方法之一，必须同时运用实验和分析的方法才能揭示其背后的因果关系及作用机制。这才是阿希关于心理学研究方法论的本意和精髓。尽管，当前，阿希的具有独创性特色的实验设计已被充分发扬，但是，他对真实世界中的心理社会现象的研究取向和对社会人文环境的深切关注却被忽略了。

今天我们再读阿希，在品味他的心理学研究思想时，反观当今心理学的研究现状和发展趋势，不得不感叹阿希心理学思想的智慧与深邃。正如阿希所说，尽管我们或许可以为日益先进的理论发展和方法进步引以自豪，诸如统计方法的不断进步、实验设计的复杂严格、各类模型的先进高深，以及随之而来的对非专业手段更低的要求……[1]但这些或许只是一种流于形式的先进，而不是本质的发展。过于早熟的先进科学会扼杀创造力，阻碍研究者去发现该领域的新现象、新问题，最终生产出大量的对实现该领域基本目标毫无贡献的、与现实情境相脱离的研究成果。这样做也会使心理学研究者，甚至包括心理学家，过早地脱离现实生活——这个一切事物起源的地方，而堂而皇之地回避了服务实际、服务社会的责任。

[1] 在现今的心理学研究中，还有先进昂贵的仪器设备。

阿希在他经典的综合性著作《社会心理学》中创立了一系列关于人类和人的环境的概念体系：一类是仁慈、理性、文化意义的见识；另一类是评价、分析和实验的操作。阿希给心理学留下了永久的、有价值的丰厚知识遗产。

参考文献

中文文献

[1] 巴伦，R. A.，伯恩，D.(2003). 社会心理学(第十版)(黄敏儿，王雪飞等译). 上海：华东师范大学出版社.

[2] 波林，E. G.(1981). 实验心理学史. 北京：商务印书馆.

[3] 车文博.(1998). 西方心理学史. 杭州：浙江教育出版社.

[4] 弗里德曼, J. L., 西尔斯, D. O., 卡尔史密斯, J. M.(1984). 社会心理学(高地，高佳等译). 哈尔滨：黑龙江人民出版社.

[5] 哈克，R. R.(2004). 改变心理学的40项研究——探索心理学研究的历史(白学军等译). 北京：中国轻工业出版社.

[6] 侯玉波.(2007). 社会心理学(第二版). 北京：北京大学出版社.

[7] 黄绍湘.(1979). 美国通史简编. 北京：人民出版社.

[8] 金盛华，张杰.(2001). 当代社会心理学导论. 北京：北京师范大学出版社.

[9] 考夫卡，K.(1998). 格式塔心理学原理(上、下)(黎炜译). 杭州：浙江教育出版社.

[10] 雷雳.(2017). 发展心理学(第三版). 北京：中国人民大学出版社.

[11] 梁茂信.(1996). 美国移民政策研究. 长春：东北师范大学出版社.

[12] 刘军.(2009). 美国犹太人：从边缘到主流的少数族群. 昆明：云南大学出版社.

[13] 刘祖熙.(2006). 波兰通史. 北京：商务印书馆.

[14] 迈尔斯，D. G.(2006). 社会心理学(第八版)(侯玉波等译). 北京：人民邮电出版社.

[15] 迈尔斯，D. G.(2016). 社会心理学(第十一版)(侯玉波等译). 北

京：人民邮电出版社.

[16] 墨菲，G. 等（1980）. 近代心理学历史导引（林方，王景和译）. 北京：商务印书馆.

[17] Rom Harré.（2007）. 他们改变了心理学——50位杰出的心理学家（刘儒德等译）. 上海：华东师范大学出版社.

[18] 切卡莱丽 S. K.，怀特 J. N.（2014）. 心理学最佳入门（原书第二版）（周仁来等译）. 北京：中国人民大学出版社.

[19] 时蓉华.（2004）. 社会心理学. 杭州：浙江教育出版社.

[20] 斯通普夫，S. E., 菲泽, J.（2009）. 西方哲学史：从苏格拉底到萨特及其后（修订第八版）（匡宏，邓晓芒等译）. 北京：世界图书出版公司.

[21] 希伊，N.（2012）. 50位最伟大的心理学思想家（郭本禹，方红译）. 北京：人民邮电出版社.

[22] 叶浩生.（2005）. 心理学史. 北京：高等教育出版社.

[23] 叶浩生.（2006）. 心理学通史. 北京：北京师范大学出版社.

[24] 叶浩生.（2007）. 西方心理学的历史与体系. 北京：人民教育出版社.

[25] 岑国桢，李伯黍.（1982）. 训练对儿童道德判断的影响的实验研究. 心理学报，15（4），432–440.

[26] 岑国桢，刘京海，盛逸民，许绍裘.（1992）. 8~12岁儿童道德判断的从众现象. 心理学报，25（3），267–275.

[27] 岑国桢.（1994）. 对8–16岁少年儿童认同从众反应原因的研究. 心理学报，27（3），232–239.

[28] 姚本先.（1995）. 5岁幼儿从众行为的初步研究报告. 心理科学，18（1），54–55.

外文文献

[1] Allen, V. L. (1975). Social support for nonconformity. In L. Berkowitz (Ed.), *Advances in Experimental Social Psychology* (Vol. 8, pp. 1-43). New York: Academic Press.

[2] Ancona, D. G., & Caldwell, D. F. (1992). Demography and design:

Predictors of new product team performance. *Organization Science*, 3, 321-341.

[3] Anderson, J. R., & Brower, G. H. (1973). *Human Associative Memory*. New York: Wiley.

[4] Anderson, N. H. (1965). Averaging versus adding as a stimulus combination rule in impression formation. *Journal of Experimental Psychology*, 70, 394-400.

[5] Anderson, N. H. (1968). A simple model for information integration. *Theories of Cognitive Consistency: A Sourcebook*. Chicago: Rand-McNally.

[6] Anderson, N. H. (1981). *Foundations of information integration theory: Foundations* (Vol. 1). New York: Academic Press.

[7] Anderson, N. H., & Jacobson, A. (1968). Further data on a weighted average model for judgment in a lifted weight task. *Perception & Psychophysics*, 4(2), 81-84.

[8] Aramovich, N. P., Lytle, B. L., & Skitka, L. J. (2011). Opposing torture: Moral conviction and resistance to majority in fluence. *Social Influence,* 7(1), 21-34.

[9] Asch, S. E. (1932). An experimental study of variability in learning. *Archives of Psychology*, 143, 1-55.

[10] Asch, S. E. (1940). Studies in the principles of judgments and attitudes: II. Determination of judgments by group and by ego standards. *Journal of Social Psychology*, 12, 433-465.

[11] Asch, S. E. (1946). Forming impressions of personality. *Journal of Abnormal and Social Psychology*, 41, 258-290.

[12] Asch, S. E. (1948). The doctrine of suggestion, prestige and imitation in social psychology, *Psychological Review*, 55, 5.

[13] Asch, S. E. (1951). Effects of group pressure upon the modification and distortion of judgments.In H. Guetzkow (Ed.), *Groups, Leadership, and Men*, (pp. 117-190). Pittsburgh, PA: Carnegie Press.

[14] Asch, S. E. (1952). *Social Psychology*. Englewood Cliffs, NJ: Prentice-Hall. Reissue, Oxford University Press, 1987.

[15] Asch, S. E. (1955). On the use of metaphor in the description of persons. In H. Werner (Ed.), *On Expressive Language* (pp. 29-38).

Worcester, MA: Clark University Press.

[16] Asch, S. E. (1955). Opinions and social pressure. *Scientific American*, 193, 31-35.

[17] Asch, S. E. (1956). Studies of independence and conformity: I. A minority of one against a unanimous majority. *Psychological Monographs*, 70, 1-70.

[18] Asch, S. E. (1958). The metaphor: A psychological inquiry. In R. Tagiuri, & L. Petrullo. (Eds.), *Person Perception and Interpersonal Behavior* (pp. 86-94), California: Stanford University Press.

[19] Asch, S. E. (1962). A problem in the theory of associations. *Psychologische Beitrage*, 6, 553-563.

[20] Asch, S. E. (1968). Gestalt theory. *In International Encyclopedia of the Social Sciences*, pp. 158-175.

[21] Asch, S. E. (1968a). The doctrinal tyranny of associationism. In T. R. Dixon, & D. L. Horton (Eds.), *Verbal Behavior and General Behavior Theory* (pp. 214-228). Englewood Cliffs, NJ: Prentice-Hall.

[22] Asch, S. E. (1968b). Wolfgang Köhler. *American Journal of Psychology*, 81, 110-119.

[23] Asch, S. E. (1969). A reformulation of the problem of associations. *American Psychologist*, 24, 92-102.

[24] Asch, S. E., & Ebenholtz, S. M. (1962a). The principle of associative symmetry. *Proceedings of the American Philosophical Society*, 106, 135-163.

[25] Asch, S. E., & Ebenholtz, S. M. (1962b). The process of free recall: Evidence for non-associative factors in acquisition and retention. *Journal of Psychology*, 54, 3-31.

[26] Asch, S. E., & Lindner, M. (1963). A note on "strength of association". *Journal of Psychology*, 55, 199-209.

[27] Asch, S. E., & Prentice, W. C. H. (1958). Paired association with related and unrelated pairs of nonsense figures. *American Journal of Psychology*, 71, 247-254.

[28] Asch, S. E., & Witkin, H. A. (1948a). Studies in space orientation: I. Perception of the upright with displaced visual fields. *Journal of Experimental Psychology*, 38, 325-337.

[29] Asch, S. E., & Witkin, H. A. (1948b). Studies in space orientation: II. Perception of the upright with displaced visual fields and with body tilted. *Journal of Experimental Psychology*, 38, 455-477.

[30] Asch, S. E., Block, H., & Hertzman, M. (1938). Studies in the principles of judgments and attitudes: I. Two basic principles of judgment. *The Journal of Psychology*, 5(2), 219-251.

[31] Bakeman, R., & Beck, S. (1974). The size of informal groups in public. *Environment and Behavior*, 6, 378-388.

[32] Bales, R. F. (1950). *Interaction Process Analysis.* Cambridge, Mass. MA: Addison Wesley.

[33] Banerjee, V (1992). A simple model of herd behavior. *Quarterly Journal of Economics*, 107, 797-817.

[34] Berger, J., Rosenholtz, S. J., & Zelditch, M., Jr. (1980). Status organizing processes. *Annual Review of Sociology*, 6, 479-508.

[35] Berns, G. S., Chappelow, J., Zink, C. F., Pagnoni, G., Martin-Skurski, M. E., & Richards, J. (2005). Neurobiological correlates of social conformity and independence during mental rotation. *Biological Psychiatry*, 58(3), 245-253.

[36] Berns, S., Capra, C. M., Moore, S., & Noussair, C. (2010). Neural mechanisms of the influence of popularity on adolescent ratings of music. *Neuroimage*, 49, 2687-2696.

[37] Bikhchandani, S., Hirschleifer, D., & Welch, I. (1992). A theory of fads, fashion, custom, and cultural change as informational cascades. *Journal of Political Economy*, 100, 992-1026.

[38] Bond, R., & Smith, P. B. (1996). Culture and conformity: A meta-analysis of studies using Asch's (1952b, 1956) line judgment task. *Psychological Bulletin,* 119(1), 111.

[39] Bray, R. M., & Noble, A. M. (1978). Authoriarianism and decisions of mock juries: Evidence of jury bias and group polarization. *Journal of Personality and Social Psychology*, 36, 1424-1430.

[40] Brewer, M. (1988). A dual process model of impression formation. In T. K. Srull, & R. S. Wyer (Eds.). *Advances in Social Cognition* (Vol.1, pp. 1-36). Hillsadale, NJ: Erlbaum.

[41] Brown, P., & Levinson, S. C. (1987). *Politeness: Some Universals in*

Language Usage. Cambridge, England: Cambridge University Press.

[42] Brown, R. (1986). *Social Psychology* (the second edition). New York: The Free Press.

[43] Brown, R., & Gilman, A. (1989). Politeness theory and Shakespeare's four major tragedies. *Language in Society*. 18, 159-212.

[44] Burgess, J. W. (1984). Do humans show a "species-typical" group size? Age, sex, and environmental differences in the size and composition of naturally-occurring casual groups. *Ethology and Sociobiology*, 5, 51-57.

[45] Buys, C. J., & Larson, K. L. (1979). Human sympathy groups. *Psychological Reports*, 45, 547-553.

[46] Cacioppo, J. T., & Petty, R. E. (1980). Sex differences in influence ability: Toward specifying the underlying processes. *Personality and Social Psychology Bulletin*, 6, 651-656.

[47] Campbell, D. T. (1961). Conformity in psychology's theories of acquired behavioral dispositions. In I. A. Berg & B. M. Bass (Eds.), *Conformity and deviation* (pp. 101-142).New York: Harper & Row.

[48] Campbell, D. T. (1979a). A tribal model of the social system vehicle carrying scientific knowledge. *Knowledge*, 2, 181-201. Reprinted in D. T. Campbell (E. S. Overman, Editor), *Methodology and Epistemology for Social Science*: *Selected Papers*. Chicago, IL: University of Chicago Press, 489-503.

[49] Campbell, D. T. (1979b). Comments on the sociobiology of ethics and moralizing. *Behavioral Science*, 24, 37-45.

[50] Campbell, D. T. (1986a). Science's social system of validity-enhancing collective belief change and the problems of the social sciences. In D. W. Fiske & R. A. Shweder (Eds.), *Metatheory in Social Science: Pluralisms and Subjectivities* (pp. 108-135). Chicago, IL: University of Chicago Press.

[51] Campbell, D. T. (1986b). Science policy from a naturalistic sociological epistemology. In P. D.Asquith & P. Kitcher (Eds.), *PSA* 1984, Volume 2. East Lansing, MI: Philosophy of Science Association, 14-29.

[52] Campbell, D. T. (1990). Asch's moral epistemology for socially shared knowledge. In I. Rock (Ed.), *The legacy of Solomon Asch: Essays in Cognition and Social Psychology*. (pp. 39-52). Hillsdale, NJ: Lawrence

Erlbaum Associates Inc.

[53] Chen, J., Wu, Y., Tong, G., Guan, X., & Zhou, X. (2012). ERP correlates of social conformity in a line judgment task. *BMC Neuroscience*, 13(1), 1-10.

[54] Cialdini, R. B., & Goldstein, N. J. (2004). Social influence: Compliance and conformity. *Annual Review Psychology*, 55, 591-621.

[55] Coffin, T. E. (1941). Some conditions of suggestion and suggestibility: A study of certain attitudinal and situational factors influencing the process of suggestion. *Psychological Monographs: General and Applied*, 53, N. 4.

[56] Cosier, R. A., Dalton, D. F., & Taylor, L. A. (1991).Positive effects of cognitive conflict and employee voice. *Employee Responsibilities and Rights Journal*, 4, 7-11.

[57] Crutchfield, R. S. (1955). Conformity and character. *American Psychologist*, 10,191-198.

[58] Cummins, D. D. (1998). Social norms and other minds: The evolutionary roots of higher cognition. In D. D. Cummins, & C. A. Allen. (Eds.), *The Evolution of Mind* (pp. 30-50). New York: Oxford University Press.

[59] Cummins, D. D. (2000). How the social environment shaped the evolution of mind. *Synthese*, 122, 3-28.

[60] Cummins, D. D. (2005). Dominance, status and social hierarchies. In D. Buss. (Ed.), *The Evolutionary Psychology Handbook* (pp. 676-697). New York: Wiley.

[61] Cummins, D. D., & Cummins, R. C. (2012). Emotion and deliberative reasoning in moral judgment. *Frontiers in Psychology: Emotion Science*, 3, 1-16.

[62] Davies, N. (2005). *God's playground: Vol.2. A history of Poland* (pp.393). New York: Columbia University Press.

[63] De Bruin, E. N., & Van Lange, P. A. (2000). What people look for in others: Influences of the perceiver and the perceived on information selection. *Personality and Social Psychology Bulletin*, 26, 206-219.

[64] De Biasio, A. R. (1986). Problem solving in triads composed of varying numbers of field-dependent and field-independent subjects. *Journal of Personality and Social Psychology*, 51, 749-754.

[65] Desportes, J. P., & Lemaine, J. M. (1988). The sizes of human groups:

An analysis of their distributions. In D. Canter, J. C. Jesuino, L. Soczka, & G. M. Stephenson (Eds.), *Environmental Social Psychology* (pp.57-65). Dordrecht, Netherlands: Kluwer Academic Publishers.

[66] Deutsch, M., & Gerard, H. B. (1955). A study of normative and informational social influences upon individual judgment. *Journal of Abnormal and Social Psychology*, 51, 629-636.

[67] Deutsch, M. (1975). Equity, equality and need: What determines which value will be used as the basis of distributive justice? *Journal of Social Issues*, 31, 137-149.

[68] Dunning, D., Griffin, D. W., Milojkovic, J., & Ross, L. (1990). The overconfidence effect in social prediction. *Journal of Personality and Social Psychology*, 58(4),568-581.

[69] Erb, H. P., Bohner, G., Rank, S., & Einwiller, S. (2002). Processing minority and majority communications: The role of conflict with prior attitudes. *Personality and Social Psychology Bulletin*, 28, 1172-1182.

[70] Erb, H. P., Bohner, G., Schmalzle, K., & Rank, S. (1998). Beyond conflict and discrepancy: Cognitive bias in minority and majority influence. *Personality and Social Psychology Bulletin*, 24, 620-633.

[71] Festinger, L. (1957). *A Theory of Cognitive Dissonance.* Stanford, CA: Stanford University Press.

[72] Festinger, L. (1964). *Conflict, Decision, and Dissonance.* Stanford, CA: Stanford University Press.

[73] Festinger, L., & Carlsmith, J. M. (1959). Cognitive consequences of forced compliance. *The Journal of Abnormal and Social Psychology*, 58(2), 203.

[74] Fiske, S. T., & Taylor, S. E. (1984). *Social Cognition*. New York: Random House.

[75] French Jr, J. R., & Raven, B. (1959). The bases of social power. In D. Cartwright (Ed.), *Studies in Social Power,* (pp.150-167). Ann Arbor, Michigan: Institute for Social Research.

[76] Frey, D., Schulz-Hardt, S., Lüthgens, C., & Moscovici, S. (1995). Group Homogeneity and Groupthink: The Influence of Preliminary Preferences on Distorted Group Decision-making Processes. Manuscript submitted for Publication.

[77] Friend, R., Rafferty, Y., & Bramel, D. (1990). A puzzling misinterpretation of the Asch 'conformity' study. *European Journal of Social Psychology*, 20(1), 29-44.

[78] Gibson, J. J. (1979). *The Ecological Approach to Visual Perception*. Boston: Houghton Mifflin.

[79] Goffman, E. (1967). *Interaction Ritual: Essays on Face to Face Behavior*. New York: Pantheon.

[80] Greene, J. D., Cushman, F. A., Stewart, L. E., Loweberg, K., Nystrom, L. E., & Cohen, J. D. (2009). Pushing moral buttons: The interaction between personal force and intention in moral judgment. *Cognition*, 111, 364-371.

[81] Greene, J. D., Morelli, S. A., Lowenberg, K., Nystrom, L. E., & Cohen, J. D. (2008).Cognitive load selectively interferes with utilitarian moral judgment. *Cognition*, 107, 1144-1154.

[82] Grice, H. P. (1975). Logic and conversation. In P. Cole, & J. L. Morgan (Eds.), *Syntax and Semantics: Speech Acts* (Vol. 3, pp. 41-58). New York: Academic Press.

[83] Haidt, J. (2007). The new synthesis in moral psychology. *Science*, 316, 998-1002.

[84] Handlin, O. (1973). *The Uprooted: The Epic Story of the Great Migrations that Made the American People (2d. ed.)*. Boston: Little, Browm.

[85] Harlow, H. F. (1958). The nature of love. *American Psychologist*, 13(12), 673.

[86] Hermstein, R. J., & Boring, E. G. (1966). *A Source Book in the History of Psychology*. Cambridge MA: Harvard University Press.

[87] Homans, G. C. (1961). *Social Behavior: Its Elementary Forms*. New York: Harcourt Brace.

[88] Hornsey, M. J., Majkut, L., Terry, D. J., & McKimmie, B. M. (2003). On being loud and proud: Non-conformity and counter-conformity to group norms. *British Journal of Social Psychology*, 42, 319-335.

[89] Hornsey, M. J., Smith, J. R., & Begg, D. (2007). Effects of norms among those with moral conviction: Counter-conformity emerges on intentions but not behaviors. *Social Influence*, 2, 244-268.

[90] James, J. (1951). A preliminary study of the size determinant in small group interaction. *American Sociological Review*, 16, 474-477.

[91] Janis, I. L., & Mann, L. (1977). *Decision Making: A Psychological Analysis of Conflict, Choice, and Commitment*. New York: Free Press.

[92] Jones, E. E., & Davis, K. E. (1965). From acts to dispositions: The attribution process in person perception. In L. Berkowitz (Ed.), *Advances in Experimental Social Psychology* (Vol. 2). New York: Academic Press.

[93] Kahneman, D., Slovic, P. & Tversky, A. (Eds.). (1982). *Judgment under Uncertainty: Heuristics and Biases*. New York: Cambridge University Press.

[94] Kant, I. (1785/1989). *The Foundations of the Metaphysics of Morals*. Upper Saddle River, NJ: Prentice-Hall.

[95] Kant, I. (1787/1997). *The Critique of Practical Reason*. Cambridge, UK: Cambridge University Press.

[96] Kelley, H. H. (1950). The warm-cold variable in first impressions of persons. *Journal of Personality*, 18(4), 431-439.

[97] Kelley, H. H. (1967). Attribution theory in social psychology. In D. Levine (Ed.), *Nebraska Symposium on Motivation* (Vol. 15, pp. 192-240). Lincoln: University of Nebraska Press.

[98] Kelley, H. H. (1973). The process of causal attribution. *American Psychologist*, 28, 107-128.

[99] Klucharev, V., Hytonen, K., Rijpkema, M., Smidts, A., & Fernandez, G. (2009). Reinforcement learning signal predicts social conformity. *Neuron*, 61, 140-51.

[100] Koffka, K. (1963/1935). *Principles of Gestalt Psychology*. New York: Liveright.

[101] Kohlberg, L. (1969). Stage and sequence: The cognitive developmental approach to socialization. In D. Goslin (Ed.), *Moral Development and Behavior* (pp. 31-53). New York: Holt, Reinhart, & Winston.

[102] Köhler, W. (1976). *The Place of Value in a World of Facts*. W. W. Norton & Company. 140-141.

[103] Köhler, W. (1927). *The Mentality of Apes*. London: Routledge & Kegan Paul.

[104] Köhler, W. (1929). *Gestalt Psychology: An Introduction to New Concepts in Modern Psychology*. New York: Liveright Publishing Corporation.

[105] Krueger, J., & Massey, A. L. (2009). A rational reconstruction of misbehavior. *Social Cognition*, 27, 786-812.

[106] Kundu, P., & Cummins, D. D. (2013). Morality and conformity: The Asch paradigm applied to moral decisions. *Social Influence*, 8(4), 268-279.

[107] Latané, B., & Wolf, S. (1981). The social impact of majorities and minorities. *Psychological Review*, 88, 438-53.

[108] Laughlin, P. R. (1978). Ability and group problem solving. *Journal of Research and Development in Education*, 12, 114-120.

[109] Levin, K., Lippit, R., & White, R. K. (1939). Patterns of aggressive behavior in experimentally created "social climates". *The Journal of Social Psychology*, 10(2), 269-299.

[110] Levine, J. M. (1999). Solomon Asch's legacy for group research. *Personality and Social Psychology Review*, 3(4), 358-364.

[111] Lewis, H. B. (1941). Studies in the principles of judgments and attitudes: IV. The Operation of Prestige Suggestion. *The Journal of Social Psychology*, 14, 229-256.

[112] Lorge, I., & Curtiss, C. C. (1936). Prestige, suggestion, and attitudes. *The Journal of Social Psychology*, 7(4), 386-402.

[113] Luce, R. D., & Raiffa, H. (1957). *Games and Decisions*. New York: Wiley.

[114] Luchins, A. S. (1957). Primacy-recency in impression formation. In: C. I. Hovland (Ed.). *The Order of Presentation in Persuasion*. New Haven, CT: Yale University Press, pp. 33-61.

[115] MacNeil, M. K., & Sherif, M. (1976). Norm change over subject generations as a function of arbitrariness of prescribed norms. *Journal of Personality and Social Psychology*, 34(5), 762.

[116] Marquart, D.I. (1955). Group problem solving. *The Journal of Social Psychology*, 41, 103-113.

[117] Marwell, G. (1963). Visibility in small groups. *The Journal of Social Psychology*, 61, 311-325.

[118] McCauley, C., & Rozin, P. (2003). Solomon Asch: Scientist and humanist. In G.A. Kimble and M. Wertheimer (Eds.), *Portraits of Pioneers in Psychology*, 5, 249-262.

[119] McPherson, J. M. (1983). The size of voluntary associations. *Social Forces*, 61, 1044-1064.

[120] Milgram, S. (1963). Behavioral study of obedience. *The Journal of*

Abnormal and Social Psychology, 67(4), 371.

[121] Milgram, S. (1965). Some conditions of obedience and disobedience to authority. *Human Relations*, 18, 57-76.

[122] Milgram, S. (1974). *Obedience to Authority*. New York: Harper and Row.

[123] Milgram, S., Bickman, L., & Berkowitz, L. (1969). Note on the drawing power of crowds of different size. *Journal of Personality and Social Psychology*, 13(2), 79-82.

[124] Miller, N. E., & Dollard, J. (1941). *Social Learning and Imitation*. New Haven: Yale University Press.

[125] Moore, H. T. (1921). The comparative influence of majority and expert opinion. *The American Journal of Psychology,* 32, 16-20.

[126] Moreland, R. L. (1987). The formation of small groups. In C. Hendrick (Ed.), *Group Processes* (pp.80-110). Newbury Park, CA: Sage.

[127] Moscovici, S., & Mugny, G. (1983). Minority influence. In P. Paulus (Ed.), *Basic Group Process*. New York: Springer-Verlag.

[128] Moscovici, S., Mucchi-Faina, A., & Maass, A. (1994). *Minority Influence. Chicago*: Nelson-Hall.

[129] Murphy, G. (1929). *Historical Introduction to Modern Psychology*. New York: Harcourt, Brace.

[130] Nichols, S., & Mallon, R. (2006). Moral Dilemmas and Moral Rules. Cognition, 100,530-542.

[131] Nisbett, R. E., & Ross, L. (1980). *Human Inference: Strategies and Shortcomings of Social Judgment*. Englewood cliffs, NJ: Prentice-Hall.

[132] O'Dell, J. W. (1968). Group size and emotional interaction. *Journal of Personality and Social Psychology*, 8, 75-78.

[133] Peabody, D. (1967). Trait inferences: Evaluative and descriptive aspects. *Journal of Personality and Social Psychology*. 7, 1-18.

[134] Peabody, D. (1984). Personality dimensions through trait inferences. *Journal of Personality and Social Psychology*, 46, 384-403.

[135] Peabody, D. (1985). *National Characteristics*. New York: Cambridge University Press.

[136] Peabody, D., & Goldberg, L. R. (1989). Some determinants of fact or structures from personality trait descriptors. *Journal of Personality and Social Psychology*, 57, 552-567.

[137] Phillips, D. P., Carstensen, L. L., & Paight, D. J. (1989). Effects of mass media news stories on suicide, with new evidence on the role of the story content. In Pfeiffer, C. (ed.), *Suicide among Youth: Perspectives on Risk and Prevention*. (pp. 101-106) Washington, DC: American Psychiatric Press.

[138] Ringelmann, M. (1913). Recherches sur les moteurs animés: Travail del'homme Research on animate sources of power: The work of man. *Annales del'Institut National Agronomique*, XII(2), 1-40.

[139] Rock, I. (1990). *The legacy of solomon Asch essays: Essays in Cognition and Social Psychology*. Hillsdale, NJ: Lawrence Erlbaum Associates.

[140] Rohrer, J. H., Baron, S. H., Hoffman, E. L. & Swander, D. V. (1954). The stability of autokinetic judgments. *Journal of Abnormal and Social Psychology*, 49, 595-597.

[141] Rosenberg, S., Nelson, C., & Vivekananthan, P. S. (1968). A multidimensional approach to the structure of personality impressions. *Journal of Personality and Social Psychology*, 9, 283-294.

[142] Ross, L. (1988). Situationist perspectives on the obedience experiments. *Contemporary Psychology*, 33, 101-104.

[143] Ross, L., Bierbrauer, G., & Hoffman, S. (1976). The role of attribution processes in conformity and dissent: Revisiting the Asch situation. *American Psychologist*, 31, 148-157.

[144] Ross, L., Greene, D., & House, P. (1977). The false consensus effect: An egocentric bias in social perception and attribution processes. *Journal of Experimental Social Psychology*, 13, 279-301.

[145] Rozin, P. (2001). Social psychology and science: Some lessons from Solomon Asch. *Personality and Social Psychology Review*, 5(1), 2-14.

[146] Saltzstein, H. D., & Diamond, R. M. (1972). Moral judgment level and conformity behavior. *Developmental Psychology*, 7(3), 327-336.

[147] Saltzstein, H. D., & Sandberg, L. (1979). Indirect social influence: Change in judgmental process or anticipatory conformity. *Journal of Experimental Social Psychology*, 15(3), 209-216.

[148] Sampson, E. E. (1969).Studies in status congruence. In L. Berkowitz (Ed.), *Advances in Experimental Social Psychology* (Vol.4, pp.225-270). New York: Academic Press.

[149] Schachter, S. (1951). Deviation, rejection, and communication. *The*

Journal of Abnormal and Social Psychology, 46(2), 190-207.

[150] Schnall, S., Benton, J., & Harvey, S. (2008). With a clean conscience: Cleanliness reduces the severity of moral judgments. *Psychological Science*, 19, 1219-1222.

[151] Schnall, S., Haidt, J., Clore, G., & Jordan, A. (2008). Disgust as embodied moral judgment. *Personality and Social Psychology Bulletin*, 34, 1096-1109.

[152] Schwitzgebel, E., & Cushman, F. (2012). Expertise in moral reasoning? Order effects on moral judgment in professional philosophers and non-philosophers. *Mind & Language*, 27, 135-153.

[153] Sherif, M. (1935). A study of some social factors in perception. *Archives of Psychology*. Vol. 27, 1-60.

[154] Sherif, M. (1936). *The Psychology of Social Norms*. New York: Harper & Row.

[155] Sherif, M., Harvey, O. J., White, B. J., Hood, W. R., & Sherif, C. W. (1961). *Intergroup Cooperation and Conflict: The Robbers Cave Experiment.* Norman, OK: University of Oklahoma Book Exchange.

[156] Skitka, L. J., Bauman, C. W., & Sargis, E. G. (2005). Moral conviction: Another contributor to attitude strength or something more? *Journal of Personality and Social Psychology*, 88, 895-917.

[157] Slater, P.E. (1958). Contrasting correlates of group size. *Sociometry*, 21, 129-139.

[158] Steiner, I.D. (1972). *Group Process and Productivity*. New York: Academic Press.

[159] Stroebe, W., & Frey, B. S. (1982). Self-interest and collective action: The economics and psychology of public goods. *British Journal of Social Psychology*, 21, 121-137.

[160] Tanford, S., & Penrod, S. (1984). Social influence model: A formal integration of research on majority and minority influence processes. *Psychological Bulletin*, 95(2), 189-225.

[161] Taylor, D. W., Berry, P. C., & Block, C. H. (1958). Does group participation when using brainstorming facilitate or inhibit creative thinking? *Administrative Science Quarterly*, 3, 23-47.

[162] Thorndike, E. L. (1935). *The Psychology of Wants, Interests and*

Attitudes. New York: Appleton-Century.

[163] Valdesolo, P., & Desteno, D. (2006). Manipulations of emotional context shape moral judgment. *Psychological Science*, 17, 476-477.

[164] Van Lange, P. A. M. (1999). The pursuit of joint outcomes and equality in outcomes: An integrative model of social value orientation. *Journal of Personality and Social Psychology*, 77, 337-349.

[165] Watson, J. B., & Rayner, R. (1920). Conditioned emotional reactions. *Journal of Experimental Psychology*, 3(1), 1-14.

[166] Weick, K. E., & Gilfillan, D. P. (1971). Fate of arbitrary traditions in a laboratory micro-culture. *Journal of Personality and Social Psychology*, 17, 179-191.

[167] Wertheimer, M. (1937). *Productive Thinking*. New York: Harper & Row.

[168] Wilder, D. A. (1978). Homogeneity of jurors: The majority's influence depends upon their perceived independence. *Law and Human Behavior*, 2, 363-376.

[169] Williams, K.D., & Karau, S. J. (1991). Social loafing and social compensation: The effects of expectations of co-worker performance. *Journal of Personality and Social Psychology*, 61, 570-581.

[170] Witkin, H. A., & Asch, S. E. (1948a). Studies in space orientation: III. Perception of the upright in the absence of a visual field. *Journal of Experimental Psychology*, 38, 603-614.

[171] Witkin, H. A., & Asch, S. E. (1948b). Studies in space orientation: IV. Further experiments on perception of the upright with displaced visual fields. *Journal of Experimental Psychology*, 38, 762-782.

[172] Witkin, H. A., Lewis, H. B., Hertzman, M., Machover, K., Meissner, P. B., & Wapner, S (1954). *Personality through Perception: An Experimental and Clinical Study*. New York: Harper.

[173] Worchel, S., Cooper, J., & Goethals, G. R. (1988). *Understanding Social Psychology*. Chicargo,US: The Dorsey Press.

人名索引[1]

[1] 右边的数字为人名在书内出现的章节，如4.2表示第四章第二节。

术语索引[1]

[1] 右边的数字为术语在书内出现的章节，如2.3表示第二章第三节。

后　记

我作为一名发展心理学方向的研究者涉足社会心理学著作的撰写，缘于一个偶然，更是因为一份信任。在北京，俞国良教授拿了一份社会心理学丛书编写计划，诚恳地问了我三个问题：一是有没有兴趣，二是愿不愿意参加，三是对哪位心理学家感兴趣。我一直非常敬仰俞国良教授，做发展与教育心理学的研究，很多和学习有关的领域都绕不开俞国良教授的研究。因为这份信任和鼓励，所以我斗胆接下了编写《阿希人际关系思想解析》的任务。

在撰写本书之前，我对阿希的了解基本上来自对“社会心理学”课程的学习与讲授，但很多社会心理学教材对阿希的介绍都是点到为止，涉及的内容不外乎阿希的从众实验和印象形成的中心特质理论，仅此而已。但作为一个学习者，相信与很多人一样，对阿希用简单的线段判断任务考察了普遍存在的从众现象还是感到惊奇和有趣。相比较于阿希关于独立性反应的结果，我们也确实更感兴趣那些从众反应的结果，这或许就是我承接研究阿希人际关系思想的原因之一。

为研究阿希，我们多方查阅和调研文献，加工梳理以凝练出他的人际关系思想。这的确不是件容易的事。与其他知名心理学家不同，阿希不是多产的心理学家，而且自从众研究之后，他的兴趣便转到了知觉、记忆、联想、隐喻等领域，且不在“纯粹的”社会心理学的领域。但是，即便如此，阿希在心理学领域还是有着很高的知名度和美誉度，他的经典研究为后续许多研究者不断拓展相关领域提供了经典范式和重要启迪。阿希的作品不多但精品不少，这一点激发了我对阿希其人其事其作品的极大探究欲望。

阿希是一位格式塔心理学家，对任何现象的研究都是基于整体论思想，主张在环境中探究和分析行为。无论从众研究还是印象形成研究，都是他系统的系列实验研究。其研究环环相扣、层层递进、节奏紧凑、逻辑严密，这是他力图对某种心理现象的全面完整探究的体现。我们发现，一般我们所能想到影响从众的因素在阿希的研究中均有考虑，也包括许多我们没有想到的。我们能意识到的印象形成研究的可能不足，阿希都有实验对之进行深入探查。阿希比我们曾经以为的对一个实验的思考更深入、更严密、更完整。他是非常有创新且有建树的科学家，无论是对研究领域的开拓还是对实验范式的创新。阿希对人的社会本质、人与环境相互作用的整体统一有着更深刻、更积极的体验，他对自己所秉承的思想和主张保持着始终不变的信念和坚持不懈的追求。

本书的完成，首先要感谢丛书主编俞国良教授和人民教育出版社的同志。其次要感谢我的研究生，他们给予了不遗余力的支持和帮助，在文献资料的查阅调研和加工梳理方面做了不少前期准备工作，他们是张晨、暴卿、梁熠、毕远、杨斌芳、徐程钰、梁渊、吴国强和李晓。还要感谢为本书提供和整理照片、图片素材的亲友们——兰文风、罗延欣、张祐芇……

最后，再次感谢俞国良教授给我这个深入了解阿希的机会。

张丽锦

2019年8月

于陕西师范大学田家炳楼